4차
산업혁명이
막막한
당신에게

4차
산업혁명이
막막한
당신에게

박재용 지음

여전히 불행할 99%를 위한 실전 교양

뿌리와
이파리

03 인공지능과 그 친구들

04 에너지

05 4차 산업혁명과 노동하는 당신

06 행복할 수 있을까요

1

하나의 유령이 한반도를 배회하고 있습니다. 4차 산업혁명이라는 유령이. 한반도의 모든 세력들, 즉 정부와 자본, 과학계의 원로와 언론, 블로거들이 이 유령을 숭상하며 신성 동맹을 맺고 있습니다.

최신 과학기술 치고, 이들 기득권 세력으로부터 4차 산업혁명의 주역이라는 이야기를 듣지 않은 경우가 어디 있습니까? 또한 이론물리학이며 천문학, 진화론 등 기초과학같이 이들 4차 산업혁명과 관련 없는 분야 치고 소외당하고 외면당하지 않은 경우가 또 어디 있습니까?

한편에선 4차 산업혁명이란 열차가 몰고 올 엄청난 위력에 놀라며 이 열차에 타기 위해 어찌해야 할 것인가를 고민하고, 이미 탔다고 생각한 이들은 한 칸이라도 앞쪽으로 전진하려 하고 있습니다. 다른 한편에선 이 열차에 타기만 하면 누구나 행복해질 수 있다고 소리 높여 외치며, 어서 서둘러 이 열차를 타라고, 그리고 다른 나라의 열차보다 빨리 출발해야 한다고 조바심을 냅니다. 그러나 또 다른 한편에선 이 열차의 맨 뒤칸에서 신음하는 사람들에 주목하며, 이 열차가 이대로 달리면 안 된다고 소리칩니다.

2

그러나 이제 익숙해져 진부하게 느껴지기도 하는 이른바 '4차 산업혁명'이란 유령은 과연 그 실체가 있기는 한 것인가에 대한 의심도 없진 않습니다. 4차 산업혁명이란 말 자체가 이미 1940년대부터 사용된 용어이기도 합니다. 1948년 미국의 사회학자 해리 엘머 반스Harry Elmer Barnes는 세계가 이미 세 차례 산업혁명을 겪었고 "원자 내부의 에너지와 초음속 비행의 도래와 함께 우리는 더 현기증 나는 '4차 산업혁명'을 목도하고 있다"고 말합니다.[1] 미국의 경제학자 알버트 카Albert Carr도 마찬가지입니다. 그는 "산업혁명의 부가적 구현으로서의 현대적 통신수단은 4차 산업혁명의 새로운 국면의 시작"이라고 주장했습니다.[2]

1984년 한국에 온 당시 저명한 경제학자 로스토W. W. Rostow는 한국이 이미 4차 산업혁명을 진행 중이라고 했습니다. 그에 따르면 한국을 비롯한 싱가포르, 대만과 같은 개발도상국들은 1980년대 도약의 단계를 넘어 전자공학과 유전공학으로 대표되는 4차 산업혁명의 문턱에 이미 들어섰던 것입니다.[3]

근 80년 전부터 4차 산업혁명이란 이야기는 유령처럼 잊을 만하면 다시 나오곤 했습니다. 그렇다면 이 '4차 산업혁명'이란 용어는 흔히들 말하듯이 '글로벌'한 용어일까요? 전혀 그렇지 않습니다. 구글에서 '4차 산업혁명'이라고 한글로 검색을 해보고, 다시 '4th Industrial Revolution'이라고 영어로 검색해보세요. 한글로 된 용어가 훨씬 더 많이 검색됩니다. 실제로 외국의 경우 국가마다 4차 산업혁명과는 다른 어젠다agenda가 있습니다. 미국의 경우

'Smart Factory', 'Digital Transformation'이고, 독일은 'Industry 4.0'(사실 여기에서 4차 산업혁명이 연유하기는 합니다), 일본은 '사회 5.0', 중국은 '중국제조 2025'를 자기 나라의 어젠다로 삼고 있습니다. 일본의 '사회 5.0'을 제외하면 모두 산업 기반에서의 혁신을 주로 말하고 있지요.

3

'4차 산업혁명'이란 용어는 사실 클라우스 슈밥 다보스포럼 회장이 2016년에 화두로 던지면서 이슈화되었습니다. 2016년 1월 다보스 포럼의 주제가 '4차 산업혁명'이었고, 이와 관련하여 한 달 정도 국내 언론에서도 꽤 많이 소개가 되었습니다. 원래 우리나라 언론, 특히 보수적 언론에게 다보스포럼은 연초면 항상 우려먹는 좋은 아이템이었지요. 그러나 예년과 똑같이 2월 말이 되자 언론에서도 이 용어는 사라졌고, 정부의 정책이나 여타 부문에서도 4차 산업혁명이란 용어는 찾아보기 힘들어집니다. 그러나 2016년 4월 알파고와 이세돌의 대국이 엄청난 충격을 주고, 뒤이어 박근혜 전 대통령의 인공지능 관련 대국민 담화가 발표되자 다시 4차 산업혁명에 대한 논의가 증가하기 시작했습니다. 그리고 박 전 대통령의 탄핵 이후 대통령선거에서 거의 모든 후보들이 공약의 핵심 의제 중 하나로 내걸면서 이제 4차 산업혁명은 시대의 대세가 되었습니다.

신문 기사로도 이를 확인할 수 있습니다. 4차 산업혁명을 키워드로 검색해본 결과, 『조선일보』의 경우 총 2858건 중 2015년까지의 검색결과는 총 40건에 불과합니다. 그나마 대부분 2015년 기사로 그 다음해 1월에 열릴 다보스포럼 관련 기사와 2015년 13조 원을 투자해 4차 산업혁명을 이끌겠다고 했던 황창규 KT 회장 관련 기사가 대부분입니다. 그러나 2016년에는 기사 건수가 563건으로 증가했고, 올해 2017년에는 9월까지의 기사 건수가 2255건으로 폭발적으로 증가합니다.『한겨레신문』의 경우도 2015년 2건이던 것이 2016년 114건, 2017년은 9월 22일 현재 총 460건으로 비슷한 양상을 보이고 있습니다. 결국 4차 산업혁명은 2016년 다보스포럼과 알파고 이후 급격히 논의되기 시작했고, 대통령 선거를 지나면서 되돌릴 수 없는 시대의 화두가 된 것임을 알 수 있습니다.

4

그럼에도 '뭐 다 좋다. 4차 산업혁명이 우리나라만의 것이면 우리가 선도적으로 나서서 글로벌하게 만들면 되고, 이전부터 다른 사람들이 주장했던 거라고 해도 우리가 가져다 쓰지 못할 건 또 뭔가. 그 내용을 잘 채워나가면 되지' 이런 생각을 하시는 분들이 꽤나 많습니다. 그렇다면 4차 산업혁명을 긍정적으로 바라보는 이들은 어떠한 생각을 가지고 있을까요? 언론이나 정부, 그리고 학계에서 나오는 4차 산업혁명 이야기는 결국 정보통신기술(ICT)에 인공지능 기술이 접목되면서 다양한 산업분야에 적용되는 모습입니다. 로봇, 3D프린터, 드론, 자율주행 자동차, 바이오산업, 유전공학, 신소재, 스마트 그리드 등이 이들과 어울려 4차 산업혁명을 이끌 태세입니다.

원래 2015년과 2016년 정도 즈음에 정부의 정보통신정책 담당자들과 연구원 그리고 기업은 지능정보기술과 지능정보산업을 중심으로 중장기 정부 정책을 고민하고 있었습니다. 그 과정에서 알파고 대국이 굉장한 화제를 불러일으켰고, 그 뒤 3월 17일 박근혜 전 대통령은 전문가들을 청와대로 불러 간담회를 가지며 '인공지능 중심의 산업혁명'에 대비할 것을 요청합니다. 그 직후 미래부는 5년간 총 2조 5000억 원을 투자하는 '지능정보사회 추진 중장기 종합대책'을 세우겠다고 발표합니다. 증기기관으로 대표되는 1차 산업혁명, 전기로 상징되는 2차 산업혁명, 컴퓨터의 3차 산업혁명에 이어, 지능정보기술이 이끄는 4차 산업혁명이란 구도는 매력적이었습니다. 한마디로 '워딩'이 되는 좋은 그림이었죠. 그리하여 2016년 12월 27일에 '제4차 산업혁명에 대응한 지능정보사회 중장기 종합대책'이 발표되기에 이릅니다. '지능정보'에 '4차 산업혁명'의 꽃을 단 것입니다.

그리고 '4차 산업혁명'은 문재인 정부 들어서도 대한민국 정부의 과학정책기술의 핵심이 되었습니다. 학계에서도 상황이 이렇게 되자 '물 들어올 때 노 젓자'는 생각으로 너 나 없이 '4차 산업혁명'을 이야기하고 있습니다. 언론도 이렇게 좋은 먹잇감이 없다는 식이죠. 진보 보수를 가리지 않고, 대한민국의 미래를 책임질 '4차 산업혁명'에 대해 열변을 토하고 있습니다. 그러나 앞서 살펴보았듯이 4차 산업혁명은 2016년에 불현듯 나타난 것도 아니고, 전 세계적인 공감대가 형성된 것도 아닙니다. 더구나 '혁명'이라는 이름이 붙을 만큼의 사회구조적 변화를 가져올 것이라는 확신도 없습니다. 단지 산업구조의 변화를 이끌 것이라는 정도가 합의되었죠. 4차 산업혁명을 목 놓아 부르짖는 이들의 주장을 살펴봐도 그렇습니다.

그러나 사람들은 제각기 이 유행어buzzword에 자신의 욕망을 투사하여 자기 나름대로의 상상을 그리고 있습니다.

5

얼마 전 과학한림원이 주최하는 4차 산업혁명에 대해 논하는 토론회에 참석했습니다. 최초 발제자가 '4차 산업혁명'이 '우리나라'에서만 유행하는 버즈워드이며, 그 안에는 별다른 내용이 없다는 것, 그리고 그를 통해서 우리나라의 기초과학과 여러 다양한 학문들이 균형적으로 발전하기도 힘들다는 것, 또한 그와 관계된 정부와 언론의 설레발이 오히려 과학 발전에 해가 될 수 있으며, 과학과 사회의 관계 또한 새롭게 정립되어야 한다는 명확한 발제를 했습니다. 그럼에도 '4차 산업혁명'이란 키워드로 과학에 대한 관심과 정부의 투자가 준비되고 있으니, 오히려 '없는 내용'이 의미를 확장할 기회가 될 거라는 말도 안 되는 논리와 '물들어 올 때 배 젓자'는 희한한 논리가 책임 있는 자리의 분들에게서 나오는 걸 보고 기함을 했습니다.

저로서는 이 모든 것이 '4차 산업혁명'이라는 내용 없는 껍데기에 사회의 각 이익단체와 개인들이 자신의 '욕망'을 투사하여 외연을 키우려는 모습으로, 준비가 전혀 되지 않은 채 어디로 가야 할지 모르고 그저 각자 자신이 생각하는 방향으로 배를 저어 가는 모습으로만 보였습니다.

4차 산업혁명이란 단어에 모든 것이 연결되고 있습니다. 4차 산업혁명과 제약산업, 4차 산업혁명과 교육, 4차 산업혁명과 올림픽

기술, 4차 산업혁명과 농업, 4차 산업혁명과 인문학, 심지어 4차 산업혁명과 교회, 4차 산업혁명과 영성까지 등장하고 있는 판국입니다. 4차 산업혁명이란 단어와 연결된 많은 발언들은 결국 '욕망'에 맞닿아 있습니다. 4차 산업혁명은 욕망의 용광로가 되어 이글이글 타고 있는 것입니다.

6

이 책의 문제의식은 먼저 산업기술의 발달이 인간을 진정으로 행복하게 만들지 못했다는 점에서 시작됩니다. 그래서 의도적으로 까칠한 시각을 책을 쓰는 내내 유지하려고 했습니다.

먼저 신석기혁명부터 산업혁명 및 21세기까지 이어져온 여러 가지 '혁신'의 사례들이 인간과 자연을 행복하게 하기보다는 자본의 논리에 따라 움직이며 부의 불평등을 심화시켰던 과정들을 살펴보고자 합니다. 또한 '4차 산업혁명'이란 이름으로 현재 진행되는 여러 가지 기술 혁신들이 어떠한 문제점을 가지고 있는지에 대해서도 살펴볼 예정입니다.

그리고 마지막으로 우리가 행복하려면 이런 변화의 세기에 어떠한 태도를 가지고, 무엇을 대안으로 삼아야 하는지도 살펴보겠습니다. 하지만 세상일이 그렇듯이 대안이 아주 딱 맞아떨어지지는 않습니다. 어쩌면 사실 대안이 없을 수도 있습니다. 다만 우리가 살아가야 할 한반도고, 또 지구이기 때문에 그나마 이런 정도는 해야 하지 않겠는가라는 심정이기도 합니다.

01
지난
혁명의
역사

신과 사람들은 모두 게으른 이에게
화를 내지요.
당신이 제대로 일하기만 한다면,
곳간은 양식으로 가득 찹니다.
일하는 사람은 부유해지고,
일하는 그들이 신에게 더 사랑받지요.
당신이 일을 하면, 나태한 이들은 곧 부자가
될 당신을 시기할 것입니다.
그러나 치욕은 일하는 이의 것이 아니라
나태한 이의 것입니다.
사악한 수치는 가난한 이의 동반자라서
수치는 가난함과 함께하고
신뢰는 부와 함께합니다.

———————

헤시오도스, 『일과 날』(299~313행)

호모 라보란스
-직립보행의 원죄

인간이 숲속 영장류들과의 싸움에서 진 것은 대충 200만 년에서 300만 년 전쯤 됩니다. 한참 남쪽에 있던 아프리카가 맨틀 대류의 흐름에 의해 위로 위로 올라가다 유럽 대륙과 지중해를 두고 만나게 됩니다. 이 과정에서 아프리카의 서북쪽에 아틀라스 산맥이 만들어지고, 이 산맥은 대서양에서 불어오는 습기 찬 바람을 막아버리죠. 그리고 소아시아에서 시작하여 홍해를 거쳐 에티오피아를 넘어 아프리카 남단까지 이어지는 동아프리카지구대East Africa Rift Valley가 생성됩니다. 이 구조대는 아프리카 아래의 맨틀이 아래에서 위로 올라와서는 양쪽으로 갈라지는 지점입니다. 지각도 맨틀과 같이 갈라지는데, 그사이 좁은 틈이 점점 벌어지면서 아프리카를 둘로 나누게 될 것입니다. 그건 먼 미래의 일이고, 맨틀이 올라오는 과정에서 주변의 지형이 융기하게 된 것이 우리에겐 중요합니다.

에티오피아 고원을 중심으로 솟아오른 고지대는 인도양의 습한 바람을 막아버리죠. 더구나 해류의 흐름도 이에 일조합니다. 아프리카의 서북쪽에선 카나리아 해류가, 서남쪽에선 벵겔라 해류가 흐르는데 둘 다 차가운 해류입니다. 차가운 바닷물은 보통 주변을 건조하게 만듭니다. 그리하여 저 남쪽에 있을 때는 주로 열대우림이었던 아프리카가 대부분 건조한 기후대에 속하게 되었습니다.

그때만 해도 사하라가 사막은 아니었지만 아프리카의 많은 부분이 건조한 초원지대가 되면서 열대우림은 차츰 줄어들게 됩니다. 일이 이렇게 되자 그 열대우림에 살던 영장류들 사이에 치열한 생존경쟁이 벌어지죠. 경쟁에서 이긴 영장류는 숲에 남게 되었는데, 우리가 익히 아는 침팬지와 고릴라가 그들입니다. 그리고 경쟁에서 패배한 영장류는 초원으로 쫓겨났습니다. 마치 에덴동산에서 쫓겨난 아담과 하와처럼. 그들이 우리의 조상입니다. 사실 지금 생각해보면 우리 조상들이 어떻게든 열대우림에서 버티는 게 우리에게도, 다른 생태계의 생물들에게도 훨씬 좋았을 터이긴 하지만 말입니다.

손을 뻗으면 과일이 있고, 가지를 기어가는 애벌레를 주워 먹고, 가끔 탄수화물이 풍부한 덩이줄기나 씹어 먹으며 사는 삶은 얼마나 한가롭겠습니까. 남는 시간엔 친한 이들끼리 서로 털을 골라주고, 짝짓기도 하며 사는 여유로운 삶이었습니다. 아주 가끔 싸움이 나기도 하지만 그야 인간끼리의 학살이나 전쟁에 비하면 귀여운 수준입니다. 더구나 천적도 거의 없었습니다. 표범 정도나 조금 꺼려지지만 그도 무리가 모여 있을 땐 잘 덤비지 못합니다.

이런 에덴동산에서 쫓겨난 인간의 선조는 전혀 다른 환경에 마주하게 되었습니다. 초원에는 과일열매도 없고, 덩이줄기도 없죠. 애벌레도 어디 숨었는지 잘 보이지 않습니다. 결국 다른 동물을 사냥해서 먹어야 하는데 그게 여간 어렵지 않았습니다. 사슴이나 영양 같은 덩치가 좀 있는 녀석들뿐만 아니라 미어캣이나 토끼마저도 워낙 재빨라서 사냥하기가 쉽지 않았겠죠. 결국 인간의 선조들은 남들이 먹다 남긴 걸 찾아다닐 수밖에 없었습니다. 사자나 치타 등이 사냥에 성공하면 쫓아가서 뺏어먹는 걸 선택한 거죠.

그러나 이마저도 쉽진 않았습니다. 집단 중 한 명은 항상 하늘을 두리번거리며 독수리를 찾아야 했죠. 독수리가 어느 상공에서 배회하는 모습이 보이면 선조들의 집단은 직립보행으로 열심히 달려갑니다. 독수리가 있는 하늘 아래엔 높은 확률로 사자나 하이에나, 치타가 사냥을 하고 있을 것이기 때문입니다. 열심히 달려 도착한 곳엔 그러나 경쟁자가 있습니다. 사냥에 성공한 녀석들이 가장 맛있는 부위를 먹고 나면 그때부턴 청소부들 간의 경쟁이 시작됩니다. 선조들은 막대기를 휘두르거나 돌을 던져 독수리를 쫓아내고, 하이에나를 물리쳐야 했습니다. 그러곤 남은 먹잇감을 짊어지고 다시 자신들의 거주지로 걸어와야 했죠. 선조들은 또한 건조한 초원지대에서 물이 있는 곳으로도 매일 이동해야 했습니다. 물이 있는 곳에 거주지를 두면 좋겠지만, 그런 곳은 여러 동물들이 출몰하는 곳입니다. 그리고 악어도 있습니다. 선조들은 안전한 곳에 거주지를 두고 하루에 한 번 혹은 두 번 물을 마시러 가야 했지요.

열대우림에서의 패배는 이렇듯 우리 선조들에게 고단한 삶을 선사했습니다. 만약 그때로 돌아가 선조들을 만난다면 '어떠한 일이 있어도, 무슨 수를 써서라도 숲에서 버티라'고 말해주고 싶을 정도입니다.

너무 부지런한 인류

인간은 다른 동물과는 비교도 안 되는 노동을 위해 털을 벗었습니다. 온몸에 땀샘을 가지고 있는, 긴 털이 없는 유일한 포유류, 여기서 맨 피부와 땀샘은 인류의 조상이 호모 라보란스Homo laborans(노동하는 인간)로서 첫발을 내디딘 상징적인 사건입니다.

한낮에 오랜 시간 초원의 여기저기를 부지런히 움직여야 하는 인류의 선조로서 체온 상승은 대단히 심각한 문제였죠. 체온의 상승을 막기 위해 다른 동물들은 혀를 내밀어 헉헉대거나, 큰 귀를 펄럭이거나, 아예 낮에는 쉬고 밤에만 사냥을 다니는 등의 방법을 취했지만, 인간의 선조는 그중 무엇도 택할 수 없었습니다. 더구나 다른 동물들은 도망치거나 사냥할 때 짧은 시간 최대 속력으로 잠시 뛰지만, 인간의 선조는 오랜 시간을 버티며 움직여야 했습니다. 그래서 대신 온몸에 땀샘이 만들어졌죠. 그리고 땀샘에서 흘러나온 땀이 잘 증발하도록 몸의 대부분에서 털이 사라졌습니다. 정확히 말하자면 털의 개수가 줄어든 것이 아니라 길이와 두께가 줄어들어 죄다 솜털이 돼버린 것입니다. 어쨌든 맨 피부가 드러났습니다.

그 과정에서 인간 스스로 생존을 위한 혁신을 이루어냅니다. 도구를 만들고 불을 사용하고, 보다 복잡한 사회구조를 만들죠. 이런 노력은 인간을 생태계 최상위 포식자로 만듭니다. 작지 않은 몸집,

날카로운 도구, 떼를 지어 다니는 습성, 거기에 불까지 곁들여지자 이제 집단으로서의 인간을 건드릴 동물은 없어졌습니다.

그런데 말입니다. 생태계 최상위 포식자는 사실 게으름뱅이입니다. 사자가 그렇고, 호랑이, 곰 등 대부분이 그렇습니다. 하루에 두세 시간 사냥을 하고 나면 나머지 시간은 그저 자거나 쉽니다. 열대우림의 영장류들도 그렇습니다.

그러나 인간은 너무 부지런했습니다. 아이를 낳는 데도 열심이었고, 그 아이를 기르는 데도 열심이었습니다. 지구 역사상 최상위 포식자가 이렇듯 많은 개체수를 자랑한 적은 없습니다. 그리하여 인류는 전 세계로 퍼져 나가죠. 어쩔 수 없는 확장이었습니다. 인간의 개체수가 생태계가 감당할 수 없을 만큼 많아지면 일부는 쫓겨날 수밖에 없습니다. 인류의 이동은 아프리카에서 아시아로, 유럽으로, 북미와 남미로 퍼져나가고, 동남아시아와 순다열도를 지나 오스트레일리아까지 이어졌습니다.

그러고도 인간은 많았습니다. 지구 생태계는 이를 수용할 수 없었죠. 쉽게 말해서 인간이 사는 범위의 동물과 식물을 몽땅 먹어 치운데도 모자란 것입니다. 부분적으로 상위 포식자가 늘어나는 경우는 생태계에 꽤 자주 등장하는 상황입니다. 그런 경우 먹이가 부족한 상위 포식자는 시간이 지나면 자연히 줄어들 수밖에 없습니다. 마찬가지로 인간도 이런 경우 먹을거리가 없어 개체수가 줄어야 하는 것이 순리인데, 인간은 그 순리 대신 다른 길을 택했죠. 생태계 밖에서 먹을거리를 구하기로 한 것입니다.

현재까지의 기록과 여타 연구를 통해 알려진 바에 따르면 메소포타미아가 최초인 것으로 보입니다. 농경이 시작되었죠. 메소포타미아의 농경이 전 세계로 퍼졌다는 주장도 있지만 최소한 중국과 남부 멕시코, 남아메리카, 인더스 강, 니제르 강 유역 등에서 독립적으로 농경이 시작되었다는 주장이 더 설득력이 있습니다.

메소포타미아 최초의 작물은 밀이었던 것으로 보입니다. 밀 이외에도 다양한 작물이 이후 재배되었지만 대부분 벼과의 식물이었습니다. 보리가 그러하고, 벼는 당연하고, 옥수수도 그렇습니다. 예외가 있다면 감자, 고구마 같은 저장 줄기 또는 뿌리를 재배하거나 열대우림 지역에서 빵나무를 반쯤 재배한 것 정도입니다.

인류가 농경을 시작할 수 있었던 것은 지구가 허락해준 때문이기도 합니다. 홍적세 빙하기가 끝난 이후 들쭉날쭉하던 기후가 일년을 주기로 헤아려 짓는 농사에 적합한 안정된 상태로 접어들었습니다. 물론 그 이후로도 농경문화가 정착되지 않은 지역이 있긴 하지요. 지구상에는 수없이 많은 종류의 식물과 동물이 있지만, 정작 재배에 적합한 식물과 목축에 적합한 동물이 그리 많지는 않습니다. 자신이 사는 주변에 그런 동식물이 없는 경우에는, 또 기후조건이 맞지 않는 경우에는 알래스카의 이누이트나 아마존의 원주민, 오스트레일리아의 애버리지니처럼 수렵채집 생활에 만족할 수밖에 없는 것입니다.

농경의 시작에는 계절도 한몫했습니다. 추운 겨울이 되면 과일도 사라지고, 강은 얼어 물고기를 잡는 일도 쉽지 않습니다. 땅이 얼어 덩이줄기나 덩이뿌리를 캐는 일도 어려워집니다. 이러한 겨울을 대비하기 위해선 음식을 저장해야 했습니다. 그러나 과일이나

고기는 저장하기 어려운데다가 양도 많지 않았죠. 그래서 소화하기가 어렵지만 크기가 작은 벼과 식물의 낟알을 모아서 저장하게 되었을 겁니다. 야생의 벼과 식물 낟알을 채집해서 가져오다 흘린 마을 주변의 땅에서 그 녀석들이 자라는 걸 보고, 가을에 수확하는 기쁨을 알았을 테니 점차 의식적으로 농경이 발달하게 되었겠지요.

어찌되었건 농경이 시작되었습니다. 이전 시기처럼 다양한 음식을 먹는 건 불가능해졌습니다. 인구가 너무 많아서 야생의 다양한 음식은 이제 주식이 되기 힘들어진 것이죠. 대신 농사를 지어 얻은 곡물을 주식으로 삼게 되었습니다. 농사기술이 발달하면서 한 가족이 수확한 곡식의 양이 그 가족이 먹고도 남을 만큼이 되자 서서히 일의 분화가 이루어집니다. 사실 인간이 실수를 한 것이죠. 먹을 것이 어느 정도 풍족해졌으면, 이제 일하는 시간을 줄이고 즐겁게 생을 즐겨도 되는데 말입니다. 죽자고 일을 하고, 또 일을 시키게 됩니다. 농경지를 중심으로 한 공동체의 구성원이 늘어나기 시작하자, 공동체의 지도자들이 하는 일 또한 늘어났습니다. 최초의 농경 인류가 어떠한 단위의 공동체를 꾸렸는지는 정확하지 않고, 그 이행과정에 대해선 좀 더 구체적인 연구가 심도 있게 이루어져야겠지만 농경과 함께 사람들은 계급이 나뉘기 시작했습니다. 이웃 집단 사이의 전쟁에서 진 집단이 노예가 되었으며, 집단 내에서도 지배자와 피지배자로 나뉘었습니다.

지배계급은 지배의 정당성을 확보하기 위해 신을 이용하기도 했으며, 이웃 집단과의 적대성을 키우기도 했고, 무력을 사용하기도 했습니다. 거의 모든 인간 집단들에서 지배계급과 피지배계급으로 나뉘고, 다수를 이루는 피지배계급에게 억압과 장시간 노동 그리고 수탈이 이어지는 불행한 역사가 시작되었습니다.

자본주의를 만든
산업혁명

최초의 산업혁명은 고유명사

산업혁명은 모두 알다시피 영국에서 시작되었습니다. 이전 이후의 다른 과학기술과 산업의 발달이 그렇듯이, 산업혁명이 일어나는 과정도 과학기술의 발달만으로 설명할 순 없습니다. 따라서 산업혁명 이전의 어떤 일들이 산업혁명을 추동했는지를 살펴보는 것은 현재의 이른바 '4차 산업혁명'이 어떤 이유로, 또 어떤 과정을 거쳐 진행되고 있는지에 대한 제대로 된 시각을 만들어줄 수도 있을 것입니다.

산업혁명에 영향을 끼친 가장 중요한 상황 중 하나는 유럽의 확장입니다. 남북아메리카와 아프리카, 그리고 희망봉을 지나 인도로 가는 항로에 이르기까지 대항해시대가 만들어낸 유럽의 확장은 원료의 공급, 시장의 확대 등으로 대규모 생산의 필요성과 추동력이 됩니다. 신대륙의 발견과 희망봉 항로의 발견은 에스파냐와 포르투갈을 유럽 역사에서는 거의 처음 주인공으로 만들었습니다만 그 영광도 잠시, 해상 무역의 주도권은 네덜란드를 거쳐 영국으로 넘어갔습니다.

그리고 영국 내부적으론 인클로저enclosure 운동도 중요한 요소가 됩니다. 영국의 역사를 들여다보면 두 차례의 인클로저 운동이 있습니다. 사실 여기에 운동이라는 단어를 쓴다는 게 좀 어폐가 있습니다. 쉽게 말해서 지주들이 마을 사람들 모두가 같이 쓰던 공유지나 경계가 모호한 사유지에 울타리를 쳤던 일로, 인클로저 사건 정도가 적당한 명칭일 겁니다. 14세기에서 15세기 사이에 첫 번째 인클로저가 있었고, 18세기에 두 번째 인클로저가 있었습니다.

원래 농촌이나 산촌, 어촌 등은 공유지가 많은 곳입니다. 개별적으로 자신이 경작하는 땅도 있지만 숲이나 미개간지 같은 경우에는 가축을 먹이거나 사냥을 하고, 열매를 따며 버섯을 채취하는 등의 일을 마을 사람들이 서로 경우에 맞게 하는 장소입니다. 그런데 이 땅들에 소유권을 주장하며 울타리를 쳐서 배타적 권리를 선언한 것이죠. 이 과정은 당연히 불평등하게 진행됩니다. 영주나 마을 내에서 힘깨나 쓰는 이들이 이런 공유지를 장악하는 경우가 대부분이었습니다. 그리고 이렇게 둘러쳐진 곳은 마침 발달하기 시작한 모직업의 열풍과 함께 양을 키우는 곳으로 변모합니다. 물론 미개간지가 농토로 개간되는 경우도 많았지만, 그곳 또한 영주 혹은 부농이 소작농을 고용하여 농사를 짓게 됩니다.

이렇게 인클로저 운동이 일어나게 된 것은, 신세계의 발견과 함께 중세에서 르네상스를 거치는 동안 유럽의 농사기술이 발달하면서 생산량이 높아진 것도 이유입니다. 신세계의 발견, 동방과의 활발한 교류, 유럽의 생산력 증가와 함께 모직산업이 발달하고 대규모의 경작지 개발이 가능해졌기에 영주의 입장에선 기존 공유지를 사유지로 만드는 것이 여러모로 돈이 되는 일이었던 것이지요. 그러나 사정이 이렇게 되자 그렇지 않아도 가난했던 농민 일부는 더 가난해져버립니다. 그들은 농사로 먹고살기가 힘들어지자 도시로 떠나 미숙련 노동자가 됩니다.

이런 저간의 사정과 함께 산업혁명에는 또 다른 계기도 있습니다. 당시 목화솜으로 천을 만드는 면직업은 일단의 숙련된 장인들이 길드를 결성하여 운영하고 있었습니다. 그런데 영국이 에스파냐와 포르투갈을 이기고 대서양의 패권을 잡게 되자 상황이 달라졌습니다. 영국은 자국의 산업을 보호하기 위해 인도의 면직물 수입을 금지합니다. 이런 상황에서 천에 대한 수요는 수직상승하였지만 기존의 장인들로는 수요를 감당할 수 없었죠. 필요는 발명의 어머니라고, 이런 상황이 지속되자 관련된 발명품들이 속속 등장합니다. 물론 르네상스를 거치면서 유럽의 과학기술이 발달했기 때문에 가능했던 일입니다.

먼저 '나는 북flying shuttle'이 나타납니다. 베틀의 북을 스프링을 이용해 자동화한 것으로 한 번에 짤 수 있는 천의 너비가 두 배가량 늘어나고 속도도 빨라집니다. 천을 짜는 속도가 빨라지자 이제 천을 짤 실이 부족해집니다. 그러자 새로운 방적기가 등장했습니다.

한 번에 한 가닥의 실만을 잦던 방적기가 한 번에 여덟 가닥의 실을 자아내게 됩니다. 동력도 인력에서 수차水車를 이용하는 것으로 변하죠. 실의 공급이 충분해지자 다시 천을 짜는 직조기의 혁신이 일어납니다. 수차나 증기기관을 연결해서 자동으로 천을 짜는 역직기 power loom가 나타났지요. 이런 일련의 과정을 거치면서 영국의 면직업에서 근대적 의미의 공장이 최초로 나타납니다.

산업혁명의 또 하나의 상징인 증기기관은 석탄산업의 발달과 긴밀한 관계를 가집니다. 르네상스에서 산업혁명에 이르는 시기 이전에 인류가 사용했던 연료는 대부분 목재였습니다. 동화에 흔히 나오는 나무꾼은 우리나라만의 이야기가 아닌 것이죠. 그러나 16세기 후반이 되자 유럽에서는 목재 부족이 심각한 문제가 되었습니다. 생산력이 높아지자 인구가 급속히 팽창했기 때문입니다. 집을 짓기 위해, 땔감으로, 비누와 소금을 만드는 데에도, 그리고 철광석을 제련하는 데에도 모두 나무가 필요했습니다. 특히 산업이 발달한 영국과 네덜란드 등에서 문제가 더 심각했던 건 당연합니다. 영국의 경우 이러한 문제를 석탄으로 해소했습니다. 철광석을 제련하는 데 필요한 숯 대신 석탄을 가공한 코크스를 사용하고, 난방 연료로도 나무 대신 석탄을 이용했습니다. 집을 짓는 데도 석재나 벽돌을 이용합니다. 당연히 벽돌을 굽는 데도 석탄이 연료로 들어가는 거죠. 이렇게 되자 석탄 소비량이 급격히 늘어납니다. 16세기에서 17세기 사이 런던에서 사용하는 석탄량은 14배가량 증가했지요.

이렇게 되자 석탄을 캐는 탄광의 갱도가 점점 더 땅속 깊이 들어가게 되었습니다. 그리고 마찬가지로 철에 대한 수요도 날이 갈수록 늘어만 갔습니다. 철광산도 점점 땅속 깊이 들어가게 되었습니다. 그러자 두 가지 문제가 생겼습니다. 땅을 조금 깊이 파면 십중팔구는 지하수가 나오게 마련입니다. 광산도 마찬가지였죠. 얕은 곳은 문제가 덜했으나 갱이 깊어지자 지하 침출수의 처리 문제가 심각해졌습니다. 뭔가로 물을 퍼 올려야 했던 것입니다.

또 하나는 캐낸 석탄이나 철광석을 지상까지 끌어올려야 하는 것. 이를 위해 궤도차가 운용되었습니다. 일종의 철도와 비슷하지만 기관차가 끄는 것이 아니라 사람 힘이나 말의 힘을 이용했습니다. 그러나 갱도가 갈수록 깊어지자 사람이나 동물의 힘으론 역부족이었습니다.

이 둘의 문제를 해결하기 위해 증기를 이용하게 되었습니다. 즉 증기기관은 광산에서의 필요 때문에 발명되었던 것입니다. 17세기와 18세기에 걸쳐 수많은 사람들이 증기기관을 연구하고 개량하여 18세기 중반이 되자 증기기관은 본격적으로 광산에서 물을 빼내는 필수적인 기계가 되었고, 제임스 와트의 결정적인 개량으로 증기기관은 산업혁명의 또 하나의 주체로 올라섰습니다.

이렇게 면직업과 광산에서 시작된 산업혁명이 본격화되자 기존의 길드는 해체되고 대규모 공장 노동자들이 그 자리를 대체합니다. 산업혁명은 한편으로 자본가계급을 만들면서, 동시에 노동자계급을 만들었습니다. 이들에 의해 기존의 지주계급과 귀족계급, 그리고 농민계급은 주인공에서 점차 지분이 적은 조연으로 물러나게 됩니다. 산업혁명이 중요한 것은 천년을 이어오던 영주와 농민 중심의 사회관계를 자본가와 노동자로 대표되는 자본주의 사회로 변화시켰기 때문입니다. 그러나 이후의 이른바 2차, 3차 산업혁명이라 불리는 것들에서는 이러한 체제 자체의 근본적인 변화는 없습니다. 그런 의미에서 최초의 산업혁명은 1차가 아니라 고유명사로 불려야 합니다.

'분리해서 지배하는' 전략 - 귀족 지주와 자본가의 연대

인클로저 운동과 뒤이은 산업혁명은 영국인들의 사회구조를 바꾸었습니다. 이제 영국에서 가장 많은 비율을 차지하는 이들은 노동자였고, 영국의 핵심은 귀족이 아니라 자본가가 되었습니다. 이 과정은 당시 일어났던 차티스트 운동과 일련의 입법 과정에서 살펴볼 수 있습니다.

차티스트 운동은 1830년대 후반에서 1840년대 후반까지 일어났던 '보통선거권' 요구를 전면에 내세운 최초의 노동자운동입니다. 차티스트란 말은 노동자들이 제기한 인민 헌장People's Charter에서 유래했으며, 보통선거란 나이 외의 다른 자격 조건을 두지 않고 국민 모두에게 선거권이 주어지는 것을 의미합니다. 지금으로서야 당연한 것이지만 19세기만 하더라도 이는 대단히 급진적인 주장이었습니다. 대부분의 나라에서 선거권은 재산을 가진, 즉 재산세를 내는, 그리고 글을 읽고 쓸 줄 아는 남성에게만 주어진 것이었습니다. 그 재산세란 토지를 가지고 있는 지주 혹은 귀족에게 해당되는 것입니다. 중세의 권력구조가 의회라는 틀을 쓰고 유지되고 있었던 거지요. 그러나 산업혁명으로 세상은 바뀌었고, 노동자들은 이런 구조에 만족할 수 없었습니다. 영국의 노동자들은 1838년부터 총 3차례에 걸친 입법 청원을 합니다만, 이들의 주장은 귀족들이 장악한 의회에서 번번이 부결됩니다. 그러나 결국 1867년과 1884년의 선거법 개정으로 일단 '남성 노동자'에 대한 보통선거가 정착됩니다. 이는 또 다른 의미로 산업혁명 이후 노동자계급이 핵심적인 사회 구성원이 되었다는 상징이기도 합니다. (물론 이들이 얻어낸 건 남성의 보통선거권이니 사실 '보통'이라는 말에 어폐가 있습니다. 여성이 보통선거권을 가지게 된 건 20세기 초였습니다. 역시 제1차 세계대전 상황에서 여성의 사회적 노동력이 대규모로 필요해진 사회적 상황과 여성들의 참정권 운동이 합쳐져서 이루어진 일이었습니다.)

그리고 또 하나 주목할 점이 있습니다. 이들 노동자들의 청원 투쟁 과정에서 귀족들은 우선 도시의 중산층에게 선거권을 줍니다. 늘상 지배계급이 피지배계급을 관리할 때 쓰는 '분리해서 지배하는' 전략을 쓰는 거지요. 공장을 가지고 부를 축적한 자본가와 그들의 공장에서 일하는 노동자를 볼 때, 그래도 자본가가 자신들 귀족 지주와 더 가깝다고 생각한 것입니다. 그러자 신흥 중산층, 즉 자본가들은 노동자와의 연대를 단박에 끊어버립니다. 마치 프랑스 혁명 후 프랑스의 부르주아지가 노동자와의 연대를 끊는 것과 유사한 과정이 진행되었습니다. 산업혁명 이전까지만 하더라도 영국의 의회는 왕과 귀족의 무대였습니다. 싸움도 왕과 귀족 사이의 일이었습니다. 그러나 산업혁명을 통해 자본가계급과 노동자계급이 부상하고, 이들 둘을 모두 배제할 수 없게 되자 영국의 구 지배계급은 (당연하게도) 자본가를 선택하고 노동자를 배제한 것입니다.

물론 그 이전에도 영국 의회는 토리당이라는 지주계급을 중심으로 한 집단과 휘그당이라는 부르주아지의 이익을 대변하는 집단으로 구성되어 있기는 했습니다. 그러나 산업혁명을 거치면서 지주계급을 중심으로 한 토리당은 보수당으로, 부르주아지를 중심으로 한 휘그당은 자유당으로 바뀌면서 지주계급과 신흥 자본가계급의 이익을 대변하는 모습보다는 금융자본과 산업자본 간의 경쟁관계로 바뀌게 됩니다. 이후 19세기 후반 노동자들의 정치단체들이 모여서 만든 노동당이 성장하여 토리당의 후신인 보수당과 양당체제를 형성하게 되는 것은 20세기에 들어서도 한참 뒤의 일입니다. 산업혁명은 이렇게 영국의 정치체제와 사회구조 전반을 바꾸는 사건이었습니다.

산업혁명은 영국에 이어 프랑스를 비롯한 유럽 대륙으로 퍼져나갑니다. 유럽 대륙에서도 산업혁명은 노동자계급과 신흥 자본가계급을 만듭니다. 부르주아지는 먼저는 노동자와 연대하여 왕과 귀족, 지주 세력을 몰아냅니다. 그러나 지배계급 내에서 확고한 중심 세력이 되는 것과 동시에 이제 부수적 존재가 된 귀족 및 지주 세력과 손을 잡고 노동자 민중을 탄압하는 중심이 됩니다. 흔히들 말하는 앙시앵 레짐은 결국 이들 자본가가 자신의 이익을 위해 구 왕당파와 손잡는 모습을 보여주는 것입니다.

이 당시의 국가를 흔히 야경국가라고들 합니다. 야경국가의 사전적 정의는 국가의 임무를 외교와 국방, 치안 유지 등 개인의 자유와 사유 재산을 보호하는 최소한의 활동으로 한정하고 나머지는 모두 시장에 맡기는 형태입니다. 결국 이 말은 국가는 국내 자본가계급을 보호하고, 이들이 해외 시장을 개척할 수 있도록 '외교와 국방'에 힘쓰고, 자본가계급의 '사유재산을 보호'하고, 이들에 대한 노동자와 민중의 투쟁을 '치안 유지'의 형태로 탄압하는 것에만 힘쓴다는 의미지요. 더불어 자본가가 시장의 논리에 충실히 힘써 어떠한 과도한 이윤을 창출하든, 노동자에게 어떤 패악질을 하든 신경 쓰지 않겠다는 의미이기도 합니다.

결국 산업혁명은 한편으로 구시대의 지배계급인 영지를 중심으로 한 왕과 귀족을 몰락시키고, 공장과 금융을 기반으로 하는 새로운 지배계급, 곧 자본가계급을 탄생시킨다는 의미에서 지배층을 변화시킨 것이며, 동시에 구시대의 피지배계급인 농민의 대다수를 몰락시키고, 새로운 무산자계급인 노동자를 등장시켰다는 의미에서도 체제의 극적인 변화를 이끌어낸 인류 역사에서의 하나의 변곡점인 셈입니다. 그러나 이어지는 2차, 3차, 4차 산업혁명이라는 것이 과연 자본주의 체제의 근본적 변혁을 이끌어내고 있는지, 새로운 대안 사회를 만들어내고 있는지에 대해선 부정적입니다. 그런 의미에서도 이 시대의 산업혁명을 이어지는 기술 혁신과 그에 따른 생활방식의 변화 정도에 그치는 여타의 산업 기술적 차원의 변화와 동일한 위상으로 놓을 수는 없다는 생각입니다.

아동노동의 악순환, 고리 끊기는?

산업혁명 당시의 이런 모습을 가장 압축적으로 표현하는 것이 바로 아동노동입니다. 18세기는 본격적인 아동노동이 시작된 시기이기도 합니다. 물론 그전이라고 아동노동이 없던 것은 아닙니다만, 자본주의 체제의 대규모 공장노동에 동원되었다기보다는 개별적이고 부분적인 일들이었습니다. 어른보다 임금이 싸고, 파업이나 여타 쟁의행위도 잘 못하니 당연히 자본가의 입장에선 큰 힘을 써야되는 일이 아니라면 아이들을 쓰는 경우가 많았습니다. 지금이라면 초등학교에 입학할 6~7세 때부터 일하는 경우도 많았고, 일요일도 없이 매일 12시간에서 심하면 16시간을 일하는 경우도 있었습니다. 그런데 이런 아동을 자본가들은 어디서 구할 수 있었을까요? 당연하게도 이 아이들은 당시 구빈원이라 불리던 고아원의 아이들과 저임금 노동자의 아이들이었습니다. 아이들이 어른이 일할 곳에서 일하니 어른들이 일할 곳이 부족해 어른들의 임금도 싸지고, 어른이 못 버니 아이를 구빈원이나 공장에 보내는 악순환이 계속되었던 것입니다.

그러나 이런 아동노동은 개별 자본가에게는 이윤을 확보하는 유용한 방법이지만, 영국의 자본주의 전체로 보면 좋은 일이 아닙니다. 아주 어려서부터 아동노동에 시달리다 보니 아이들의 사망률이 높아지고, 건강한 노동자계급의 재생산에 빨간 불이 들어온 것이지요. 여기에 당시 치열했던 유럽 노동자들의 투쟁과 막 형성되는 시민사회의 인권 의식도 부담이었을 겁니다. 드디어 1842년 어린이와 부녀자의 광산 노동을 금지하기에 이릅니다. 물론 모든 아동노동이 아니라 12세 미만의 아이에 한정되었습니다. 그리고 노동시간에도 제한이 가해졌습니다. 이런 법이 제정되었다는 것 자체가 당시의 심각한 아동노동의 현실을 보여줍니다. 그러나 현재 우리나라의 노동법이 사용자들에 의해 제대로 지켜지지 않는 것처럼 당시도 법이 정해졌다고 바로 지켜지진 않았지요. 19세기 말까지 영국의 아동노동은 지속되었고, 미국이나 유럽의 여타 나라에서도 20세기 초까지 아동노동은 사라지지 않았습니다. 결국 유럽과 미국 등이른바 선진국에서 아동노동이 사라지게 된 것은 사용자들에 대한엄한 처벌과 함께 아이들이 공장 대신 학교를 갈 수 있게끔 사회보장제도가 마련되었기 때문입니다. 사용자에 대한 처벌도 중요하지만, 어린아이들이 공장에 갈 필요가 없도록 사회제도가 마련되는것이 더 중요했던 것입니다.

결국 산업혁명이라는 기술의 혁신도, 제국주의를 통한 부의 축적도 자국의 어린이에 대한 자본가의 탐욕을 막지 못했습니다. 이를 막아낸 것은 그 당시 노동자들과 민중들의 투쟁으로 확보한 사회보장제도였습니다.

이런 아동노동은 '4차 산업혁명'이 거론되는 현재라고 사라진건 아닙니다. 다만 이른바 선진국이 아닌 제3세계로 지역만 이동했습니다. 우리나라의 경우도 1960년대에서 70년대에 이르는 시기에'국민학교'만 졸업하고 바로 노동현장으로 뛰어든 사람들이 많았습니다. 청계천의 봉제공장에는 '국민학교'를 마치고 바로 상경해서 미싱사나 재단사의 시다(보조공)를 하는 여자들이 숱했고, 식모, 주방보조, 심부름꾼, 막노동현장·공장의 보조 등으로 아동노동이이어졌습니다. 결국 전태일의 분신과 뒤이은 청계천 피복노조의 투쟁, 70년대 후반 이어진 노동조합 운동과 함께 사회 전반의 의식과소득수준이 올라가면서 점차 사라질 수 있었습니다. 그리고 유럽과 미국을 거쳐 한국과 대만, 싱가포르를 거친 아동노동은 이제 아프리카와 아랍권, 동남아시아 등으로 이동하여 여전히 존재합니다.

국제노동기구(ILO)의 조사에 따르면 2012년 현재 5~17세 사이의 어린이 노동자는 2억 6000만 명에 이르며, 그중 아무런 권리 없이 노동만 강요당하는 경우도 무려 1억 6800만 명에 이릅니다. 이런 아동노동의 국가별 분포를 보면, 일단 소득수준이 낮은 나라에 집중된 것은 당연하지만 그중에서도 민주주의가 제대로 정착되지 않은 나라가 특히 심각하다는 것을 알 수 있습니다. 아프리카 남부, 분쟁중인 아랍, 군부 또는 군벌에 의한 독재정치가 이루어지고 있는 곳이 대표적인 아동노동지역입니다. 전반적인 아동노동 자체는 점차 감소하고 있습니다만, 그 속도는 아주 느립니다.

흔히 아동노동을 시키는 제3세계 공장과 연결된 세계적 기업에 대한 불매운동을 통해 아동노동을 근절시키고자 합니다만, 앞서 밝혔듯이 아동노동의 근절은 먼저 아이를 공장으로 보낼 수밖에 없는 가난이 해결되지 않으면 안 됩니다. 그리고 이 가난은 단지 국가 전체의 소득수준이 올라가는 문제뿐만 아니라 부의 분배가 제대로 이루어지는 시스템을 갖추는 과정이 동시에 진행되어야 극복할 수 있습니다.

02

지난
백년

사람들이 아직 너무 먼 곳으로 고래를 잡으러
가던 시절에는 그것이 아가씨를 울렸고 모든
길마다 십자가에 매달린 예수가 있었고 레이
스로 짠 옷을 입은 후작이 있었고 성모 마리아
가 있었고 왕이 있었네.

사람들이 아직 너무 먼 곳으로 고래를 잡으러
가던 시절에는 그것이 아가씨를 울렸고 견결
한 신앙의 뱃사람들이 있었고 신앙을 경멸하
는 힘 센 군주가 있었고 성모마리아가 있었고
왕이 있었네.

음, 이제 모든 세계가 완벽하네, 더 빈 곳은
없이, 사실 그들은 완벽하다네! …… 힘 센
군주도 십자가에 매달린 예수도 더는 없네,
공화국과 대통령만 있네 그리고 더 이상
고래도 없네.

───────

폴 포르Paul Fort, 「고래The Whales」

2차 산업혁명
-대량생산, 전기, 내연기관, 통신

만약 2차 산업혁명이라 지칭할 만한 것이 있다면 그 시기는 대략 19세기 말에서 20세기 중반 정도까지가 될 것입니다. 영국을 비롯한 유럽은 이전의 제국주의 정책과 다른 새로운 식민지 지배 전략을 구사했고, 제국주의의 고참과 신참 사이의 갈등이 세계대전으로 폭발한 시기이기도 합니다.

　1차 산업혁명의 상징이 증기기관으로 움직이는 열차라면, 2차 산업혁명의 상징은 내연기관으로 움직이는 자동차입니다. 증기기관의 비효율성을 극복한 내연기관의 등장은 세상의 풍경을 바꾸었습니다. 또 하나는 전기입니다. 전봇대가 길을 따라 이어지고, 대규모 화력발전소와 수력발전소가 생기고, 집집마다 저녁이면 전등이 켜지는 익숙한 모습이 시작된 것이죠. 그리고 전화와 라디오 등 새로운 통신수단과 미디어의 등장도 빠질 수 없는 일입니다. 그리고 석유의 본격적인 생산과 자본집약적 장치산업인 화학공업이 발전하고 자연에서 찾을 수 없었던, 혹은 희귀하거나 비쌌던 물질의 대체 소재가 본격적으로 개발된 시기이기도 합니다.

더불어 이 시기는 전쟁의 시기이기도 합니다. 제국주의적 유럽 제국들의 이해상충에서 비롯된 불화가 전 세계를 전쟁의 소용돌이로 몰아넣은 비극이 두 차례나 되풀이된 시기입니다. 그리고 두 차례의 세계대전은 내연기관과 그에 의해 움직이는 전차, 열차, 자동차, 비행기, 선박 등 다양한 운송수단을 발전시키는 계기이기도 합니다. 물론 석유산업의 발전도 전쟁에 힘입은 바 크며, 화학공업도 마찬가지입니다. 전기를 이용하는 전신·전화와 전파를 이용하는 무선통신의 발전도 전쟁을 통해 이루어집니다. 금속공업 또한 발전을 거듭하며 새로운 면모를 보입니다. 만약 2차 산업혁명이 있었다면, 그 절반가량은 피에 젖은 손으로 세운 것입니다.

또한 제1차 세계대전의 종전 과정에서 이루어진 러시아의 사회주의혁명은 또 다른 충격이었습니다. 러시아혁명에 의해 더욱 고양된 사회주의운동과 제3세계 민중들의 독립투쟁은 산업혁명 이후 세계를 지배하던 자본가들에겐 파시스트나 봉건적 절대영주 이상으로 위험한 일이었습니다. 이러한 자본주의 체제 자체를 흔드는 운동이 본격화되면서 이 시기는 자본주의 진영의 국가들이 한편으론 매카시즘으로 대표되는 극단적 반공주의를, 다른 한편으로 뉴딜 정책으로 표현되는 노동자와 민중에 대한 유화책을 통해 노동운동과 민중운동에 대한 억압과 관리의 투 트랙에 들어간 시기이기도 합니다. 이전의 야경국가와는 달리 세련된 자본주의의 탄생이라고

나 할까요?

19세기 말에서 20세기 말까지의 100년은 체제의 근본적 변화는 없었지만 생활양식에서는 거대한 변화가 있었습니다. 현재 우리가 누리는 일상과 상식이 된 일들이 대부분 이 시기에 만들어지고, 전파되고, 확립되었습니다. 현대적 공업 시스템과 물류, 유통시스템, 매스미디어와 정보통신 등이 현대적 의미로 완성된 시기이기도 합니다. 따라서 현재의 4차 산업혁명을 살펴보기 위해서라도, 지난 100년의 산업 변화와 그에 따른 사회적 변화를 부문별로 살펴보는 것은 의미가 있는 일이겠지요.

내연기관

18세기가 증기기관이라면 19세기는 내연기관입니다. 내연기관이란 엔진의 내부에 연료를 분사하여 폭발적으로 연소시켜 그 힘으로 피스톤을 움직이는 기관입니다. 이러한 아이디어는 꽤 오래되었습니다. 거의 13세기까지 올라가지요. 하지만 실제로 내연기관이 만들어지려면 내부에서의 폭발적 연소과정을 견딜 수 있는 기계장치가 있어야 하고, 제대로 연소될 연료가 있어야 합니다. 물론 연료의 연소와 이에 의해 생긴 힘을 전달할 수 있는 피스톤 등에 대한 이해도 필요하지요. 이들 모두를 가질 수 있었던 것은 19세기가 되어서였습니다.

철강업의 발달로 연료의 연소에 의한 폭발을 견딜 수 있는 내연기관이 만들어졌고, 증기기관의 경험을 통해 내부 작동시스템에 대한 이해도가 높아졌으며, 석유의 정제로 휘발유와 등유 등이 나왔습니다. 또한 증기기관에 대한 연구를 통해 열역학이 발달한 것도 이론적 뒷받침을 해주었습니다. 이를 바탕으로 19세기 후반 독일의 니콜라우스 오토, 고틀리프 다임러, 빌헬름 마이바흐 등이 현재 쓰이는 4행정 기관을 발명했으며, 뒤이어 벤츠가 2행정 기관을 발명합니다. 이미 자동차의 형태는 증기기관을 이용한 형태로 나타났던 터라, 내연기관이 제대로 작동하자 이를 이용한 자동차를 만드는 것은 금방이었습니다.

내연기관이 증기기관과 같은 외연기관을 몰아내고 현대 산업의 총아로 등장하게 된 가장 중요한 이유 두 가지는 열효율과 크기였습니다. 당시 증기기관은 약 2퍼센트의 열효율을 보인 반면, 초기 내연기관은 4퍼센트의 열효율을 보입니다. 단순히 비교해도 같은 연료로 두 배의 거리를 갈 수 있는 거죠. 더구나 내연기관은 외연기관보다 훨씬 크기가 작습니다. 증기자동차가 실패를 한 가장 중요한 이유가 바로 이 때문입니다. 증기기관과 같은 외연기관은 물을 끓여 증기를 만드는 부분과 이를 이용하는 구동장치가 별도로 마련되어야 했고, 부피를 쉽사리 소형화하기 힘든 구조입니다. 그래서 증기기관차나 증기선과 같은 대형 운송수단에는 적합했지만 소형 운송기관에는 사용하기 힘들었던 것이죠. 내연기관이 나오고도 상당한 기간 동안 증기기관차와 증기선이 운행된 사실과, 초기 내연기관이 주로 자동차를 중심으로 발달한 것에는 이 크기의 차이도 중요했습니다.

물론 증기자동차가 없었던 건 아닙니다. 19세기 말에서 20세기 초에 이르는 시기에 증기자동차와 전기자동차 그리고 휘발유로 운행하는 내연기관 자동차는 치열한 경쟁을 펼칩니다. 20세기 초 미국 자동차 시장의 40퍼센트가 증기자동차일 정도였습니다. 그러나 증기자동차는 너무 무겁고 효율이 떨어지는데다 내연기관 자동차가 여러 약점을 기술적으로 보완하면서 급속도로 경쟁력을 잃고 사라져갔습니다. 물론 전기자동차는 지금도 골칫거리인 축전지의 용량 때문에 더 빠르게 사라졌고요. 그리고 이전의 증기자동차나 전기자동차가 가진 약점이 사라진, 내연기관이란 심장을 가진 자동차는 그 급격히 증가하게 됩니다.

이제 본격적으로 자동차가 기존의 마차를 대체하기 시작했습니다. 기차는 철로가 놓인 곳만을 갈 수 있습니다. 그리고 철로는 곡선을 싫어하지요. 어쩔 수 없습니다. 기차의 바퀴는 왼쪽과 오른쪽이 같은 축에 고정되어 있기 때문에 곡선주로에선 선로를 이탈하거나 고장이 나기 쉽기 때문입니다. 이에 반해 자동차는 양쪽 바퀴가 축에 고정되어 있지 않아 곡선으로 된 도로를 달릴 수 있는 장점이 있지요. 이제 철도역에서 부린 짐이나 사람은 마차가 아니라 자동차로 이동하게 되었습니다. 도로를 만들고 유지하는 비용은 철로보다 훨씬 쌀 뿐 아니라 기존의 마차가 달리던 길을 이용하면 되는 곳이 대부분이었습니다. 육지의 기간 운송망은 철도가 담당하고, 각 철도역과 공장, 사무실, 가정을 잇는 곳에는 도로가 그 역할을 담당하게 되었지요. 마차는 사라지고, 그에 따라 말과 마부 역시 사라지고, 그 길을 자동차와 운전기사가 다니기 시작했습니다.

그리고 포드자동차의 '모델 T'가 나타납니다. 모델 T는 여러 면에서 2차 산업혁명을 대표하는 상징입니다. 먼저 모델 T는 표준화된 방식을 본격적으로 적용합니다. 자동차를 만드는 데에 필요한 여러 부품의 규격을 미리 정해서 그 정해진 규격에 맞는 부품을 대량으로 생산합니다. 이렇게 되자 제작기간도 단축되고, 비용도 저렴해집니다. 이전의 마차가 꽤나 비싼 물건이라 일반 민중은 가질 수 없는 고급품이었던 것처럼, 초기의 자동차도 아주 비싼 제품이라 누구나 가질 수 있는 물건이 아니었습니다. 그런데 모델 T가 조금 여유가 있는 사람이면 충분히 구매할 만한 금액으로 나오게 된 것입니다. 자동차의 대중화가 이루어진 것이죠. 도로를 따라 끊임없이 흐르는 자동차의 물결이란 것이 처음 생깁니다.

〈모던 타임스〉, 24시간 멈추지 않는 공장

1913년 포드는 자신의 자동차 공장에 컨베이어벨트로 대표되는 대량생산 방식을 적용했습니다. 석유화학산업으로 대표되는 거대 장치산업과 함께 (좋은 의미로든 나쁜 의미로든) 산업 자본주의의 새로운 이정표를 세운 것이죠. 포드 자동차회사가 만든 모델 T가 엄청난 수요를 이끌어내자, 이런 수요를 맞추기 위해선 기존의 생산방식으로는 한계가 있었습니다. 기존의 방식은 몇 명이 팀을 이뤄 여러 부품을 조립하여 하나의 자동차를 완성하는 방식이었습니다. 포드는 이런 방식을 완전히 바꿔 컨베이어벨트의 양쪽에 100명이 넘는 노동자를 배치했습니다. 그리고 각각이 하는 일을 단순화시켰죠. 이렇게 생산방식을 바꾸자 자동차 한 대를 조립하는 데 필요한 시간이 기존의 12.5시간에서 5.8시간으로 3분의 1이 줄었습니다.

찰리 채플린의 〈모던 타임스〉에 나오는, 쉴 새 없이 나사를 죄는 단순노동이 시작되었습니다. 포드는 처음에는 부품을 표준화하였고, 이제 노동도 표준화합니다. 하나의 물건을 처음부터 끝까지 몇몇이 책임지며 만드는 과정 대신, 각자는 아주 단순하고 반복적인 노동을 하고, 이 모두를 위에서 통제하는 방식으로 노동이 바뀝니다. 극도의 효율성으로 상품을 대량생산하는 현대적 산업양식이 탄생했습니다. 그러나 제한된 시간에 목표로 하는 생산량을 달성하기 위해선 노동 강도가 높아지고, 휴식은 줄어듭니다. 또 노동 과정에 남아 있던 노동자의 재량은 극도로 줄어들고, 자본가의 통제가 훨씬 더 강화된 방식이기도 합니다.

이런 고강도 노동에 대한 저항을 막기 위해 포드는 (당시의 다른 회사에 비해) 고임금을 지불합니다. 실제 이전과 같은 방식으로 12시간 이상 일해야 달성할 수 있던 목표를 8시간 만에 달성하게 됨으로써 자본가에게도 어느 정도의 고임금은 눈 감을 수 있는 수준이었습니다.

더구나 노동이 단순화되면서 숙련도가 중요한 기준이 되지 않았습니다. 때문에 쉽게 구할 수 있는 미숙련 노동자를 생산라인에 투입하게 되었고, 언제든지 한 사람의 노동을 다른 사람으로 대체할 수 있어서 자본가의 입장에선 아주 효율적인 구조였죠. 거기다 단순화된 노동은 하루 3교대 혹은 2교대로 생산라인을 돌릴 수가 있어서 '24시간 멈추지 않는 공장'이라는 자본가의 꿈을 달성하게도 되었습니다.

장치산업
ㅡ화학공업의 발달

그리고 흔히 간과되는 것이 화학공업입니다. 20세기는 또 다른 의미에서 화학공업의 역사였습니다. 이제 그에 대해서 한번 살펴보겠습니다.

산업혁명은 화학산업이 본격화되는 계기이기도 합니다. 예를 들어 가죽 지갑, 가죽 장갑, 모피옷, 혁대, 신발 등 가죽은 다양한 곳에 사용됩니다. 그러나 동물의 가죽을 그저 벗기기만 하면 바로 사용할 수 있는 것이 아니죠. 생가죽에서 젤라틴을 비롯한 단백질 성분과 기름 잔털을 긁어내고 부드럽게 만들어야 합니다. 거기에 다양한 색상을 입혀야 하지요. 종이를 만드는 과정도 마찬가지입니다. 종이는 나무의 펄프로 만듭니다. 그러나 그 과정이 그리 단순하진 않습니다. 먼저 펄프를 풀어내고, 불순물을 거르고, 적합한 원료를 선별해야 합니다. 그리고 화학물질을 첨가하여 내수성을 가지게 하고, 표면을 코팅합니다. 그 후 다시 안료나 염료를 착색해야 종이가 만들어집니다. 직물의 처리 또한 마찬가지로 꽤나 복잡합니다. 물론 이 복잡한 과정들이 모두 산업혁명기에 생긴 것은 아닙니다. 가죽의 처리는 인류의 역사만큼이나 오래되었고, 종이나 천의 처리 과정도 수백 년이 넘는 역사를 자랑합니다. 그리고 산업혁명 이전까지 이 모든 과정들은 숙련된 장인들의 영역이었습니다.

그러나 산업혁명을 통해서 저임금 노동과 기계의 결합을 통한 무한한 수익의 기쁨을 맛본 자본가는 이 과정에서도 장인을 제외시키고 근대적 의미의 공장을 만들기로 합니다. 한편으론 급격히 늘어나는 인구와 식민지 지배 등으로 이런 물품의 수요가 기하급수적으로 늘어난 것도 이유입니다. 가죽, 종이, 천 이외에도 인류가 필요로 하는 물건들은 많았습니다. 자동차 하나만 하더라도 타이어의 고무, 좌석의 가죽, 천, 창의 유리, 뼈대를 이루는 금속, 초기에는 목재였다가 나중엔 플라스틱으로 바뀐 내장재 등 다양한 소재가 사용됩니다. 유리도, 광물도, 비료도, 석유도 마찬가지로 기하급수적으로 수요가 늘어납니다.

그리하여 황산공장의 글로버탑glover tower(lead chamber라고도 불립니다)과 알칼리 공장의 탄화탑carbonizing tower으로 상징되는 현대적 장치산업으로서의 화학공업이 시작되었습니다. 웬 황산이냐는 분도 계시겠지만 황산은 현재도 물을 제외하고 화학적으로 가장 많이 생산되는 물질로, 2001년 세계 황산 생산량은 1억 6500만 톤에 이릅니다. 황산은 비료 제조, 광석 처리, 폐수 처리, 석유 정제 등 곳곳에 사용되고 있습니다. 비누 생산, 양모 처리, 목면, 유리

공업 등에 사용되면서 사용량이 급증한 알칼리의 경우도 마찬가지입니다. 황산과 알칼리를 대량으로 생산하기 시작하면서 19세기 말에 화학공업은 컨베이어벨트로 상징되는 조립라인과 함께 현대적 생산양식을 상징하는 또 하나의 모습인 거대 장치산업으로 도약하게 됩니다.

새똥, 비료에서 화약까지

바로 이 시점에서 또 하나, 암모니아의 대량생산과 석유화학공업의 시작은 근대와 현대를 나누는 또 다른 기준점이 될 수 있습니다. 시작은 비료 때문이었습니다. 19세기 유럽과 남아메리카 사이의 중요한 거래 물품 중 하나가 새똥—구아노였습니다. 식물은 광합성만 하면, 즉 빛과 물만 있으면 잘 자랄 것 같지요. 하지만 빠지면 안 되는 것이 있는데 바로 질소입니다. 생물은 모두 세포로 이루어져 있고, 이 세포를 이루는 물질 중에서 물 다음으로 많은 것이 단백질입니다. 그리고 단백질은 아미노산이 기본 단위이고, 아미노산의 핵심 원소 중 하나가 질소죠. 지구의 대기권에는 78퍼센트의 질소 기체가 있지만 불행하게도, 이 질소 분자는 식물이 흡수할 수 없습니다. 그래서 뿌리로 땅속의 질산이온이나 암모늄이온으로부터 이를 흡수해야 하는데, 농작물을 경작하다보면 흙이 가지고 있던 질산이온들이 금방 사라질 수밖에 없습니다. 물론 콩과 식물처럼 공생하는 뿌리혹박테리아에서 질산이온을 공급받는 경우는 문제가 없습니다. 그러나 콩만 먹고살 순 없고, 실제로 유럽인들이 가장 많이 먹는 건 밀이니 다른 방법을 강구해야 했습니다.

　다른 방법은 별 게 아닙니다. 한 해 정도 경작지를 쉬게 해주는 거죠. 그럼 그사이 뿌리혹박테리아를 가진 다른 잡초들이 밭에서 자랍니다. 그러면 그걸 뒤엎어서 땅에 다시 질산이온을 공급해주는 겁니다. 하지만 멀쩡한 밭을 한 해 쉰다는 건 상당히 아까운 일이죠. 다른 해결책은 비료를 주는 것입니다. 초기 비료는 동물의 똥과 오줌, 즉 분변이었습니다. 동물의 분변에는 질산이온을 비롯해서 식물의 영양이 되는 다양한 원소들이 들어 있습니다. 그걸 잘 삭혀서 주면 되는 것이죠. 그러나 기르는 동물의 분변을 모아다 주는 것에는 한계가 있습니다. 키우는 가축에 한계가 있는데 그 넓은 밭에 모두 비료를 줄 순 없었던 거지요. 더구나 농사도 점점 대규모로 짓게 되면서 가축의 분변으로 만든 비료는 언 발에 오줌 누기밖에 되지 않았습니다. 똥 만들려고 가축을 기르진 않기 때문이죠. 인구는 급격히 늘고, 늘어난 인구를 먹이려면 이전보다 훨씬 더 많은 곡식을 생산해야 하는데, 기껏 있는 밭도 매년 농사를 짓지 못하니 참으로 곤란한 지경이었습니다.

　그런데 남아메리카의 외딴 섬에서 수천 년 쌓인 엄청난 규모의 새똥이 발견되었습니다. 천적을 피해 외딴 섬에 자리 잡은 수만 마리의 새들이 수천 년 동안 배설한 똥들이 쌓이고 굳어서 막대한 양이 돼 있는 것을 발견하였지요. 구아노라고 합니다. 남아메리카에서 매년 수천 톤의 구아노가 유럽을 향했고, 이 구아노는 꿈의 비료라 불렸습니다. 아무리 척박한 땅이라도 구아노를 갈아서 뿌리면 작물들이 쑥쑥 자랐습니다. 이제 밭을 놀릴 필요가 없을 뿐 아니라, 땅이 척박해서 농사를 지을 수 없는 곳에도 구아노만 뿌리면 밀이 쑥쑥 컸습니다. 인구가 급격히 증가하던 유럽인들의 식량문제를 남미의 새똥이 완전히 해결해주었죠. 그러나 구아노라고 무한한 건 아니었습니다. 몇 십 년 동안 열심히 퍼냈더니 구아노가 점점 바닥을 드러내기 시작했죠.

사실 구아노가 사람들의 처음 예상과는 달리 훨씬 빨리 바닥을 드러낸 건 비료 이외의 다른 쓰임새가 발견되었기 때문입니다. 바로 화약입니다. 화약은 원래 중국에서 발명했지만 그저 폭죽 이상의 용도를 가지고 있지 않았는데, 이를 의미 있는 무기로 만든 건 몇 백 년 뒤의 유럽이었습니다. 유럽인들은 화약을 사용하는 총기와 대포를 제작하고, 세계를 자국의 식민지로 만들기 위해 다른 제국주의국가들과 전쟁을 벌이면서 점점 더 많은 화약이 필요해졌습니다. 구아노는 이 화약의 주 재료였습니다. 19세기 들어 눈부시게 발전한 화약무기가 정작 구아노를 더 빠르게 바닥나게 했던 셈이지요.

그러나 한번 비료와 화약의 위력에 눈 뜬 이들에게 다시 옛날로 돌아가라고 할 순 없는 일입니다. 어떤 방법으로든 만들어내야 했습니다. 비료나 화약에서 필요한 것은 암모니아였습니다. 암모니아를 대량으로 만들 수만 있다면, 그리고 그걸 조금 달리 처리하면, 비료도 되고 화약의 원료로도 사용할 수 있었습니다. 그러나 질소를 가지고 암모니아를 만드는 일은 높은 압력과 온도 그리고 촉매가 동원되는 일인데다 비용이 너무 비쌌습니다. 이를 가능하면 지속적이고 저렴한 비용으로 대량생산하기 위한 연구가 유럽 각국에서 진행되었습니다. 가장 먼저 해낸 건 독일이었습니다. 독일의 프리츠 하버와 카를 보슈가 고온 고압의 조건에서 촉매를 이용하여 질소로 암모니아를 대량생산하는 최적의 방법을 마침내 발견한 것입니다. 이렇게 대량생산이 가능해지자, 이제 유럽을 필두로 전 세계의 농민들은 모두 전지전능한 화학비료를 쓰기 시작합니다.

요사이 화학비료 대신 자연친화적인 방법으로 농업을 영위하는 것을 고민하는 분들도 늘고, 그런 방식으로 생산된 농산물을 더 비싸더라도 구입하는 분들이 늘고 있습니다. 하지만 사실 70억이라는 인구를 먹여 살리려면 농작물의 절대다수는 화학비료에 의한 농업을 유지할 수밖에 없습니다. 더구나 그 70억 중 반 가까이는 곡물의 가격이 오르면 당장 생계가 곤란해지는 경우이기도 합니다. 이 암모니아의 대량 제조를 통한 화학비료의 생산이 없었다면 아마 지금 세계 인구는 현재의 절반도 채 되지 못할 것입니다. 음식물이 비싸고 구하기 힘들면 출산율은 낮아질 수밖에 없었을 테고, 현재 아프리카 등지의 최빈국에서 일어나고 있는 만성적인 기아 사태는 더 심각해졌을 것입니다.

그리고 제국주의국가들에게는 다행히, 그리고 그들의 지배를 받는 세계의 인류에게는 불행하게도 화약의 대량생산 역시 가능해졌습니다. 만약 암모니아의 제조가 그렇게 싸게, 또 대량으로 이루어지지 않았다면 과연 그 많은 군인들을 무엇으로 무장시켰을까요? 이전과 같은 칼과 창·활이 다수를 이루고, 총과 대포는 비싸니 일부에만 지급할 수밖에 없지 않았을까요? 역사에 가정이란 없지만, 그래도 여러 생각이 들게 하는 것이 암모니아의 대량

생산입니다.

어찌되었건 황산과 알칼리 그리고 암모니아의 대량생산은 연관된 분야에도 영향을 미칩니다. 이들을 연구하는 과정에서 생긴 많은 과학·기술 지식이 응용된 것이죠. 그리하여 화학공업은 20세기 들어 가장 중요한 산업 분야의 하나가 되었습니다.

석유산업

내연기관의 등장은 석유산업에도 불을 질렀습니다. 석유는 사실 기원전부터 썼던 물질입니다. 다만 사용 용도가 연료가 아니라 재료였습니다. 지붕의 방수 처리를 위해 바르거나, 기계가 뻑뻑할 때 윤활유로 썼습니다. 그러다 내연기관이 등장하자 이제 재료가 아닌 연료가 주된 목적이 되었습니다. 석유의 사용량이 급증하기 시작합니다.

그러나 초기 자동차는 휘발유만을 연료로 사용할 수 있을 뿐이었습니다. 석유의 정제과정에서 나오는 등유나 디젤유와 같은 중질유는 사용할 곳이 없었습니다. 그러다 제1차 세계대전을 계기로 디젤기관이 발전하기 시작합니다. 디젤기관 자체는 이미 19세기 말에 개발되었습니다. 그러나 일반 자동차에 쓰기엔 휘발유만큼의 경쟁력이 없어서 잘 쓰이질 않다가 제1차 세계대전을 계기로 상용화되면서 디젤유의 사용이 증가하기 시작한 것입니다. 그와 함께 막대한 물자가 소비되는 전쟁으로 인해 물자가 바닥이 나자 대체재를 찾게 되었고, 석유로부터 대체재를 만들면서 석유화학공업이 본격적으로 등장합니다. 미국의 유니언 카바이드 자회사인 카바이드 앤 카본 케미컬이 스탠더드 오일과 공동으로 석유를 정제하여 만든 올레핀 가스를 이용해서 이소프로필알코올을 생산하면서였습니다. 페인트나 잉크 등의 용제로 사용하기 위해서였지요. 이소프로필알코올은 요사이도 반도체 LCD 등의 세정액으로 이용됩니다. 또 자동차의 수요가 늘어남에 따라 도장용 페인트의 용제로 아세톤이 개발되었고, 천연 고무 공급이 부족해지자 스티렌부타디엔 고무를 생산하기도 합니다.

특히 제2차 세계대전과 함께 합성고무·합성섬유·합성수지 등 다양한 제품이 개발되고, 전쟁이 끝난 뒤 대량생산 체제가 갖추어지면서 화학공업의 꽃으로 떠오릅니다. 석유라는 하나의 물질이 만 가지의 물질이 되는 기적을 만들어냈으니 말입니다. 현재도 석유는 약 90퍼센트는 연료로 사용되고, 10퍼센트는 화학공업의 원료로 사용됩니다.

전쟁 이후 석유화학공업의 발달은 또 한편 값싼 대체재로서 인류의 생활패턴을 바꾸어놓습니다. 시장에서 물건을 사면 담아주는 비닐봉지부터 스타킹, 스티로폼, 하다못해 식품 첨가물에 이르기까지 석유화학제품은 우리의 일상이 되었죠.

조립라인과 장치산업에서 대량생산되는 물건들은 우리의 소비양식을 바꾸고 더불어 생활양식까지 바꿉니다. 물론 20세기를 관통

하는 새로운 생활양식에는 이와 더불어 전기를 빼놓을 수 없지만, 전기전자제품조차 이러한 생산방식을 통해 공급됩니다. 그리고 대량생산을 통해 쏟아져 나오는 값싼 제품들은 노동자들이 저임금에도 불구하고 자신의 생활을 영위할 수 있게 해주었습니다. 화학비료와 제초제로 생산된 곡물에 항생제가 과다 투여된 공장제 밀집생산 방식으로 공급되는 달걀과 우유, 고기로 먹는 걸 해결하고, 화학섬유를 기반으로 몇 가지 표준 치수로 대량 공급된 옷을 입고, 대형 운송수단인 버스와 지하철을 타고 직장에 가서, 마찬가지로 대량생산 라인의 한 부품이 되어 노동을 하다가, 같은 설계도의 값싼 건자재로 지어진 표준적 모델의 집에 돌아와서 어느 집이나 똑같은 TV로 '브로드'캐스팅되는 방송을 보다, 비슷한 시간에 잠자리에 드는 현대형 도시 노동자가 우리 시대 일반의 모습이 된 것이죠.

한국에서 그 가장 대표적인 풍경 중 하나는 1970~80년대 울산일 겁니다. 뭐 지금도 크게 달라지진 않았지만 울산 동구는 현대자동차와 현대중공업 그리고 그 계열 및 하청공장이 들어선 공업단지입니다. 도로의 한쪽은 끊임없이 이어지는 현대자동차와 중공업의 담벼락이죠. 반대쪽은 그 공장에서 일하는 사람들이 사는 아파트가 열을 지어 서 있습니다. 현대자동차 앞에만 4개의 버스 정거장이 연거푸 이어질 정도로 긴 담벼락입니다. 부지만 150만 평 200만 평인 공장들, 공장 안에 전용 부두가 따로 있는 공장, 교대 시간마다 몇 만 명의 노동자가 몇 개씩의 문으로 쏟아져 들어오고 나갑니다. 퇴근한 노동자들은 직영의 경우 1만 세대, 5000세대 아파트로 갑니다. 그 아파트들은 당연히 현대건설에서 지은 아파트죠. 그들이 타고 다니는 차는 현대자동차에서 만들어진 것이고, 그들이 가는 백화점은 현대백화점입니다.

이러한 현대 자본주의는 우리에게 거세된 선택의 자유를 줍니다. 휴대폰을 살 때 삼성이냐 LG냐 아니면 애플의 아이폰이냐 선택할 자유를 주지만, 대부분의 경우 휴대폰 없이 사는 걸 선택할 자유는 별로 없습니다. TV를 볼 때 MBC냐 KBS냐 아니면 SBS를 볼 것이냐를 선택할 자유는 있지만, TV 없는 가정은 쉽게 볼 수 없습니다. 물론 이러한 강제된 자유를 벗어나 진짜 자유를 찾아 떠나는 사람들이 없는 건 아니지만 우리 대부분은 그 틀을 벗어나지 못합니다. 이제 인터넷과 인공지능과 로봇이 이런 우리의 삶을 새로 변화시켜줄지 모르지만 (사실 전 많이 회의적입니다만) 20세기의 우리는 그렇게 살았습니다.

오염의 세기, 공해의 세기

또한 이러한 화학산업의 발달은 새로운 공해를 불러일으킵니다. 교과서에도 나오는 이타이이타이병과 미나마타병은 이런 오염의 작은 예에 지나지 않지요. 실로 20세기의 또 다른 이름은 '오염의 세기, 공해의 세기'라 해도 과언이 아닐 겁니다. 대기와 땅, 바다와 강 모두가 인간에 의해 몸살을 앓았던 시기입니다. 지금은 가장 중요한 고민이 이산화탄소의 증가에 따른 지구 온난화이지만, 20세기 중반 본격화된 오염 문제는 참으로 다양했습니다.

각종 중금속이 촉매로, 또 전자제품의 부품으로 사용되면서 중금속 중독이 심각한 문제로 떠올랐습니다. 납, 수은, 카드뮴, 크롬 등이 대표적인 예입니다. 인간이 흡입하면 치유할 수 없는 장애를 입고, 사망에 이르는 물질들입니다. 어디 인간뿐이겠습니까? 저런 중금속이 섞여 있는 폐수가 흘러들어간 강과 호수, 바다의 생물들 모두 망가졌습니다. 척추가 휘고, 뼈가 부러지고, 뇌가 녹는 무서운 재앙에 생태계가 모두 신음하게 되었죠. 살충제는 또 다른 문젯거리였습니다. 1962년 출판된 레이첼 카슨의 『침묵의 봄』은 무분별한 살충제 사용으로 파괴되는 생태계의 모습과 환경오염이 가져올 미래의 모습을 섬뜩하게 그립니다. 머릿니를 없앤다고 아이들 머리카락에 뿌리기도 했던 DDT는 현재 사용 금지품목입니다만, 2017년 달걀에서 검출되어 난리가 났습니다. 사용이 금지된 지 10여 년이 지났지만, 그 DDT가 뿌려졌던 토양에는 여전히 남아 있었던 것입니다. 이렇게 한번 오염이 되면 장기간 축적되어 나타나니 더 심각한 것이지요. 미군이 월남전에서 사용한 고엽제와 네이팜탄과 같은 화학무기 역시 현재까지도 베트남에 그리고 그 전쟁에 참여했던 한국의 군인들에게 후유증을 안기고 있습니다.

그 외에도 20세기 물질문명의 한 축을 담당하는 플라스틱의 경우도 그러합니다. 수십 년이 지나도 분해되지 않는 온갖 종류의 플라스틱 쓰레기가 땅에 묻히고, 강에 버려지고, 바다에 모입니다. 심해 깊은 곳의 생물마저 이들 플라스틱을 집어 삼키곤 소화가 되지 않아 장 속에 쌓아둔 채로 발견되곤 합니다.

20세기 가정의 '혁신'을 이룬 대표적 가전인 냉장고와 에어컨의 경우, 냉매로 사용된 프레온 가스가 오존층을 분해해버렸지요.

몬트리올 의정서 이후 대체 냉매가 개발되면서 오존층은 서서히 복구되어가고 있지만 사실 프레온 가스에 의한 오존층 파괴는 충격이었습니다. 최초로 프레온 가스를 만들었을 때, 사람들은 인체나 생태계에 무해한 그리고 효율적인 냉매를 개발했다고 환호했거든요. 그 녀석이 오존층을 분해해버릴 줄은 누구도 예상하지 못했던 것입니다.

19세기 산업혁명이 스모그를 만들었다면, 20세기 자동차 문화는 광스모그를 만듭니다. 더운 여름 햇빛이 내리쬐는 한낮, 차들이 몰리는 도심지에서 호흡기에 치명적인 광스모그가 발생합니다. 화력발전소 등을 제외하곤 석탄을 많이 쓰지 않는 요즈음 우리나라의 경우, 화학스모그는 거의 발생하지 않지만 광스모그는 여름이면 항상 찾아오는 피할 수 없는 불청객입니다. 매년 여름마다 도심지에선 오존 주의보가 내려지곤 합니다. 더구나 광스모그에 미세먼지와 초미세먼지까지 겹쳐진 요즘은 대기오염이 일상이 돼버린 시절입니다.

20세기를 넘어 21세기에도 우리는……

우리나라 최초의 석유화학단지는 울산과 온산에 세워졌습니다. 울산의 경우는 석유화학공장이 많이 있고, 온산의 경우는 비철금속을 제련하는 공장이 많습니다. 우리나라를 경제부국으로 이끌 새로운 장치산업의 역사를 쓴다며 자랑스럽게 들어선 그 공장들이 운영을 시작하고 10년쯤 지나자, 공단 주변에 사는 사람들에게 괴질이 돌기 시작했습니다. 신경통, 전신마비 등 다양한 증상이 나타났습니다. 결국 정부는 1985년에 주변 거주자 1만여 명을 주변 지역으로 이주시켰습니다. 그 뒤로도 이른바 '온산병'은 실체가 드러나지 않고 있으며, 온산공단 역시 계속 운영 중입니다. 쉽게 말해서 공해로 사람이 살 수 없는 곳이 된 지 30년이 넘었는데 아직 원인을 밝히지도 못하고 공장은 돌아가는 중인 것이죠.

저도 1980년대 후반에 온산공단을 몇 번 들어갈 일이 있었습니다. 온산공단으로 가는 버스를 타면, 일단 창문을 열 수가 없었습니다. 공단 중심부로 가면 하늘색마저 약한 보라색을 띠며 달리 보이고, 다른 곳에선 맡아본 적 없는 기묘한 냄새가 대기에 가득했습니다. 공단에서 일하는 노동자들 누구도 공단에 만들어진 기숙사에 살지 않았죠. 공장 옆에 기숙사가 있었지만 모두 공단에서 떨어진 곳에 따로 거처를 마련하고 출퇴근을 했습니다. 아무도 살 수 없는 곳이지만, 돈을 벌려면 그곳에 들어가 공장에서 일을 해야 했습니다. 공장을 운영해서 돈을 버는 건 자본가들인데, 고통은 지역 주민과 노동자들의 몫이었던 것이죠.

21세기라고 달라진 것은 없습니다. 삼성전자의 반도체라인에서 일하던 노동자들은 평균보다 훨씬 높은 비율로 백혈병에 걸렸습니다. 근 20년 가까이 싸워온 결과 이제야 그들은 산업재해로 판정을 받게 됩니다. 2016년에는 반도체 관련 하청공장에서 일하던 노동자들이 유독물질인 메틸알코올에 의해 눈이 멀고, 사망하는 사건이 발생합니다. 어떠한 자본주의도 시민과 노동자의 감시가 없으면 탐욕의 이빨을 드러내는 걸 주저하지 않습니다. 저는 4차 산업혁명이 이러한 자본주의의 본질을 바꿔줄 것이라고는 눈곱만큼도 생각지 않습니다. 어떤 새로운 산업도 좋은 일만 가지고 오지는 않습니다. 당장 4차 산업혁명의 씨앗인 반도체와 LCD LED를 만드는 과정에서도 앞에서 본 것처럼 여러 유해물질들이 발생하고 일차적으로 해당 공장의 노동자들이 모르모트처럼 그 피해의 첫 당사자가 됩니다. 그리고 가습기 살균제에 의한 피해와 생리대의 유해물질 검출처럼 우리가 일상적으로 사용하는 제품 중 어느 것에서 미처 모르던 유해물질이 나올지 모르는 시절을 살고 있습니다.

이런 문제에 대처하기 위해선 새로운 물질을 생산하거나 판매하기에 앞서 철저한 검사가 필요하지만, 이를 위한 시민감시기구는 제 역할을 하기가 힘든 상황입니다. 사고가 터진 후 그에 대해 대처하기에도 급급한 실정이지요.

전기

전기의 역사는 많이들 생각하시는 것보다 훨씬 더 오래되었습니다. 기원전 메소포타미아 유적에서 발견된 철판에 얇게 금이 입혀진 유물이 발견됩니다. 더구나 그런 도금을 만들 때 썼던 것으로 여겨지는 일종의 전지까지 발견되지요. 이집트의 피라미드에서도 전기와 관련된 것으로 여겨지는 유물이 여럿 발견되기도 합니다. 그러나 이들 고대 유적의 전기 장치들은 그들의 시대와 함께 묻히고 이후 사람들의 머리에서 잊힙니다. 다만 서로 다른 물질을 문지르면 마찰전기가 발생한다는 사실 정도만 알고 있었지요.

18세기가 되자 이렇게 정체되어 있던 전기에 관한 새로운 사실이 밝혀지고, 다양한 관련 기기들이 발명되기 시작합니다. 전기를 담는 라이덴병이 나오고, 곧이어 전지도 만들어집니다. 마이클 패러데이와 제임스 맥스웰은 전기의 여러 가지 현상을 네 가지의 방정식으로 정식화합니다. 그리고 에디슨과 테슬라에 의해 마침내 전기의 상업적 이용이 가능하게 되었습니다. 19세기 후반의 일이지요. 전기가 상업적으로 사용되면서 전구라든가 축음기, 진공관 등의 다양한 제품들도 등장합니다. 곧이어 알렉산더 그레이엄 벨이 전화기를 발명하고, 무선 전신기도 굴리엘모 마르코니에 의해 개발됩니다. 전기로 움직이는 전차까지 등장하면서 이제 전기는 인류에게 필요불가결한 존재가 되었습니다.

전기를 통해 신호를 보낼 수 있다는 것을 발견하면서 이전까지 사람의 눈과 망원경으로 이루어지던 전신telegraphy은 전기통신 electric telegraphy으로 바뀝니다. 그야말로 순식간에 전 세계의 소식을 전달하고 받을 수 있게 되었지요.

19세기 말부터 시작된 전기 사용은 20세기 들어 지금의 우리에겐 익숙하지만 당시의 사람들에겐 경이라고 할 수밖에 없는 새로운 풍경을 만들어냅니다.

전기, 새로운 풍경을 만들다

일단 전기가 빌딩과 공장, 사무실로 연결이 되자 전기를 이용한 온갖 상품들이 등장하기 시작합니다. 전기의 가장 큰 장점은 안정적으로 언제나 쉽게 에너지를 공급할 수 있다는 것이고, 여러 장치가 이 전기에너지를 우리가 필요로 하는 다른 에너지로 바꾸어줄 수 있다는 겁니다. 전기를 모터에 연결하면 우리는 운동에너지를 얻을 수 있습니다. 이 모터가 돌아가는 힘을 이용해서 19세기 말에 전기

선풍기가 만들어지고, 1908년에는 전기세탁기가 등장합니다. 또한 이 모터를 이용해서 기체를 압축하고 팽창시키는 과정을 통해 1902년 에어컨이 만들어집니다. 동일한 원리를 이용한 냉장고는 1862년, 가정용은 1915년에 나타납니다. 전화는 1849년 이탈리아인 안토니오 메우치에 의해 개발되었고, 이후 벨에 의해 현대적 의미의 전화가 고안되어 본격적으로 사용됩니다. 라디오 방송은 1920년대에 시작되었고, 곧이어 1920년대 후반에 텔레비전이 발명되어 30년대부터 본격적으로 중계가 이루어집니다. 물론 그 외에도 전기다리미, 헤어드라이어, 전기고데기 등 다양한 기구들이 속속 등장합니다. 처음 공장과 빌딩, 가정으로 전기가 들어온 것은 전등을 사용하기 위해서였지만 이러한 기구들이 속속 발명되자 이제 전기는 현대 사회에서 없어서는 안 될 필수적 요소가 됩니다.

처음 전기를 사용할 때는 각 가정이나 빌딩, 공장마다 석유로 돌아가는 발전기를 두어 그로부터 전기를 만들어 썼습니다. 그러나 곧 대규모 화력발전소와 수력발전소가 생기고 이들이 생산한 전기를 전선을 통해 공급받는 방식이 주를 이루게 되지요.

20세기 들어 주요 국가들은 모두 안정적인 전기 공급을 위해서 수력 및 화력 발전소를 매년 증설합니다. 그리고 주요 산업시설들은 전기의 공급에 의해 이전과는 다른 생산체제를 갖추게 됩니다. 특히나 알루미늄 공업은 전기가 없었다면 탄생 자체가 힘들었을 것입니다. 지금 우리가 쓰는 알루미늄 호일이라든가 새시 캔의 경우 모두 보크사이트를 전기로 분해하는 과정에 기초해서 만들어집니다. 알루미늄 제련 공장에서 하루에 사용하는 전기량이 웬만한 중소도시 한 달 사용량과 맞먹을 정도로 전기가 많이 들기 때문에 전기 비용이 싼 곳에서 주로 제련을 합니다. 비단 알루미늄뿐만 아니라 많은 비철금속의 제련에는 전기가 필수적입니다. 또한 현재 대부분의 공장은 전기에너지를 이용해서 산업용 기계를 운영하고 있지요.

전기는 산업시설뿐만 아니라 도시의 풍경도 바꿨습니다. 도시의 밤을 밝히는 가로등은 모두 전기를 이용하지요. 물론 전기가 도입되기 이전에도 유럽의 주요 도시 중심가에는 가스로 불을 밝히는 가로등이 있었습니다만, 모두 사람이 일일이 끄고 켜야 되는 것이어서 쉬운 일이 아니었습니다. 전기에 의해 비로소 도심지와 주요 도로 대부분에 가로등이 설치되었습니다. 그리고 신호등의 설치도 가능해지면서 현재와 같은 도로 시스템이 만들어집니다. 20세기 도시의 모습을 가장 극적으로 바꾼 것이 바로 전기입니다.

전기는 운송에서도 빛을 발합니다. 증기기관차가 디젤기관차로 바뀌더니 어느덧 모두 전기기관차로 바뀌었습니다. 전기를 동력으로 하는 이 전차들은 세계 곳곳에서 여전히 운행 중입니다. 새롭게 선보이는 각종 운송기구도 대부분 전기를 에너지로 이용합니다. 이제 여기에 전기자동차가 본격적으로 도입되면 전기의 사용량은 더욱 늘어날 것입니다.

우리나라의 경우도 마찬가지입니다. 1981년 우리나라 일인당 전기 사용량은 915kWh인 데 반해 2011년 전기 사용량은 9142kWh에 이릅니다.[1] 30년 만에 사용량이 열 배가 넘게 증가한 것입니다. 물론 개인이 이렇게나 많이 사용한다는 뜻은 아니고, 우리나라 연간 전기 사용량을 인구로 나누면 이렇게 된다는 말이지요. 가정에서의 전기 소비량은 OECD 평균보다 오히려 낮은 편입니다. 즉 산업부문이 엄청나게 전기를 소비하고 있다는 뜻입니다. 통계를 보면 산업용이 전체의 55퍼센트를 차지하고, 상업 및 사무실용으로 쓰이는 비율이 약 22퍼센트, 가정용은 14퍼센트 정도를 차지합니다.

이런 전기를 생산하기 위해 쓰이는 에너지원으론 천연가스, 석유, 석탄 등 화석연료가 67퍼센트이고 원자력이 24퍼센트입니다. 수력이 8퍼센트이죠. 나머지 고작 1퍼센트가 풍력, 태양광 발전 등 신재생에너지입니다. 2017년 9월 기준으로 볼 때 발전소의 에너지원별 발전량은 원자력이 2만 3115MW, 유연탄 및 무연탄 3만 2708MW, 석유 4150MW, LNG 3만 5171MW, 수력 4700MW이며, 신재생에너지가 속하는 기타는 고작 9647MW입니다. 결국 막대한 양의 화석연료가 전기 발전을 위해 사용되고 있는 셈입니다. 국내 온실가스 배출량을 보면 전력부문이 34퍼센트로 가장 많고, 그다음이 31퍼센트를 차지하는 산업부문입니다.[2] 결국 우리를 편리하게 만들어준 전기가 온실가스 배출에도 대단히 큰 공헌을 한 셈이지요.

농업혁명

산업혁명을 이끈 동력 중 하나는 중세 이래 꾸준히 증가한 농업생산력이었습니다. 그러나 산업혁명 이후 인구가 폭발적으로 늘어나면서 필요로 하는 식량이 농업생산성의 증가를 앞지르게 되었습니다. 거기에 다양한 산업이 발달하면서 그에 필요로 하는 농산물의 수요도 빠르게 증가했지요. 하나의 해결책은 플랜테이션plantation 농업이었습니다. 열대와 아열대 기후인 동남아시아, 아프리카의 식민지와 미국 남부, 중남미에서 나타난 새로운 농업형태입니다. 광활한 열대우림을 벌목하거나, 기존 원주민들이 자신이 먹을 농작물을 재배하던 농토를 몰수하여 그곳에 단일 작물을 재배하는 거대한 농장을 세웁니다. 주로 본국이나 다른 곳에 팔기 쉬운 작물을 대규모로 재배했는데, 대표적인 것은 고무·사탕수수·카카오·담배·커피·삼·목화 등이었습니다.

제국주의 본국의 기업가들이 기초 자본을 투입하고, 값싼 노동력인 노예나 이주 노동자, 그리고 현지 원주민들이 노동을 합니다. 아메리카에서는 주로 아프리카의 흑인 노예에 의해 경작이 이루어집니다. 미국 남부의 노예를 이용한 목화 농업, 카리브해 주변과 중남미의 노예노동이 대표적인 예입니다. 그리고 동남아시아에선 값싼 중국 노동자와 현지인들을 이용해서 고무와 사탕수수 등을 재배합니다.

이러한 플랜테이션은 국제 간 무역을 활발하게 하고, 자본가들의 이윤을 확보하는 데 커다란 기여를 합니다. 그러나 그 과정에서 원주민들은 자신의 땅을 빼앗기고, 굶주리게 됩니다. 원주민들이 자신이 먹을 작물을 재배하던 곳을 빼앗겼으니 다른 도리가 없습니다. 빼앗긴 땅에 다시 가서 먼 외국으로 팔려나갈 작물을 재배하고 받는 쥐꼬리만 한 임금으로 굶주린 배를 채울 수밖에 없었지요. 더구나 이주 노동자들에 의해 그마저도 쉽지 않았습니다. 현재도 지속되는 동남아시아의 원주민과 화교의 갈등은 이들 제국주의의 플랜테이션이 중요한 원인입니다. 또한 아무 거리낌 없이 열대우림을 벌목하면서 현재의 환경 재앙의 기원이 되기도 합니다. 현재도 이러한 플랜테이션은 보다 세련된 방식으로 존재합니다.

그러나 플랜테이션 농업은 심각해지는 식량문제를 해결하진 못했습니다. 값싼 밀을 재배하는 대신 비싸게 팔 수 있는 고무나 면화, 사탕수수, 담배와 같은 이른바 경제작물을 생산하는 데에 집중했기 때문입니다. 대신 유럽과 미국의 온대 지역에서 대규모 밀 생산을 위한 농업이 시작됩니다. 자작농 대신 기업형 농업이 본격적으로 시작되는 거지요. 물론 이전에도 지주들이 소작농을 동원하여 대규모로 농사를 짓기야 했지만, 이제 본격적인 기업농시대를 맞이해서 소작농 대신 기계와 약품을 이용합니다. 기계로 밀을 심고, 경비행기로 화학비료와 살충제·제초제를 뿌리고, 수확도 기계로 하게 됩니다. 생물학이 발전하면서 포기당 소출량이 많아지고, 제초제에 잘 견디는 품종이 개발되죠. 기계 값이랑 약품 값이 비쌀 듯하지만 사람 손을 쓰는 것보다 훨씬 쌉니다. 지평선이 보이는 곳 전체가 몇 명 안 되는 사람으로 경작이 되지요.

그러면서 농민들의 수는 더욱 줄어갑니다. 직접 짓는 농사로는 수지를 맞출 수 없게 된 농민들은 이웃의 기업농에 자신의 농지를 팔고, 도시로 가서 노동자가 됩니다. 인클로저 운동에서 시작된 농민의 감소와 노동자의 증가는 새로운 세기가 되어서도 계속 이어집니다. 물론 정부의 보조금이라든가 특수작물 재배 등의 방법으로 살아남는 농민들이 없는 것은 아니지만, 지구 전체로 보았을 때, 그리고 이른바 선진국에서 보았을 때 농민의 수는 극적으로 감소하지요.

한국의 경우도 예외는 아닙니다. 1980년 한국의 농가는 전체 796만 9201가구의 27퍼센트였습니다. 그러나 2010년에는 전체 1733만 9422가구의 6.8퍼센트일 뿐입니다. 인구는 4000만 명이 약간 안 되는 수준에서 5000만 명으로 약 1000만 명 이상 늘어났는데, 농민 인구는 1000만 명이 조금 넘는 숫자였다가 현재 300만 명 조금 넘는 정도로 약 700만 명이 줄었습니다.[3]

제초제를 뿌리고, 다시 종자를 심으려면

농업이 기계화되면서 생긴 문제는 자작농의 감소만은 아닙니다. 화학비료와 살충제와 제초제를 비행기에서 뿌려대니 주변의 생태계도 심각한 피해를 당합니다. 제2차 세계대전 후 살충제로 인기가 높았던 DDT는 사용이 금지된 현재도 흙 속에 잔류한 상태로 남아 있어 문제가 되고 있습니다. 또 제초제의 사용은 농지 주변의 식물들에게 더 심각한 피해를 입힙니다. 군대에서도 정찰과 감시를 용이하게 하기 위해서 제초제를 사용합니다. 우리나라의 휴전선을 따라 있는 감시초소들은 일상적으로 제초제를 이용하여 시야를 확보합니다. 또 베트남전에서는 시야를 가리는 나뭇잎을 모두 떨어뜨리는 고엽제를 사용하기도 했습니다. 겉으로는 밀림의 모기를 없애기 위해 사용했다고 하지만, 사실 베트남 열대우림의 나무들을 고사시키기 위해 비행기에서 베트남 북부 전역에 무차별적으로 뿌렸죠. 그러나 고엽제는 식물들도 고사시키지만 고엽제를 직접 맞은 사람이나 동물 들에게 심한 피부병을 앓게 합니다. 여성의 경우는 기형아를 출산하게 되기도 합니다. 당시 베트남전에 참전했던 우리나라 병사들 중에도 고엽제에 의한 피부질환으로 현재까지 고통 받는 이들이 많습니다. 우리나라의 경우도 주한 미군에 의해 휴전선 일대에 살포되었습니다.

이 제초제와 관련해서는 유전자조작생물(GMO)과 관련된 또 다른 문제가 있습니다. 새로운 제초제를 만들고 이 제초제에 저항성을 가진 박테리아를 찾아 그 유전자를 농민들이 재배할 작물에 주입하여 유전자조작작물(GMO)을 만듭니다. 그리고 이들 둘을 농민들에게 팔지요. 이 강력한 제초제가 주변의 잡초뿐만 아니라 잎과 낟알을 갉아 먹는 곤충과 새, 쥐 등도 동시에 차단하는 효과를 보이니 농민들은 사지 않을 수가 없습니다. 종자 값이 비싸고 제초제도 비싸지만 그보다 더 많은 수익을 안겨주니까요. 그런데 이렇게 해서 수확한 곡식은 다음해의 종자로 사용할 수 없습니다. 싹이 트지 않는 것이죠. 세계에서 가장 큰 규모의 종자회사인 몬산토 사의 라운드업Roundup 제초제와 라운드업 레디Roundup ready 종자가 대표적입니다. 라운드업 레디 종자는 라운드업 제초제가 뿌려진 곳에서 살아남을 '준비'가 된 작물이란 뜻입니다.

결국 농민들은 이들 회사의 종자와 제초제를 사는 것 외엔 다른 방법이 없습니다. 자기 밭에만 토종 종자를 뿌린다는 건 말도 안 되는 일입니다. 주변의 밭이 온통 제초제와 제초제 저항 종자로 뒤덮이면, 내 밭의 토종 종자는 자연스레 피해를 입고 소출이 줄어들 수밖에 없습니다. 또한 이런 회사들은 압도적인 자금력과 로비로 종자 시장을 거의 독점하고 있기 때문에 다른 선택의 여지도 별로 없습니다.

인도의 예가 대표적입니다.[4] 인도의 경우 농산물 시장을 개방한 1990년대 초부터 매년 농민들이 줄이어 빈곤 자살을 하고 있습니다. 10여 년의 기간 동안 자살한 농민의 수가 무려 15만 명에 달할 정도였습니다. 가장 심했던 해는 2006년으로, 한 해 동안 1만 7060명의 농민이 스스로 목숨을 끊습니다. 농산물 시장이 개방되면서 싼 곡물들이 들어오자 인도 농민들이 생산하는 면화의 경쟁력이 약화됩니다. 그러자 인도 정부는 그 손실을 만회하기 위해 몬산토의 변형 종자를 권장합니다. 몬산토도 매일 100회 이상의 TV 광고를 통해 선전을 하지요. '이 종자는 농약을 뿌릴 필요가 없다. 이 종자를 재배해서 부자가 되어라.' 그래서 농민들은 비싼 종자를 빚을 내어 삽니다. 그러나 변형 종자는 특정 해충에는 강했지만 다른 해충에 취약해서 농약을 필요로 했습니다. 그 농약도 마찬가지로 몬산토에서 외상으로 삽니다. 물론 살충제는 이전보다 줄어들었지요. 그러나 시장 개방에 의한 면화 가격 하락으로 결국 빚더미에 몰린 농민들은 극한 선택을 할 수밖에 없었습니다. 물론 논란의 여지는 있습니다. 인도는 농민뿐만 아니라 전반적으로 자살률이 높고, 몬산토의 종자가 다른 종자에 비해 경쟁력이 낮은 것도 아닙니다. 몬산토로서도 종자를 팔 농민이 사라지면 손해니 그런 장사를 할 리는 없습니다. 그러나 한번 다국적 종자 기업에 종속되어버리자 이제 무엇을 재배하든 그들과의 관계를 끊을 수 없게 된 것은 심각한 문제가 아닐 수 없습니다.

그리고 또 다른 문제가 있습니다. 이렇게 기업화된 농산물의 유통은 몇 개의 메이저 기업에 과점되어 있고, 이들에 의해 전 세계의 곡물이 좌지우지되는 지경에 이르렀습니다. 흔히 'ABCD'라 불리는 Archer Daniels Midland, Bunge, Cargill, Louis Dreyfur Commodities라는 네 기업을 곡물 메이저라고 하는데, 한때 전 세계 곡물 교역량의 80퍼센트를 점유하기도 했습니다. 사실상 이들이 전 세계 곡물시장을 쥐락펴락하는 것입니다. 그리고 신자유주의의 기세 아래 이들은 제3세계의 곳곳에서 더 낮은 가격으로 곡물을 제공하고, 현지의 농업 기반을 파괴하면서 영향력을 더욱 키웁니다.

　사실 그렇지 않은 부문이 어디 있겠습니까? 20세기 대량생산 체제에서 식품, 의류, 자동차 등 거의 모든 부문이 독점적 지위를 가진 소수 대기업들에 의해 지배력이 행사되는 건 따로 말할 필요도 없을 듯합니다. 거기에 농업이라고 예외가 아닌 것이지요. 그러니 세계 곡물 생산량은 70억 인구를 먹이고도 남을 정도지만, 세계 곳곳에서 굶주린 사람들이 유민流民이 되는 현실 또한 자본주의의 필연적 모습이라고 할 수밖에요.

커뮤니케이션

봉화에서 해저 케이블까지

먼 옛날부터 사람들은 멀리 떨어진 곳의 소식을 빠르게 전달받기를 원했죠. 특히 국가를 운영하는 지배층들은 국경에서의 변화에 민감했고, 중앙과 지방이 서로 더 빠르게 소식을 주고받기를 원했습니다. 대부분 국경 밖의 적에 대한 감시가 주였지만, 내부 불만세력의 변화라든가 자연재해에 대한 소식도 중요했지요. 이들이 초기에 소식을 주고받기 위해 만든 대표적인 것으로는 봉화가 있습니다. 낮에는 연기를 피워 올리고, 밤이면 불을 피워 올려 소식을 전합니다. 그러나 이는 날씨에 따라 대단히 가변적인 통신도구였습니다. 비가 오면 말짱 도루묵이었으니까요. 더구나 봉화를 미처 올리기 전에 봉화대가 함락당하면 영영 소식을 전달받을 방법이 없었습니다. 또 다른 방법으로 역참제도가 있었습니다. 하루 정도 거리마다 역참을 세우고, 그곳에 항상 달릴 준비가 되어 있는 준마를 대기시켰습니다. 몽골제국이 이 시스템을 가장 잘 활용한 대표적 국가였습니다. 하지만 이런 방식은 비용도 많이 들고, 여러 가지 변수에 의해 소식 전달이 늦거나 하는 단점들이 많았습니다.

이런 단점 중 느린 속도를 획기적으로 빠르게 한 근대적 통신의 시작은 전신傳信, telegraph이었습니다. 프랑스에서 시작된 전신은 그러나 우리가 알고 있는 모스부호를 사용하는 것이 아닙니다. 원리를 따지자면 오히려 봉화에 가까웠죠. 높은 탑을 세우고 그 위에 각도와 방향에 따라 서로 다른 알파벳과 숫자를 나타내는 원형으로 돌아가는 ㄷ자 모양의 막대를 답니다. 이 탑의 신호를 망원경으로 볼 수 있는 최대한 먼 곳에 동일한 형태의 탑을 연달아 세웁니다. 이렇게 프랑스 전역에 556개의 탑으로 네트워크를 구성한 것이 최초의 전신입니다. 1792년 클로드 샤프Claude Chappe가 만들었습니다. 이전의 봉화나 말을 타고 달려 전하는 시스템과는 비교도 되지 않는 정확도와 빠름이었습니다. 봉화로는 간단한 메시지 몇 개만 전달할 수 있었지만 이제 문장을 전달할 수 있게 된 것이죠. 그리고 비가 오건 눈이 오건 시야가 조금 제약을 받긴 하지만 어느 정도 전달이 되는 장점도 있었죠. 곧 이 획기적인 시스템은 프랑스 전역을 뒤덮었고, 유럽 대륙과 영국 그리고 미국에도 확산되었습니다.

대부분의 국가에서 초기의 전신은 정부가 독점했습니다. 일반인들은 이 전신을 이용할 수 없었고, 기업들도 마찬가지입니다. 전신의 핵심은 군사적 정보를 전달하는 것이었고, 그 외 지방정부와 중앙정부를 연결하는 것이었기 때문입니다. 그러나 더 빠른 정보가 돈이 된다는 사실을 아는 기업들이 가만있을 리가 없지요. 여러 과정을 거쳐 기업들도 이 전신을 이용하게 됩니다. 동유럽 우크라이나의 가뭄 소식이라든가 중요한 무역선의 난파 소식을 경쟁자보다 하루라도 먼저 아는 것은 엄청난 부를 가져다주는 일이었으니까요.

그러나 이 전신의 한계는 너무 명확했지요. 일단 밤에는 통신이 불가능했고, 비가 오는 날씨에도 연결이 힘들었습니다. 게다가 바다를 건널 수 없었습니다. 고작 해봤자 유럽 대륙 안에서 일어나는 일만 전달되었고, 당시 가장 중요한 대서양을 접한 두 대륙 사이의 소식은 여전히 한참을 기다려야 했습니다. 물론 아시아와의 연결도 쉽지 않았지요.

곧 기술 혁신이 일어났습니다. 밤이든 낮이든, 맑은 날이든 비가 오는 날이든, 연결이 되면 좋겠다는 것이 가장 중요한 요구였습니다. 두 번째는 보다 빠르게 전달이 되었으면 하는 것이었지요. 마치 마주 보며 말하는 것처럼 말이지요. 이 두 가지 요구에 딱 맞는 방식이 전기를 이용하는 것이었습니다. 곧 몇몇 사람들이 전선을 연결하고, 전기를 통해 신호를 전달하기 시작했습니다. 많이들 보셨을 전봇대가 이때 처음으로 세워졌습니다.

처음 전봇대는 철로를 따라 세워졌습니다. 당시 가장 중요한 문제 중 하나가 시간을 통일하는 것이었습니다. 영국에서 처음 전신이 시도된 것도 서로 다른 철도역끼리 시간을 동기화하기 위해서였습니다. 현대에 사는 우리는 서울이든 부산이든 동일한 시점에서 동일한 시간을 가리키는 시계가 있고, 또 휴대폰 등을 통해서 확인할 수 있지만 이렇게 쉽게 시간을 확인할 수 있게 된 건 얼마 되지 않았지요. 1980년대쯤만 해도 라디오가 정오, 오후 6시, 밤 12시 등 특정한 시간에 시보를 알려 시계를 맞추게 했습니다. 인터넷이 제대로 공급되기 전의 일이지요. 또는 전화를 특정 번호로 걸면, 현재 시각을 알려주는 서비스도 있었습니다. 서울과 부산의 친구가 대전에서 오후 2시에 만나기로 했다고 치면, 부산·대전·서울의 시간이 서로 같다는 전제가 있고, 또 각자가 자신의 시계를 가지고 있다는 혹은 시간을 확인할 수 있다는 조건이 있어야 가능합니다. 이렇듯 먼 거리의 두 지점을 연결하는 것은 19세기 초 중반에는 단연 열차와 선박이었습니다. 특히나 철도는 동일한 선로를 여러 대의 기차가 다니는 길이니, 서로 정해진 시간에 정해진 위치를 통과하지 못하면, 열차끼리 서로 충돌할 우려도 있었습니다. 그래서 철도역끼리 시간을 동기화하는 일이 중요했고, 전신은 바로 이 지점에서 최선의 선택이었습니다.

이렇게 철도를 따라 전선줄이 연결되고, 시간 이외에도 다양한 소식을 전선을 따라 주고받을 수 있게 되었습니다. 영국과 프랑스 사이에도 해저 전신케이블이 놓였고, 아일랜드와 영국 사이에도 연결이 이루어집니다. 그리고 이제 통신은 정부나 기업체 이외의 개인들에게도 익숙한 도구가 되었습니다. 코난 도일의 『셜록 홈스』를 보면 의뢰인이나 홈스가 전보를 보내는 장면이 자주 나옵니다. 바로 이 시대의 일입니다. 아직 전화가 보급되기 전, 개인과 개인을 연결하는 가장 빠른 통신수단은 전신을 이용한 전보였습니다. 각 지역의 우체국을 전선으로 연결한 것이지요. 시골의 할머니가 우체국에 가서는 런던의 손자에게 전보를 보내달라고 요청합니다. 할머니의 메시지는 전문 요원에 의해 전신으로 바뀌어 런던으로 전달됩니다. 런던에서는 도착한 메시지를 다시 종이에 써서, 해당되는 주소로 우편배달부가 전달을 해줍니다. 이런 방법으로 영국 각지의 사람들이 서로 반나절 만에 중요하고 시급한 소식을 전달하였습니다. 그리고 전신은 국제적으로도 연결이 되니, 국제 전보도 가능했지요. 런던에서 베를린으로, 베를린에서 다시 파리로 하루 만에 짧은 문장이나마 소식을 주고받을 수 있게 되었습니다.

대서양 건너편의 미국도 마찬가지였습니다. 아메리카 대륙을 가로질러 미국의 동해안과 서해안이 전선으로 연결된 것입니다. 바로 직전까지는 몽골의 역참제도를 흉내 낸 포니 익스프레스가 하던 일입니다. 포니 익스프레스는 중간 중간 말과 사람을 대기시켜 뉴욕이나 워싱턴에서 캘리포니아까지 7일 만에 우편을 배달했던 회사입니다. 일주일이 '익스프레스'였던 시절이지요. 그러나 전신의 도입으로 일주일은 한나절로 바뀌었고, 포니 익스프레스는 사라지게 됩니다.

그리고 미국과 유럽을 잇는 해저 케이블이 19세기 말 대서양 밑바닥에 깔리고, 태평양에는 그보다 늦은 1902년에 완성됩니다. 그리하여 20세기가 되자 전 세계 주요 도시들은 모두 전보를 통해 한나절이면 연결이 됩니다. 물론 가장 중요한 네트워크는 중앙정부와 지방, 그리고 식민지정부 사이의 네트워크였으며, 그다음으로 대기업들이 새로운 문명의 이기를 활용하여 이윤을 창출하고 있었습니다. 또한 언론도 한몫을 담당합니다. 전 세계의 지부 혹은 통신사를 통해 전달받은 뉴스는 신문을 가득 채웠고, 이제 일반 사람들도 신문을 통해 외국의 중요한 사건들에 대해 하루 정도가 지나면 알 수 있게 되었습니다. 그 외 부유한 개인도 국제 전보를 통해 소식을 주고받을 수 있었고요.

하지만 아직 개인 간의 통신은 아주 특별한 경우를 제외하곤 직접 얼굴을 마주하고 이야기하거나, 우편을 통하는 두 가지 경우가 대부분이었습니다. 전보를 이용하려면 비싼데다가 우체국에 직접 가야 하고, 우편배달부가 전달해줘야 하는 등 번거로운 과정을 거쳐야 했기 때문에 정말 급하고 중요한 경우가 아니라면 잘 사용하지 못했습니다. 정부와 기업은 변했고 또 변하고 있지만 개인은 그렇지 않았던 거지요.

그런데 이제 정말 새로운 세 가지 통신수단이 전기를 기반으로 나타납니다. 전신과 크게 차이가 나는 시기도 아닙니다. 다들 아시다시피 전화, 라디오, 텔레비전이 그것입니다.

매스미디어의 시대

라디오와 텔레비전은 대중매체로서 신문이나 잡지와 경쟁을 하는 도구입니다. 즉 쌍방향 통신이 아니라 한 방향으로만 전달되는 도구입니다. 그러나 신문과 달리 라디오와 텔레비전은 24시간 언제나 전원만 켜면 목소리가 들리고 영상이 보입니다. 활자와 사진으로만 전해지던 소식을 이제 목소리와 영상으로 보여줍니다. 라디오와 텔레비전이 등장하면서 매스미디어의 영역은 이제 신문과 함께 방송이 양분하게 됩니다.

　사실 신문 자체의 등장도 라디오에 비해 그리 오래된 것은 아닙니다. 정기적으로 발간되는 신문은 17세기에 등장하지만 19세기 전신이 발명됨으로써 신문은 비로소 광범위하고 신속한 보도가 가능해졌습니다. 자신이 거주하는 도시 중심의 지역 신문사들 위주의 미디어는 이제 전국적 영향력뿐만 아니라 나아가 전 세계적 영향력을 가지게 되었습니다. 이름부터 도시적 정체성을 가진 『뉴욕 타임스』나 『워싱턴 포스트』, 『LA타임스』 같은 미국 신문들은 시작은 도시의 시민을 대상으로 한 지역 언론이었지만, 이제 전 세계에 기자를 파견하고, 전 세계를 대상으로 자신의 뉴스를 제공하는 글로벌 언론이 되었죠.

　그리고 라디오와 텔레비전이 등장합니다. 20세기 미디어를 대표하는 3종 신기가 모두 갖추어진 셈입니다. 이들 셋의 등장으로 20세기는 매스미디어mass media의 시대가 되었습니다. 한꺼번에 많은 사람들에게 소식을 전하는 매체가 본격적으로 등장한 거지요. 물론 이전이라고 매스미디어가 없었던 것은 아닙니다. 책도, 연극도, 강연이나 웅변도 많은 이들을 대상으로 하는 일종의 미디어였습니다. 그러나 전달되는 대상에도, 장소에도, 시간에도 분명한 한계가 있지요. 물론 신문은 19세기 중반 무렵부터 본격적으로 활약했지만 말입니다. 이들 세 가지 도구를 통해서 대중들은 이전보다 훨씬 다양한 소식을 빠르게 전달받을 수 있었습니다. 요사인 좀 드물지만 한창때는 버스나 지하철에서 누구나 할 것 없이 신문을 펴들고 오늘 새 소식은 뭐가 있나 살펴보았습니다. 직장에 가서도

맨 먼저 신문을 훑었고, 주마다 나오는 주간지며, 월마다 나오는 월
간지를 구독하는 이들도 꽤나 많았습니다.

땡전뉴스와 아~ 대한민국

이런 언론이 활성화되면서 행정·입법·사법 다음의 제4부라 지칭
될 정도로, 즉 네 번째 권력이라 여겨질 정도로 권위와 힘도 가지게
되었습니다. 덕분에 정치인이나 기업가 들도 이들의 눈치를 보면서
행동을 조심하기도 했지요. 저널리즘journalism이란 용어가 나오면
서 나름대로 사회의 정의를 지키는 파수꾼이란 이미지도 생겼습니
다. 많은 나라에서 언론은 정부의 독단적 조치나 부패 스캔들을 폭
로하여 시민들의 분노를 일구고, 이를 통해 사회를 변화시키는 순
기능을 하였습니다. 그 과정에서 많은 언론인들이 탄압을 받기도
했지요. 멀리 갈 것도 없이 우리나라에서도 지난 10년간 그런 일들
이 공공연히 일어났고, 전두환 정권과 그 이전 유신 정권 때도 마찬
가지였지요. 지금도 세계 여러 나라에서 언론인들은 탄압받고, 테
러를 당하며, 유무형의 압력을 받고 있습니다. 일부는 합법적 공간
으로 나오지 못하고 게릴라식 보도를 할 수밖에 없기도 했고, 여전
히 그런 경우는 곳곳에 산재합니다.

그러나 이런 대중매체는 반대로 시민들에 대한 이데올로기 교
육의 장이기도 했습니다. 1980년대 지상파 방송의 9시 뉴스는 흔히
'땡전뉴스'라고 불렸지요. 하루 중 가장 비중이 높은 저녁 9시 뉴스
시간이 되면 9시를 알리는 시보가 땡땡땡 치고, 바로 앵커는 "전두

환 대통령 각하는 오늘······"이란 식으로 당시 대통령 전두환의 일정을 국민에게 보고하는 것으로 뉴스를 시작했기 때문에 생긴 조롱이었습니다. 그뿐이 아니었죠. '113 수사본부'는 우리 주변에 암약하고 있는 북괴 간첩이 얼마나 사악하고 교활한지, 이들을 잡으러 다니는 대공수사관은 얼마나 헌신적인지를 보여주었고, '배달의 기수'는 우리 군의 철통같은 방어 태세와 군인의 수고로움을 매일 전했습니다. 시시때때로 사회적으로 중요한 이슈가 있으면 등장하는 TV 토론회는 항상 정부의 입장을 설득하는 시간이기도 했지요. 재벌 총수들은 대한민국을 부흥시킨 경제전도사이자 산업의 역군이었습니다. 추석이나 설날에도 집에 가지 못하고 밤새 공장을 돌리는 노동자들은 칭송받았지요. 그뿐인가요? 시위를 하는 이들을 데모꾼으로 폄하한 것도 그들이며, 대학생들이 전두환 정권을 반대해서 점거 농성을 하자 '북한의 사주를 받은 공산주의 혁명봉기'라고 호들갑을 떤 것도 그들입니다. 뭐 우리나라만의 일은 아닙니다. 많은 나라에서 언론은 독재정권과 밀월관계를 가지며 시민을 호도하는 데 앞장선 전력을 가지고 있습니다.

그러나 언론의 한계는 그런 노골적인 곳에서만 드러나는 건 아닙니다. 언론 자체가 하나의 기업으로서 기업 총수의 입장을 대변하는 모습을 보이는 것도 그러한 한계라 할 수 있습니다. 많은 나라에서 언론은 일종의 기업입니다. 우리나라의 경우도 『연합뉴스』 등 일부를 제외하면 모두 사기업이지요. 이들이 자사의 이익을 위해서 일종의 내부 검열을 가지는 경우도 꽤 있습니다. 이들이 재벌에게 우호적인 기사를 쓰는 것이 단순히 정부가 원해서가 아니라 자신들 나름대로의 기업 운영의 원리인 경우이지요. 자본으로부터의 독립이 20세기 후반에 언론의 가장 중요한 요건이 된 것도 그 때문일 것입니다.

매스미디어는 휴식 시간도 바꾸어놓았지요. 저녁이 되면 가족들은 옹기종기 둘러앉아 라디오에서 나오는 드라마를 듣거나, TV 연속극을 보고, 쇼를 구경합니다. 신문도 질세라 소설을 연재하고, 만평란을 만듭니다. 이런 매스미디어의 등장은 많은 시민들을 '관객'으로 만들어버립니다. 스스로 무엇인가를 하는 것에서 즐거움을 찾기보다는 '시청'하고 '애청'하는 것으로 자신의 소중한 시간을 쓰게 만듭니다. 그러면서 대중문화에 무비판적으로 흡수되어버립니다.

물론 대중문화 자체가 나쁜 것은 아닙니다. 대중문화가 20세기에만 뚝 떨어진 것도 아니고요. 우리나라도 판소리며 풍물, 남사당놀이 등 나름대로의 대중문화가 있었지요. 그러나 대중문화에 숨어 있는, 혹은 자연스럽게 배어 있는 자본의 논리, 국가의 논리가 그대로 시민들에게 스며드는 건 경계해야 마땅한 일이지요. "월남에서 돌아온 새까만 김상사"나 "아아 우리 대한민국, 아아 우리 조국" 식의 노래를 따라 부르고, 무슨 날이면 가수들이 떼로 나와 태극기를 흔들며 감격스런 눈물을 흘리는 걸 보는 일이 흔하디흔한 시절이었습니다. 우리나라만 그런 건 아니었죠. 미국의 슈퍼히어로물이나 스파이물은 구소련을 악의 제국으로 규정하고, 그들을 파렴치한 악당으로만 묘사하지요. 물론 이런 경향에 반기를 든 문화운동도 많았습니다. 1960년대 미국의 히피문화가 그러하고, 우리나라의 포크

송이나 청년문화 운동도 그러했습니다. 그러나 언론과 자본의 거대한 힘은 이들을 소외시키거나 체제내화하면서 뾰족한 부분을 무디게 만들고, 그 껍데기만 대중문화에 입히곤 했지요.

운송의
변화

운송은 보통 생각하는 것보다 훨씬 중요한 부분입니다. 아무리 물건을 많이 만들 수 있다고 하더라도, 만든 곳에서만 소비한다면 실제 소비될 수 있는 양이 제한되기 때문에 대량생산은 한계가 있기 마련입니다. 그리고 운송비용이 비싸다면 아무리 생산지의 임금이 낮고, 생산 방법이 고도로 발달된다고 하더라도 실제 판매금액은 그리 싸지지 않습니다. 중국의 비단이 로마에서 거래될 때, 또 중국의 차나 종이가 서양에서 거래될 때, 동남아시아의 향신료가 유럽으로 가서 산지 구매 가격의 몇 백 배가 되는 것은 (상인들의 폭리를 감안하더라도) 기본적으로 운송비용이 비싸고 운송기간이 길기 때문입니다. 우리나라의 경우도 농산품이 도시의 시장에서 팔릴 때 원가 비중에서 가장 많은 부분을 차지하는 것은 운송비용입니다.

그리고 고용부문에서도 운송부문은 가장 커다란 비중을 차지합니다. 미국의 경우 전체 노동자 중 운수부문이 차지하는 비율이 거의 30퍼센트에 육박합니다.

우리나라의 경우도 비슷합니다. 버스, 택시, 화물차, 철도, 항공, 해운 등의 다양한 운송부문에 종사하는 노동자의 비율이 25~30퍼센트 정도 됩니다.

처음 운송은 사람이 직접 가지고 가는 것이었습니다. 물론 가능한 양은 사람이 들 수 있거나 말 혹은 소 등에 질 수 있는 정도였습니다. 수레를 이용하면 더 많은 짐을 효율적으로 운반할 수 있었지만, 수레는 기본적으로 제대로 된 도로가 있는 것을 전제로 합니다. 산악지형이 이어지는 곳이나, 도로망이 발달하지 못한 곳에서는 수레가 별무소용이었습니다.

우리나라의 경우도 쌀이나 기타 물품의 운반은 주로 해안선을 따라 배로 운반했고, 내륙의 경우도 한강이나 섬진강, 영산강, 낙동강 등지의 수운을 주로 이용했습니다. 수레가 제대로 다닐 도로망이 없었기 때문입니다. 그리고 내륙 깊은 곳은 결국 소나 사람이 직접 지고 다녔습니다. 조선시대 말까지 보부상이 전국을 누빈 이유 중 하나입니다. 물론 수레가 아예 쓰이지 않은 것은 아니지만, 대부분 가까운 거리에서나 사용되었습니다. 다른 나라의 경우도 마찬가지여서 도로망이 제대로 정비되지 않은 곳에서는 결국 인력과 가축을 이용할 수밖에 없었지요.

그리고 이는 또 수레를 이용할 만큼 많은 물품들이 운송되지 않았다는 뜻이기도 합니다. 로마제국이야 군대의 이동을 위해서라도 도로가 정비되어야 했고, 이렇게 정비된 도로를 이용한 운송도 활발했습니다만, 로마제국의 몰락 이후 중세 유럽의 경우도 도로망이 제대로 정비된 곳은 거의 없었습니다. 그러나 점차 농업생산력이 높아지고, 이탈리아를 중심으로 한 무역이 활발해지면서 해상운송과 더불어 내륙의 물동량도 늘어납니다. 그리하여 유럽 대륙은 거점 도시를 중심으로 도로가 발달하게 됩니다. 이제 말이 끄는 수레를 통해 이전보다 더 빨리, 그리고 더 많은 양의 물건을 운반할 수 있게 되었습니다. 그러나 사람의 욕심이란 끝이 없지요. 정부도 상인도 더 많은 물건을 남들보다 빨리 운반하고 싶어 했습니다. 더구나 물동량은 산업혁명 시기를 전후해서 급격히 늘어나기 시작합니다. 말이 끄는 수레로는 한계가 있었고, 바다와 강을 통한 해운과 수운이 주요 수단이 됩니다. (물론 이전에도 해운과 수운은 아주 중요한 운송방법이었습니다.)

육상운송 - 물류 혁명의 완수

산업혁명은 증기기관을 대안으로 내놓습니다. 증기기관을 탑재한 열차가 광산과 항구를 잇고, 이어 공장지대를 연결합니다. 육상운송의 새로운 역사가 시작됩니다. 그리고 공장에서 대규모 생산방식을 적용하게 되자 노동자의 수도 급격히 늘어납니다. 또한 사무직 근무자도 늘어나면서 도시는 더욱 팽창하게 됩니다. 도시와 도시 사이를 다니는 사람들의 숫자도 늘고, 횟수도 더욱 빈번해집니다. 도시와 도시를 연결하는 철로가 생깁니다. 그리고 런던에선 세계 최초로 지하철도 생깁니다. 물론 아직 전기가 제대로 이용되기 전이어서 증기기관차입니다. 안 그래도 나쁜 지하 공기에 증기기관차니 말할 필요도 없을 만큼 지독한 것이었습니다만, 개통 첫 해에만 900만 명이 넘는 사람이 이용할 정도였습니다. 그만큼 도로 사정이 나빴던 거지요.

그러나 철도로는 한계가 있습니다. 철도로 여행을 하다보면 고속도로와는 비교가 안 될 정도로 터널이 많은 것을 경험하게 됩니다. 이유는 철도의 경우 되도록 직선으로 철로를 놓고, 정 굽어야 하는 경우에도 반경을 아주 크게 해야 되기 때문입니다. 앞에서도 말했다시피, 철도의 바퀴가 양쪽 모두 차축에 고정되어 있어서입니다. 그래서 안쪽을 도는 바퀴와 바깥쪽을 도는 바퀴가 같은 방향으로 기울어지게 되지요. 이런 경우 곡선주로에서는 바퀴가 레일을 이탈하기 쉽습니다. 그리고 철도는 한번 설치를 하는 데에 꽤 높은 비용이 듭니다. 따라서 자주 이용할 곳이 아니면 놓기가 힘들지요. 거기다 철로 주변의 땅을 포함해서 넓은 부지가 필요합니다. 따라서 도심지나 교통량이 적은 곳에는 철도를 놓을 수 없게 됩니다.

이런 사정으로 19세기 중반이 될 때까지 기간 운송은 철도를 이용하지만, 운송의 말단은 말이 끄는 수레를 이용하는 경우가 많았습니다.

그러니 자동차의 등장은 마차가 다니는 좁은 도로에서의 마지막 물류 혁명을 완수하는 일이었습니다. 19세기 말 휘발유로 다니는 내연기관 자동차가 등장하면서였습니다. 물론 그전에도 증기자동차와 전기자동차가 나오긴 했습니다만, 여러 가지 한계로 일반화되지 못하다가 내연기관을 탑재한 자동차가 등장하면서 현대적 물류가 완성됩니다. 도시와 도시를 잇는 기간 물류망이 고속도로의 형태로 만들어지고, 도시 내부도 거미줄 같은 도로망으로 연결됩니다.

해양수송 - 좁아진 세계

해양수송의 경우 지중해와 인도양 그리고 말레이 해협 부근에서 처음으로 시작되었습니다. 지중해의 경우 유명한 페니키아인들과 그리스인들이 초기 해상무역을 담당했죠. (물론 그전에 크레타 섬을 중심으로 한 미노아문명도 있긴 했습니다.) 그러나 이들이 해상무역을 하는 데 이용한 배들은 대양항해에 적합한 배가 아니어서 낮 동안에 해안선을 따라 가는 것이 고작이었습니다. 즉 이집트의 카이로나 알렉산드리아에서 곧장 로마나 그리스로 가는 것이 아니라, 이스라엘과 레바논을 지나 소아시아 해안을 따라 그리스로 갔다가 거기서 다시 아드리아 해를 지나 이탈리아로 가는 것이었습니다. 마찬가지로 리비아 쪽에서도 북아프리카의 해안선을 따라 서쪽으로 갔다가 에스파냐의 동쪽 해안과 남프랑스를 지나 이탈리아로 갈 수밖에 없었죠. 인도양을 지나는 배들도, 말레이 해협을 지나는 배들도 마찬가지였습니다. 따라서 여행은 오래 걸렸고, 비용은 비쌌습니다. 그리고 낮에만 운항을 하니 해안선을 따라 중간 기착지들이 번성했고, 해적이 출몰했습니다.

　그러다가 기술의 혁신이 대양항해를 가능하게 만들었습니다. 맞바람이 불어도 거뜬히 전진할 수 있는 돛이 만들어졌고, 나침반과 아스트롤라베를 통해 해안선이 보이지 않는 대양에서도 자신의 위치를 알고 밤에도 항해를 할 수 있게 되었습니다. 이 모든 혁신이 모여서 대양항해를 할 수 있게 되자, 대항해시대가 열립니다. 아프리카의 서쪽 해안을 따라 내려가 다시 아프리카의 동쪽 해안을 따라 올라가는 항해는 적도 지역의 무풍지대를 통과하고 일정한 방향으로 부는 계절풍 아래서도 방향을 바꿀 수 있는 돛과 나침반 그리고 아스트롤라베 덕분에 가능했던 것입니다. 대서양을 횡단해서 신대륙으로 가는 여정과 다시 돌아오는 여정도 마찬가지였습니다. 물론 중국은 유럽의 대항해시대 훨씬 이전에 나침반이 있었고, 대형선박을 건조할 수 있는 기술력이 있었습니다. 중국 명나라 시대의 정화鄭和는 이 기술력을 기반으로 대규모 함대를 꾸려 동남아시아와 인도, 아프리카에 이르는 긴 여정의 탐험을 성공해냅니다. 그러나 중국은 스스로 문을 닫았고, 뒤늦게 이 기술력을 이어받은 유럽이 전 세계를 누비게 됩니다.

그리고 유럽이 전 세계의 바다를 헤집고 다니자 전 세계는 고통받게 되지요. 이들이 범선으로 운반한 가장 중요한 '물건'에는 아프리카의 흑인들이 있었습니다. 16세기 포르투갈인들이 처음으로 노예무역을 시작합니다. 대항해의 첫 주역이니까요. 1550년대 리스본 인구의 10퍼센트가 이들이 데려온 노예일 정도입니다. 포르투갈 농업 노동은 이들을 중심으로 이루어지죠. 그리고 더 큰 노예 시장이 아프리카 황금해안지역에 만들어집니다. 이곳으로 노예를 데려와선 금과 바꾸죠. 처음에는 연 500~600명 선이었습니다.[5] 베냉의 흑인들이 주로 잡혀왔습니다. 그러다 수요가 늘고

베냉의 흑인들이 씨가 마르자, 벨기에령 콩고에서 흑인을 잡아왔고, 거기의 흑인들도 줄어들자 더 남쪽으로 내려갑니다. 17세기에는 연 1만 8000명의 노예를, 18세기에는 연 6만 명을 실어다 날랐습니다. 유럽 국가들이 노예거래를 금지한 19세기에도 연 3만 명 이상의 노예들이 거래되었습니다. 물론 유럽인들이 노예를 잡으러 다니지는 않았습니다. 아프리카 현지의 권력층들이 이들 노예를 잡아다가 총이며 화약과 바꾼 것이지요. 노예무역은 신대륙, 즉 아메리카 대륙에서의 플랜테이션을 일구는 밑바탕이 됩니다. 광활한 대지에 건설된 플랜테이션은 대서양 무역의 또 다른 동력이 됩니다. 이제 더 자주, 더 많은 화물을 실어야 했고, 선박이 더 효율적이어야 할 필요성이 생깁니다.

그러나 이때까지도 배의 동력은 돛으로 받는 바람 위주였고, 부분적으로 인력을 썼습니다. 즉 노를 저었다는 것이죠. 하지만 대양 항해에서 노는 아주 특별한 경우에 사용했고, 대부분은 바람에 기대 움직였습니다. 따라서 계절풍에 따라서, 기상 상태에 따라서 배가 오가는 시절이 따로 있어 아무 때나 바다를 건널 순 없었습니다. 그러다가 증기기관이 발명되면서 대양항해도 새로운 전기를 맞이합니다.

쥘 베른의 『80일간의 세계 일주』를 보면 운송수단의 변화가 세계를 얼마나 좁게 만들었는지를 보여줍니다. 소설의 주인공 포그는 제대로 계산을 하면 80일 만에 지구를 한 바퀴 돌 수 있다고 주장하고, 몸소 증명해 보입니다. 그는 대륙에서는 증기기관차를 탔고, 바다에서는 증기선을 이용했습니다. 증기의 힘이야말로 1년이 넘게 걸릴 세계 일주를 석 달도 되기 전에 마칠 수 있도록 했지요. 또한 더 이상 바람에만 의지하지 않으니 바람의 방향에 곤두설 필요도 없고, 계절에 맞춰 여행을 준비할 필요도 없었죠. 사람만이 아니라 물건들도 마찬가지였습니다.

또한 선박의 대형화가 이어집니다. 선박이 크면 클수록 증기기관의 효율도 좋아지고, 한번에 옮길 수 있는 물건의 양도 많아지지요. 작은 선박 두 척으로 옮길 거면 큰 선박 하나로 옮기는 것이 비용도 시간도 모두 절약되니, 당연히 대형화는 해상운송에 종사하는 기업들에게 사활의 문제가 됩니다. 또한 선박의 크기가 크면 클수록 복잡한 기상환경에서도 더 안전하게 운송할 수 있으니 안정적 운송체계를 만드는 가장 중요한 방법의 하나가 됩니다. 거기에 제국주의 정부는 해상 주도권을 쥐기 위해 군함의 대형화로 이런 흐름에 불을 붙입니다. 여기에 더해서 증기기관으로 움직일 수 있게 되자, 목재를 이용해 선체를 만들던 방식이 철판을 이용하는 방법으로 바뀝니다. 물론 이는 강철을 얇으면서도 강도 높게 만드는 제련 기술과 물에 닿는 면이 부식에 견디게 하는 외장재, 그리고 강철과 강철을 연결하는 용접 기술 등 산업혁명과 뒤를 잇는 시기의 새로운 기술들이 총동원된 결과이기도 합니다. 이제 세계의 바다는 강철로 된 거대한 상선과 유람선, 그리고 군함들이 위용을 뽐내는 각축장이 되었습니다.

그리고 제1차 세계대전이 끝나자 증기기관이 디젤유와 중유를 연료로 쓰는 내연기관으로 바뀝니다. 증기기관보다 훨씬 효율이 높고, 연료를 보관하기에도 용이한, 그러면서도 부피를 덜 차지하는 내연기관이 배의 심장이 되면서 선박은 더욱 거대하고 안정적인 운송수단이 됩니다. 여기에 무선 전신을 통해 선박과 육지가 수시로 연락을 취할 수 있게 되면서 해상운송은 더욱 눈부시게 발전합니다.

제2차 세계대전 이후 무선통신 기술이 더욱 발전하고, 인공위성을 통한 안정적인 커뮤니케이션이 가능해지면서 해상운송은 새로운 시대를 엽니다. 또한 선박의 각종 정보가 네트워크를 통해 실시간으로 공유되면서 효율성은 극대화되지요.

이제 전 세계의 바다는 거미줄 같은 항로로 얽혀 있습니다. 이 항로를 따라 수많은 배들이 24시간 쉬지 않고 다닙니다. 그리고 이들에 의해 자본도 함께 다니게 됩니다. 선박을 통한 물자수송이 활발해지자, 이른바 선진국의 자본은 보다 적극적으로 인건비가 싼 곳을 찾아 공장을 세웁니다. 물론 아무 곳에나 공장을 세울 순 없습니다. 정부가 협조적이어야 하고, 항구시설이 제대로 갖춰져야 하고, 노동자들이 공장 일을 할 수 있을 만큼의 숙련도가 갖춰진 곳이라야 하지요. 하지만 제3세계에는 그러한 자본의 요구를 기꺼이 따르려는 나라로 넘쳐났고, 이들은 곳곳에 진출합니다. 제2차 세계대전 직후의 일본이 시작이었고, 우리나라가 그 뒤를 따릅니다. 그리고 동남아시아와 인도, 아프리카 등이 여전히 싼 노동력으로 이들의 이윤을 열심히 채워주고 있습니다. 20세기 해상운송의 발전은 또 다르게는 다국적 기업의 생산거점을 세계화하는 과정이기도 했습니다. 어딘가의 노동자는 면화를 열심히 수확하고, 그 면화를 싣고 간 다른 나라의 노동자는 그 면화로 실을 잣고, 염색을 하고, 천을 만듭니다. 그 천을 컨테이너에 싣고 간 또 다른 나라에선 역시 또 다른 국적의 노동자가 열심히 재봉일을 해서 옷을 만들고, 이렇게 만들어진 옷은 다시 컨테이너에 실려 전 세계에 팔려나가는 것이지요.

이런 과정에서 자본만 국제화된 건 아닙니다. 노동자도 배에 실려 갑니다. 마치 이전 아프리카 원주민들이 노예로 끌려 간 것처럼. 물론 상황은 다르지요. 이들은 나름의 '자발적 의사'로 간 것이니까요. 하지만 그 '자발적'이란 게 그리 자발적이지 않다는 점은 우리 모두 알고 있습니다. 자신의 고향에서 먹고살기 힘들 때 할 수 있는 선택지는 몇 개 되지 않고, 우리의 자유는 선택지 바깥을 고를 수 없기 때문입니다. 하와이와 멕시코로 실려 간 일본인과 한국인, 중국인이 있었지요. 이제 우리나라에도 벌써 안산이나 가리봉 등 공단 지역을 중심으로 동남아시아와 중앙아시아, 서남아시아의 저임금 노동자들이 노동을 하고 있습니다. 요즘은 건설 현장에서도, 농촌에서도 이들의 모습이 자주 눈에 띕니다. 전 세계의 노동자들이 단결하는 것이 아니라, 전 세계의 노동력이 서로 더 싼 임금으로 경쟁하는 세상이 되었지요.

항공수송의 역사는 전쟁과 함께

항공수송의 역사는 해양수송과 육상수송에 비해 많이 짧습니다. 일단 비행기가 발명되고, 물건을 실어 나를 정도가 되어야 했으니까요. 라이트 형제가 최초로 동력비행을 시작한 것이 19세기 말이었습니다. 증기기관을 이용해서 비행기를 만들려는 시도가 없었던 것은 아니지만 무겁고 효율이 낮은 증기기관으론 하늘을 날 수가 없었죠. 결국 내연기관이 일반화되면서, 자동차의 엔진을 개량한 끝에야 날 수 있게 되었습니다.

하지만 비행기가 제 기능을 하게 된 것은 두 차례의 세계대전을 거치면서였습니다. 제1차 세계대전을 거치면서 비행기의 위력에 눈을 뜬 정부가 적극적으로 개량에 뛰어들었고, 항공산업이 본격적으로 발전하게 됩니다. 선박을 통한 수송에 비해 많이 비싸지만, 그 값을 치를 만큼 빨랐으니까요. 또한 선박이 아닌 육로를 거치는 경우, 멀기도 하지만 중간중간 놓인 국경을 통과하는 문제가 그리 쉽진 않기 때문이기도 합니다. 그 결과 제1차 세계대전이 끝난 후 세계 각국은 비행기에 의한 여객수송의 정기 항로를 개설합니다. 물론 아직 비행기가 크지 않아서 화물 수송에는 큰 영향력을 발휘하지 못했습니다. 다만 급할 때 필요에 따라 활용할 수 있었고, 우편물 배달에도 활용되었습니다. 특히 육상교통이 발달하지 못한 경우 항공우편은 제몫을 톡톡히 해냈습니다. 생텍쥐페리의 소설 『야간비행』은 그가 양차 대전 사이에 아르헨티나 항공우편회사에서 일했던 경험을 바탕에 두고 있지요.

이처럼 제1차 세계대전 후 비행기에 의한 여객수송이 활발해지고, 군대에서도 중요한 쓰임새를 가지게 되자 연구에 불이 붙었고, 1930년대에 비행기의 성능은 크게 향상됩니다. 공기 저항을 줄이고, 효율적으로 날 수 있게끔 기체와 날개 디자인이 개량되고, 두랄루민 합금을 써서 동체의 무게를 줄이는 동시에 여러 장치도 개량이 됩니다.

그리고 제2차 세계대전이 일어납니다. 이 전쟁의 수행과정에서도 비행전력은 전체 전쟁의 판도에 중요한 역할을 하게 됩니다. 전투기도 전투기였지만 물자를 실어 나르는 수송기가 대단한 위력을 발휘하지요. 탱크와 전투부대를 싣고는 미국에서 유럽으로 한나절만에 날아가니까요. 그리고 전폭기들이 공중에서 쏟아 붓는 폭탄은 그야말로 재앙이었습니다. 이제 후방의 도시도 절대로 안전한 곳이 아니게 되었지요. 제2차 세계대전과 전폭기는 그래서 전쟁을 이전과 다르게 만들었습니다. 이전의 전쟁은 두 부대가 맞붙는 전선에서만 전투가 일어났습니다. 후방은 나름 안전했고, 따라서 민간인의 사상은 그다지 많지 않았습니다. 그러나 이제 전폭기가 떠서 후방의 공업시설과 도심지에 폭격을 가합니다. 런던도, 드레스덴과 베를린도, 도쿄도 모두 폭탄세례를 받습니다. 폐허만 남은 드레스덴의 도심지 모습은 제2차 세계대전의 어떤 상징이기도 합니다. 그리고 전쟁 말미 비행기에 실려가 떨어진 히로시마와 나가사키의 핵폭탄은 정점을 찍습니다.

어쨌든 이런 필요성에 의해 다양한 전투기와 수송기가 개발되는데, 가장 중요한 변화는 제트엔진을 사용하게 된 것이지요. 기존의 프로펠러를 이용한 비행기는 고속으로 날 경우 불안정하여 빠른 속도를 내지 못했지만, 제트기는 그런 제한이 없어서 음속에 가까운 속도로 비행할 수 있게 됩니다. 물론 민간 부문에서는 이런 빠른 속력이 큰 쓸모는 없었지만, 전쟁은 모든 낭비를 용서하는 법이니까요.

전쟁이 끝나자 비행기의 대세는 제트기가 됩니다. 효율적인 엔진 개선, 성층권을 이용한 비행으로 장거리 항공의 경우 프로펠러기로서는 따라갈 수 없는 제트기가 거의 맡게 됩니다. 물론 국내용 프로펠러 비행기가 없는 것은 아니지만 말이지요.

인터넷

트랜지스터와 반도체, 컴퓨터로 대표되는 기술은 중요한 밑거름이 긴 하지만 사실 일부에서 3차 산업혁명 혹은 디지털 혁명이라 불리는 현상의 핵심은 아닙니다. 이들이 기초가 되었지만 전 세계를 연결하는 인터넷이야말로 만약 '3차 산업혁명'이 있다면 그 핵심일 겁니다. 인터넷의 시작은 두 가지를 봐야 합니다. 하나는 분산형 네트워크이고, 다른 하나는 월드와이드웹World Wide Web입니다.

분산형 네트워크는 냉전의 산물입니다. 초기의 컴퓨터는 단순 계산 기능이 위주였지만, 컴퓨터 자체의 기능이 발달하고 다양한 소프트웨어가 장착됨에 따라 종합적인 정보 단말기로 위상이 바뀝니다. 더구나 컴퓨터로 처리해야 하는 데이터가 다양화되고 방대해지면서 한 대의 컴퓨터로는 모두 처리할 수 없게 되자, 여러 대의 컴퓨터가 서로 간에 데이터를 주고받아야 할 필요가 생겼지요. 그러나 데이터를 사람이 직접 들고 다니는 것은 대단히 비효율적이었습니다. 그렇다고 컴퓨터 두 대를 직접 케이블로 연결하는 방식으로는 수십 대의 컴퓨터를 모두 연결할 수 없었습니다. 더구나 컴퓨터가 한 곳에 모여 있는 것도 아니었습니다. 당시는 냉전시기였고, 핵전쟁의 위험성이 대두되고 있을 때였지요. 미국 전역 곳곳에 백업 데이터를 저장하는 컴퓨터가 산재되어 있었던 것입니다. 따라서 거리의 제한 없이 많은 컴퓨터가 데이터를 교환할 수 있는 방법이 필요했지요.

그래서 미 국방부 산하의 고등연구계획국이 아르파넷Advanced Research Projects Agency Network(ARPAnet) 시스템을 구축하게 됩니다. 컴퓨터 간의 직접 연결 대신 기간 통신망을 따로 구축하고, 컴퓨터를 이에 연결하여 데이터를 주고받는 방식입니다. 이를 통해 미국의 각 대학과 연구기관들이 서로 연결됩니다. 그리고 차츰 그 효용이 드러남에 따라 더 많은 기관들이 참여하면서 군사용 네트워크와 분리된 민간용 네트워크가 등장합니다. 이때부터 소규모 네트워크를 연결하는 네트워크란 의미의 인터네트워크internetwork를 줄인 인터넷internet이라는 용어가 생겨납니다.

하지만 이 당시의 인터넷은 주로 연구기관과 기업·정부를 잇는 네트워크였고, 일반인들의 경우에는 참여가 미미했습니다. 그즈음 월드와이드웹이 인터넷을 기반으로 만들어집니다. 인터넷상의 서비스는 이전까지 서로 편지를 주고받는 이메일과 파일을 주고받는 FTP 등이 있었습니다만, 일반인들이 사용하기에는 무리가 있었습니다. 그런데 유럽입자물리연구소(CERN)의 연구자들이 세계의 여러 대학과 연구기관에서 일하는 사람들 간의 신속한 정보교환과 공동연구를 위해 새로운 서비스를 만들어냅니다. 하이퍼텍스트라는 형식을 통해서 손쉽게 멀티미디어를 포함하는 문서를 만들 수 있고, 관련된 다른 문서를 연결할 수 있게 만든 것이죠. 이를 월드와이드웹이라 부릅니다. 그리고 1990년대 들어 월드와이드웹은 인터넷의 총아가 되었습니다. 인터넷의 여타 다른 서비스를 자신의 내부로 수렴하면서 인터넷이 바로 월드와이드웹과 동의어인 것처럼 느껴지게 되었습니다.

물론 컴퓨터 간의 네트워크는 인터넷만 있는 것은 아닙니다. 인터넷 프로토콜을 사용하면서 외부와 격리되어 구축된 인트라넷이 정부와 회사, 대학과 연구소에 구축되면서 거의 모든 사무 업무는 네트워크를 중심으로 이루어지게 됩니다. 이 과정에서 네트워크의 단말기로 거의 모든 구성원들에게 개인 단말기(개인용 컴퓨터)가 지급됩니다. 이제는 개인마다 컴퓨터가 한 대씩 있지 않은 사무실은 상상하기가 어렵지요. 약 30년 전만 해도 부서에 컴퓨터가 한 대밖에 없는 시절이 있었다고 한다면 젊은 분들은 믿으실는지요?

인터넷 격차, 정보 격차

아직도 많은 사람들이 인터넷에 연결되지 않은 채 살고 있습니다. 국제전기통신연합International Telecommunication Union(ITU)의 발표에 따르면, 2016년 현재 세계 인구의 53퍼센트에 해당하는 39억 명이 인터넷을 사용하지 못하고 있습니다. 유럽은 20.9퍼센트이고,

아프리카는 74.9퍼센트입니다. 그리고 연결되느냐 되지 않느냐의 차이는 성별로, 소득 수준별로 그 격차가 나타납니다. 이른바 선진국은 80퍼센트에 이르는 이들이 인터넷을 사용하지만 개발도상국은 40퍼센트이며, 최빈국에 해당되는 나라들은 15.2퍼센트에 불과합니다. 물론 점차 더 많은 비율의 사람들이 인터넷에 연결되겠지만 그 과정에서의 정보 격차는 이러한 불평등을 더 심화시킬 것입니다. 부유한 나라는 부유해서 인터넷이 더 많이 보급되었는데, 인터넷의 보급이 다시 부유해질 기회를 더 많이 부여하는 것이지요.

또한 같은 나라에 살더라도 소득 수준에 따라 인터넷의 보급비율은 달라집니다. 지금은 컴퓨터가 아주 많이 싸졌지만 그래도 컴퓨터를 사고, 인터넷을 가정에 깔고, 매달 일정한 비용을 인터넷 사용료로 지불해야 하는 것은 가난한 이들에겐 커다란 부담입니다. 절대빈곤층으로 가면 이 비용은 부담할 수 없을 정도가 됩니다. 우리나라의 경우는 그래도 그 정도가 덜하지만 제3세계의 많은 국가들에서 개인이 컴퓨터를 가진다는 것은 많은 이들에게 불가능한 일이지요. 더구나 전화 사용료도 내기 힘들어 하는 판에 인터넷 사용료를 매달 지불한다는 것은 말이 안 되는 이야기입니다. 부국과 빈국의 차이, 같은 나라에서도 수입의 차이가 인터넷 격차, 정보 격차 Digital Divide를 심화시키는 것입니다.

물론 이런 사정을 하나의 시장으로 보고 적극적으로 개입하려는 기업도 있습니다. 페이스북과 구글이 제3세계의 인터넷 무료 보급을 위해 나서고 있는 것입니다. 그러나 이를 '아니, 정부도 하기힘든 일을 하다니 대견하지 않은가'라고 좋게만 생각할 일은 아님니다. 일단 이들 기업이 천사라서 인터넷 무료 보급에 나선 것도 아닐 테고, 공공적 성격을 띠는 서비스를 일개 기업의 선의에 맡긴다는 것이 합당한지에 대해서도 생각해봐야 할 문제입니다.

물론 인터넷 이전에도 정보 격차는 있었습니다. 아주 옛날 사람들이 처음 글자라는 걸 만들 때부터였습니다. 현재 알려진 가장 오래된 문자는 메소포타미아의 설형문자이고, 그 외 이집트문자, 중국의 상형문자, 마야나 잉카의 매듭 문자 등 다양한 문자가 독립적으로 만들어졌습니다. 그런데 이들 문자가 초기에 만들어졌을 때, 대부분의 사람들은 이들 문자를 읽고 쓸 줄 몰랐습니다. 워낙 배우기 어렵기도 했지만, 지배층이 애초에 모든 국민에게 문자를 알릴 생각을 하지 않았고, 거기서 한 발 더 나아가 글자를 배우지 못하게 막았기 때문입니다. 백성들이 무지몽매해서 배우지 못한 것이 아니었습니다. 당시부터 지배층은 '정보'를 가지고 있는 자와 가지지 못한 자의 차이를 알고 있었고, 모든 정보는 지배층이 독점해야 한다고 생각했던 것이죠. 물론 '구전'이라는 정보전달 방법이 있어 일반 민중들도 다양한 정보를 접할 수는 있었지만, 이 경우도 유언비어를 날조한다는 등의 이유로 민중들 간의 정보 전달을 막기도 했고, 구전 자체가 정확하게 전달되는 데에 한계가 있기도 했습니다. 또한 문자를 전달하기 위한 도구도 점토판이라든가 파피루스 등으로 제한적이었고, 필사 이외의 방식이 없기도 했습니다.

그러나 중국과 한국을 시작으로 점차 인쇄술이 발달하고, 종이가 보급됨으로써 이러한 지배층 위주의 의사소통구조는 점차 더 많은 사람에게로 넓혀지게 됩니다. 그런 의미에서 세종대왕이

4차 산업혁명이 막막한 당신에게

훈민정음을 만들어 국민에게 보급코자 한 것은 정말 유례없는 일인 셈이지요. 세상에 국민들이 똑똑해지길 권하는 권력자라니요. 저는 한글의 과학성 등등보다 이런 생각 하나가 더 소중하다고 생각합니다. 어찌되었건 정보 격차는 이전 시대부터 꾸준히 존재해왔던 현상이긴 합니다. 왕과 귀족은 항상 서로 편지를 주고받으며 정보를 얻고, 먼 외국에서 돌아온 사람을 초청해 그 이야기를 듣기도 했습니다. 정기적으로 먼 곳을 다녀오는 대상隊商은 그런 의미에서 항상 왕과 귀족의 초청대상이었고, 나름의 정보 권력을 가지기도 했습니다.

20세기 들어 이런 정보 격차는 매스미디어의 등장과 함께 조금 줄어들었습니다. 일반 시민들도 신문과 방송을 통해 주요한 소식을 접할 수 있게 된 것이죠. 여전히 정부와 대기업들은 자신들만의 네트워크를 통해 비밀스런 정보를 배타적으로 공유하는 일이 많았지만 말이지요.

그러나 인터넷의 등장은 이러한 정보 격차를 없애는 데 다시 한 번 큰일을 합니다. 위키리크스WikiLeaks가 대표적이지요. 익명의 정보 제공자가 제공하거나 자체적으로 수집한 비밀, 미공개 정보를 공개하는 사이트입니다. 2010년 4월 '부수적 살인Collateral Murder'이란 제목으로 공개한 비디오 파일은 2007년 이라크에서 미군이 이라크 국민과 기자를 살해하는 장면을 담았습니다. 미국 국가안보국National Security Agency(NSA)이 전 세계 일반인들의 통화 기록과 인터넷 사용정보 등 개인 정보를 'PRISM'이란 비밀정보수집 프로그램으로 수집 사찰해온 사실을 에드워드 스노든이 폭로한 것도 마찬가지입니다. 우리나라에서도 흔히들 말하는 네티즌 수사대가 있지요. 물론 범죄 용의자의 신상털이 같은 부작용이 없는 것은 아니지만, 정부의 불법적 행위나 대기업의 노조 탄압 혹은 '갑질' 등에 대해 더 이상 언론에 기대기보다는 인터넷을 통해 폭로하는 일들이 많아졌습니다. 이는 언론 자체가 신뢰를 많이 잃어버린 측면도 있지만, 인터넷을 통한 폭로가 더 빠르게 대중에게 퍼져나간다는 사실을 이미 알고 있기 때문이기도 합니다.

일방적으로 한쪽의 이야기를 듣기만 해야 하는 기존 매스미디어에 비해, 서로 간의 의견과 정보를 주고받을 수 있는 인터넷이 새로운 대안 매체로 떠오르는 건 어쩌면 당연한 일입니다. 2016년의 촛불집회와 이명박 정권 초기 광우병 파동의 경우, 언론을 통해 사람들이 모이기보다는 인터넷 기반의 SNS를 통해서 집회의 동력을 이어갔다는 것도 유의미하게 봐야 할 점입니다. 우리나라만이 아니죠. '중동의 봄'이라 불리던 이슬람권 시민들의 항쟁도 SNS를 통해 그 영향력을 키워나갔습니다. 물론 인터넷을 통해 전파되는 가짜뉴스처럼 정보의 왜곡이 더 쉬워진 측면도 있긴 합니다.

그러나 이렇게 정부나 대기업, 일반 시민들 사이의 정보 격차를 줄이는 데 큰 역할을 하는 인터넷이지만, 반대로 이 인터넷을 이용할 수 있느냐 없느냐가 또한 정보 격차를 만들어내기도 합니다. 앞서 말한 것처럼 아직도 인류의 많은 수가 인터넷에 접근할 수 없고, 그 이유가 경제적 문제라는 점에서 인터넷의 이용 가능 유무는 새롭게 정보 격차를 만드는 것이기도 합니다.

실직의 역사

새로운 기술은 누군가에겐 기회이지만 다른 누군가에겐 고통입니다. 그중 가장 힘든 고통 중 하나가 실직입니다. 산업혁명 이후 인류의 다수는 자본에 고용되어 노동을 팔아 생활을 유지하는 노동자의 삶을 살고 있습니다. 혹은 작은 작업실이나 가게를 차리고 임금노동자와 비슷한 벌이를 하며 살지요. 2차 혁명이 되었건 3차 혁명이 되었건, 아니면 지금 진행되고 있다는 4차 혁명이 되었건 마찬가지입니다. 그런데 어느 날 갑자기 아무 잘못도 없는데 해고당하고, 혹은 공장이 망하고, 또는 어떻게든 버텼지만 구멍가게가 망합니다. 어떤 이들에게 '혁신'은 이렇게 자연재해처럼 다가옵니다.

사실 산업혁명 자체가 일거리를 잃은 노동자의 분노와 함께 시작되었습니다. '러다이트 운동'이죠.

영자는 중학교를 졸업하자마자 서울로 올라왔습니다. 집에서 밥을 얻어먹은 건 중학교 때까지고, 이제 자기 몫을 해야 할 나이가 되었습니다. 그는 어느 철공소 사장집의 식모로 들어갑니다. 2~3년을 식모로 지내다 그만 사장 아들에게 강간당한 후 쫓겨나 미싱 공장에 들어갑니다. 시다였죠. 3년간 번 돈은 모두 오빠의 등록금으로 들어가고 나이만 들어갑니다. 좀 더 수입이 나은 일자리가 필요했습니다. 그는 마침 아는 사람의 소개로 버스 안내양으로 취직합니다. 버스 안내양이란 것이 생각보다 험한 직업이었습니다. 버스 정류장마다 크게 이번 정류장은 어디라고 외치고, 내리는 사람에게 차비를 받아야 합니다. 물론 거스름돈도 줘야 하죠. 이년 저년 소리 들으며 취한 놈들도 상대하고, 출퇴근 시간엔 미어터지는 버스 문간에 매달려 사람들을 쑤셔 넣는 푸시맨 역할도 해야 했습니다. 그래도 미싱 일보다 돈이 되니 어떻게든 버티며 몇 년을 보냅니다. 그러던 어느 날 출근 시간대에 영자는 꽉 찬 버스에 승객을 밀어넣다 그만 버스에서 떨어지고, 뒤따라오던 차에 치여 한쪽 팔을 잃습니다. 할 수 있는 일이 없게 된 영자는 결국 창녀촌으로 갑니다.

1970년대 크게 히트를 쳤던 영화 〈영자의 전성시대〉의 주인공 영자가 겪는 일입니다. 당시 여자들, 특히 가난한 집의 여자들은 초등학교나 중학교를 졸업하면 가족을 위해 돈을 벌어야 했습니다. 그 당시 낮은 학력에 기술도 없던 여자들이 취업할 수 있는 곳은 크게 세 군데였죠. 영화의 영자처럼 있는 집에 가사도우미(당시는 식모라는 표현을 더 많이 썼습니다)로 들어가거나, 청계천·구로 등 미싱공

4차 산업혁명이 막막한 당신에게

장에 시다로 취업을 하거나, 아니면 버스 안내양이 되는 것이었습니다. 그도 힘들면 결국 술집의 작부가 되든가 창녀촌에서 성매매를 했습니다. 술집이 아니면 그나마 벌이가 나은 것은 일이 힘든 버스 안내양이었습니다. 전성기의 버스 안내양은 전국적으로 약 5만 명에 이르렀고, 그 대부분이 수도권의 버스 회사에 취업해 있었죠.

이들은 버스 회사의 기숙사에서 같이 생활하며 새벽차부터 막차까지 하루 12시간 이상의 노동을 감내해야 했습니다. 더구나 손님에게서 받은 차비를 '삥땅'치지 않았는지 회사로부터 받는 감시는 모멸적이었습니다. 속옷만 입고 남자 상급자에게 검사를 받기도 했죠. 출퇴근 시간이면 버스 문에 아슬아슬하게 매달려 만원인 승객을 문 안으로 밀어넣으며 차를 출발시키는 위험천만한 일을 해야 했고, 저녁이면 술 취한 승객의 악담과 멸시를 견뎌야 했습니다.

그러면서 버티던 이들은 그러나 새로운 기술이 도입되면서 하루아침에 해고되었습니다. 도입된 건 특별히 복잡하고 어려운 기술도 아니었습니다. 버스에 탈 때 돈을 요금통에 넣으면 버스기사가 버튼을 눌러 거스름돈을 줄 수 있게 만들고, 버스기사가 스위치를 올리면 뒷문이 자동으로 열리는 시스템, 그리고 다른 버튼을 누르면 다음 정류장 명이 방송으로 나오는 것. 이 세 가지가 이들을 해고에 이르게 했습니다. 버스기사도 늘어나는 노동에 반발했지만 별 무소용이었지요. 더구나 당시 정부는 이들의 해고에 대해 어떠한 대책도 세우지 않았고, 제대로 노조를 만들지 못했던 버스 안내양들은 하루아침에 기숙사에서 내쫓겼습니다. 물론 그렇다고 버스 요금이 내린 것도 아닙니다. 승객들은 같은 차비를 내면서 더 불편한 버스를 타고 다니게 되었죠.

결국 이 기술의 도입으로 이익을 본 것은 버스 회사일 뿐입니다. 버스기사는 기사대로 거스름돈을 주는 일, 안내방송을 하는 일, 뒷문을 여는 일 등 이전에는 하지 않던 과외의 일을 하게 되었습니다. 그리고 쫓겨난 버스 안내양들은 갈 곳이 없어졌습니다. 대부분 수도권에 위치한 버스 회사에서 일하던 이들은 그 주변에서 일자리를 찾아야 했는데, 그 많은 인원을 수용할 만한 일자리가 갑자기 생겨날 리 만무하지요. 결국 그들 중 많은 수가 당시 유행하던 술집의 접대부 혹은 호스티스로 가게 되고, 집창촌의 성매매 노동자가 되기도 했습니다. 〈영자의 전성시대〉란 영화는 바로 그런 이들의 시기를 그린 것입니다. 그리고 〈영자의 전성시대〉 말고도 당시 유행하던 영화가 바로 '호스티스 영화'였지요. 한국사회 전체로는 경제가 활발하게 돌아가고 개인소득이 올라가니 돈을 펑펑 쓰는 사람이 생겼고, 반대로 20대 여성들은 일자리가 변변찮으니 술집으로 내몰리던 시기였습니다.

합리화라는 이름으로 내쫓기는 노동자

1980년대 후반에서 90년대 초기에는 신발공장의 노동자들이 대량 해고됩니다. 1987~88년에 이르는 노동자 대투쟁 이후의 일입니다. 당시 부산을 중심으로 동양고무, 삼화, 태화, 진양고무, 국제상사 등 신발공장은 나이키, 퓨마, 아디다스, 리복 등 세계적 브랜드의 주문자 상표부착방식Original Equipment Manufacturing(OEM)의 신발을 생산하고 있었습니다. 최고 생산실적을 보인 1986년에는 이들 5대 기업의 정규직 노동자만 5만 4000명이었습니다. 대부분 20대에서 40대 여성이었던 당시 신발공장의 노동자들은 그러나 불과 몇 년 사이에 90퍼센트 가까이 해고됩니다. 해외 바이어들이 보다 싼 임금을 찾아 동남아시아로 납품선을 옮겼고, 태광산업 등 당시 한국의 신발회사들도 노동조합이 만들어진 골치 아픈 한국을 떠나 동남아시아에 생산시설을 만들거나 했습니다. 결국 1990년대 초 신발산업 합리화 조치 이후 당시 부산을 주름잡던 신발생산 기업들은 현재 일부 생산시설을 제외하곤 모두 동남아시아에 생산거점을 두고 있습니다. 근 20년 넘게 신발을 생산하던 대기업은 살아남았고, 그곳의 여성 노동자들만 실직을 하게 된 거지요. 이때도 당연이나 한 듯이 정부의 신발산업 합리화 조치에서 신발공장의 노동자에 대한 대책은 없는 거나 마찬가지였습니다. 그저 내몰린 것뿐입니다.

어떤 이들은 이렇게 부산의 신발산업이 몰락한 원인을 국내 기업들이 독자 브랜드를 만들려 하고 여기에 위협을 느낀 나이키 등의 해외 기업이 동남아시아로 하청선을 돌린 것에 있다고 하지만, 그 내면을 들여다보면 생산 공정의 이른바 합리화에 근본적 원인이 있습니다. 주로 숙련된 노동자들에 의해 생산되던 신발 공정이 컴퓨터 제어에 의한 조립라인으로 바뀌면서 노동자의 숙련도가 중요한 고려사항에서 빠지게 된 거죠. 노동자의 숙련도를 필요로 하지 않으니 임금이 싼 동남아시아로 하청선이 바뀐 것입니다. 결국 기술 혁신이 불러온 결과지요.

그리고 이제 동남아시아의 신발공장들은 새로운 경쟁자를 마주하고 있습니다. 바로 공장자동화와 로봇이라는 상대죠. 아디다스 사의 독일 공장 '스피드팩토리'는 이런 점에서 대단히 시사적입니다. 스피드팩토리는 주문생산방식을 채택하고 있습니다. 고객이 인터넷으로 주문을 하면, 거기에 맞춰 자동화된 시스템이 신발을 만듭니다. 그런데 이 스피드팩토리에 필요한 인원은 고작 150명일 뿐입니다. 내부 조립라인에는 사람이 없습니다. 전체 시스템을 관리하고, 필요한 부속품과 재료를 조달하는 등에만 사람이 쓰이지요. 이만한 규모의 공장을 기존 방식대로 운영한다면 노동자가 대략 2000명 정도 필요할 거라고 합니다. 이제 동남아시아의 노동자들은 로봇과 경쟁을 해야 하는 시대입니다. 아직은 로봇 제작비용과 유지 보수비용이 생각만큼 싸지 않아서 아직 동남아시아 공장이 그나마 경쟁력이 있습니다만 시간문제일 것입니다. 미국과 유럽의 신발공장이 일본으로 넘어간 것이 대략 1950~60년대이고, 다시 한국에 넘어온 것이 1970~80년대, 동남아시아로 넘어간 것이 1990~2000년대입니다. 이 흐름은 이제 다시 실제 신발을 구매하는 곳의 무인공장으로 넘어가게 될 것입니다.

비슷한 일들이 자동차공장에서도 일어납니다. 자동차 조립라인 곳곳에 로봇이 투입된 것은 어제 오늘의 일이 아닙니다. 1980년대부터 꾸준히 증가했습니다. 현대자동차의 경우 용접은 거의 100퍼센트 로봇에 의해서 이루어집니다. 노동자 1만 명당 로봇의 수가 2015년 기준으로 1100대가 넘습니다. 그렇다면 노동자의 수는 당연히 줄게 됩니다. 다만 자동차회사의 경우, 초기에는 노동자 수가 거의 변함이 없습니다. 물론 우리나라의 경우입니다. 미국의 경우 자동차 산업 경쟁력을 잃어버리면서 자동차 생산거점이었던 디트로이트 시의 경우 완전히 황폐화되다시피 했습니다.

미국 경우는 별도로 하고, 현대자동차나 기아자동차를 먼저 봅시다. 이렇게 로봇이 들어와도 초기에는 인원의 변동이 별로 없었습니다. 왜냐하면 산업 자체가 발전하고 있었기 때문에 새로운 공장을 세웠고, 기존 노동자를 새 공장으로 전환배치하면 되기 때문입니다. 그러나 기존 공장이 포화상태가 되고, 수출 물량의 많은 부분을 현지 공장을 세워 공급하면서 국내의 공장은 포화상태가 됩니다. 결국 로봇이 등장하는 만큼 일거리가 줄게 되지요.

자동차는 노동조합이 어느 정도 역할을 하기 때문에 직영 노동자의 대량해고는 거의 없습니다. 물론 잘나가는 현대자동차, 기아자동차의 이야깁니다. 쌍용자동차, 대우-GM자동차, 삼성-르노자동차의 경우는 또 다릅니다만, 여기서도 노동조합이 나름 역할을 하면서 직영 노동자의 해고를 어느 정도 막아냅니다. 그러나 자동차회사들은 1980년부터 이미 직영 노동자에 버금가는 숫자의 공장내 하청 노동자들이 있었습니다. 이들은 손쉬운 상대지요. 현재는 정규직·비정규직으로 주로 구분하지만, 당시는 직영이냐 하청이냐로 구분을 했습니다. 하청 노동자들은 하청 기업별로 소규모 인원을 데리고 본청과 계약을 맺고 있기 때문에 노동조합의 설립 자체가 힘들었습니다. 현재는 물론 각 기업마다 비정규직 노동조합이 결성되어 정규직화를 위한 투쟁을 하고 있습니다. 어찌되었건 이들의 숫자는 점점 줄어듭니다. 로봇이 그 자리를 대신하는 것이지요.

그리고 새로 지어지는 공장에는 정규직을 최소화하고 사내 하청을 위주로 공장을 운영합니다. 기아차 모닝생산 공장의 경우 현장에는 정규직이 단 한 명도 없고, 17개 사내 하청업체에 속한 950명의 노동자들만 일을 합니다. 현대중공업 군산공장, 현대모비스의 8개 공장, 현대 위아 3개 공장, 현대 하이스코 울산공장 등이 정규직을 단 한 명도 고용하지 않고 있는 것입니다.[6] 또한 이들 자동차회사는 외부에 거대한 하청공장을 거느리고 있습니다. 이들 또한 생산 공정에서의 이른바 합리화를 지속적으로 시도합니다. 이들 하청공장에서도 동일한 생산량에 비해 노동자의 숫자는 줄어갑니다. 물론 이들 하청 중에서도 주요한 기업들에는 노동조합이 있고, 따라서 당연히 반발이 있었습니다. 그리하여 하청공장에서도 마찬가지로 사내 하청을 주고, 비정규직을 고용하는 형태로 노무 관리가 바뀝니다.

골리앗의 골목 상권 장악

새로운 기술에 의한 실직은 기업체의 노동자에게만 한정된 일은 아닙니다. 새로운 기술은 대기업이 중소기업이나 자영업자들의 영역으로 들어오는 매개체이기도 합니다. 1980년대 들어 컴퓨터에 의한 자동화시스템이 공장에 도입되면서 단순 대량생산에서 다품종 대량생산이 가능해졌습니다. 컴퓨터로 제어되는 재단기가 기술의 핵심이었죠. 이를 통해 다양한 사이즈의 각종 천을 재단하고 가공하여 기성복을 만들기 시작했습니다. 사람 손이 많이 가는 비교적 고급 의류인 양복과 양장이 공장에서 대량생산되어 직영점이나 프랜차이즈를 통해 판매되었습니다. 대량 구입에 의해 비교적 싼 값에 품질이 괜찮은 천을 쓸 수 있었고, 고급스러운 디자인 감각으로 만든 이들 대공장제 기성 양복과 양장은 그야말로 시장을 강타했습니다.

그리고 동네마다 있던 양복점과 양장점은 하나씩 문을 닫습니다. 다들 어릴 때 미싱공장에서 눈칫밥을 먹으며 재단을 익히고, 미싱일을 배웠던 사람들이죠. 없는 돈에 양재학원을 다니며 디자인을 익히고, 여기저기 돈을 빌려 작은 가게를 열어 동네 사람들 양복이나 스커트를 만들어주며 먹고살던 사람들이 몇 년 사이에 가게 문을 닫습니다. 그 뒤를 구둣방이 잇습니다. 고급 제화 브랜드가 마찬가지 방식으로 괜찮은 품질의 고급스럽게 디자인한 다양한 사이즈와 스타일의 구두를 선보이자 동네마다 있던 구둣방들도 마찬가지로 사라집니다. 물론 아직도 고급 양복점이나 양장점, 구둣방이 없는 것은 아닙니다만 이전에 비하면 10분의 1도 되질 않습니다.

동네 구멍가게도 마찬가지입니다. 대기업의 편의점이 포스시스템과 유통시스템으로 무장한 채로 덤벼들고 있습니다. 처음에는 번화가나 버스 정류장, 지하철역 주변에만 포진하더니 이제 동네마다 들어오고 있습니다. 2016년 1월 기준으로 CU는 9410개소, GS25는 9285개소, 세븐일레븐은 8000개소, 미니스톱은 2200개였으며, 현재 CU와 GS25는 모두 1만 개 이상입니다. 즉 3만 개 이상의 편의점이 있는 셈입니다.[7]

대규모 구매를 통해 매입 단가를 줄이고, 각 점포의 포스시스템과 연결된 본사의 시스템으로 점포별 매출을 실시간으로 체크하면서 재고를 줄이고, 물류시스템을 혁신하고, 빅데이터를 통해 고객 성향을 파악하는 등 최첨단 기법을 도입한 편의점과의 경쟁에서 동네 구멍가게가 패배하는 것은 어찌 보면 당연한 일일 것입니다. 대형마트와 온라인의 오픈 마켓에 이어 편의점까지 가세하니 동네 구멍가게들의 폐업이 속출합니다. 중소기업청 조사에 따르면 이들 소규모 유통업체 매출액이 매년 7퍼센트 이상 감소하며, 재래시장 상인과 중소유통 상인 폐업률은 매년 15퍼센트 이상 증가하고 있습니다.

고통 받는 것은 동네 구멍가게를 운영하는 이들뿐만이 아닙니다. 편의점 본사는 해마다 엄청난 매출을 기록하며 영업 이익도 매년 갱신하고 있습니다. 2014년 전체 유통업체 중 매출 비중이 13.4퍼센트였던 것이 2016년에는 16.5퍼센트로 상승했고, 영업이익률도 13퍼센트에 이릅니다.[8] 그러나 편의점을 운영하는 점주들의 이익이 같이 상승하는 것은 아닙니다. 2007~14년까지의 기간을 살펴본 결과 본사의 성장률이 8년 동안 53퍼센트인 데 반해 편의점의 점포당 평균 매출은 8년 동안 0.8퍼센트 늘어났을 뿐입니다. 임대료와 인건비 상승 등을 생각하면 점포별로는 마이너스 성장을 한 것입니다. 2007년 최저임금은 시간당 3480원이었으나, 2014년 최저임금은 시간당 5210원입니다. 약 1.5배 올랐습니다. (물론 최저임금이 너무 많이 올랐다는 이야기가 아닙니다!) 임대료도 지역에 따라 다르겠으나 임금과 비슷하게 올랐다는 걸 가정하면 실제로 점포주의 수

익은 곤두박질칠 수밖에 없었던 것입니다.

일단 본사가 무분별하게 점포수를 확장하는 과정에서 점포당 배후인구가 급격히 줄고 있습니다. 1995년 점포당 배후인구는 2만 8000명인 데 반해 2016년 말 기준으로 보면 1600여 명 수준입니다. '편의점 천국'이라 불리는 이웃 일본도 편의점 한 곳당 배후인구가 2300여 명인 걸 감안하면 한국의 편의점 본사가 얼마나 공격적으로 점포수를 늘리고 있는지를 알 수 있습니다. 이렇게 점포 하나가 배후로 두는 인구수가 줄어든 것만이 점주에게 고통인 것은 아닙니다. 편의점 본사의 점주에 대한 '갑질'이 편의점 점주의 자살로 이어진 경우도 허다했습니다.

또한 편의점이 24시간 운영되는 여건상 직원을 써야 하는데, 편의점 점주의 수익이 적다보니 이들에 대한 대우 또한 형편없습니다. 앞서 최저임금을 이야기한 것은 이들 아르바이트생 모두가 거의 모두 최저임금에만 맞춰 임금을 받기 때문입니다. 더구나 개별 점포로 나뉜 상황에서 이들의 연대나 노조활동은 거의 힘든 실정입니다. 이러다 보니 본사의 착취에 신음하는 점주가 다시 알바를 착취하는, 착취가 착취를 만드는 구조가 생성됩니다.

빅데이터에 기반한 마케팅 기법과 첨단 물류시스템으로 승승장구하는 편의점의 이면에는 끊임없이 고통에 시달리는 이웃 중소 상인과 편의점 점주와 알바의 고통이 있습니다.

대기업에서도 중소기업에서도 노동자의 수는 점점 줄어들고 있습니다. 일부는 로봇과 생산합리화로 노동자의 수를 줄이고, 일부는 비정규직으로 채워 넣습니다. 또한 이들 대기업이 네트워크와 빅데이터, 자동화 라인 등에 힘입어 기존에 진출하기 힘들던 분야로 진출하면서 중소규모의 기업과 소규모 자영업자들 또한 자신의 자리를 점차 잃어가고 있습니다. 20세기 후반에는 전체 경제가 급격히 성장하면서 여타의 분야에서 이를 흡수하였기에 일방적으로 노동자와 자영업자에게 해고와 폐업을 강요하면서도 전체 경제가 유지되기는 했습니다. 물론 개별 노동자와 자영업자의 입장에선 엄청난 고통이었습니다. 그러나 이제 21세기 들어 전체적인 경제성장은 정체되면서 동시에 인력 감축이 지속되다보니 일자리의 문제가 누구나 이야기하듯이 사회 전체의 문제가 되고 있습니다.

현재의 조건에서 4차 산업혁명의 성과는 모두 기업에게 돌아가고 있다는 하나의 방증이 아닐 수 없습니다. 물론 '4차만의' 특징은 아닙니다. 앞서 살펴본 것처럼 사회적 저항과 노동자의 투쟁 없이는 항상 되풀이되던 일이지요.

03

인공지능과
그 친구들

님아 물을 건너지 마시오

公無渡河

기어이 님은 물을 건너네

公竟渡河

휩쓰는 물속에서 죽어버린

墮河而死

님을 이젠 어이할까

當奈公何

————————

어느 백수광부의 아내, 「공무도하가公無渡河歌」

3D프린터

기계를 만들려면 보통 세 단계를 거칩니다. 일단 먼저 소재를 확보해야 합니다. 이건 그냥 돈 주고 산다는 뜻이 아니라, 기계의 각 요소에 맞는 소재를 개발한다는 의미입니다. 예를 들어 같은 철이라고 하더라도 스프링에 쓰이는 철과 강판에 쓰일 철은 함유하고 있는 탄소의 농도가 다르고, 만드는 과정도 다릅니다. 따라서 기계의 부품이 가져야 될 물성에 맞는 소재를 만드는 작업이 가장 기초가 됩니다. 이 부분을 담당하는 것이 소재산업이죠.

두 번째 단계는 부품을 만드는 일입니다. 산업사회가 되면서 부품을 만드는 과정은 주로 선반과 밀링이 담당합니다. 필자가 1980년대 후반에 일했던 공장의 경우 프레스 머신이 따로 있고, 밴딩 머신, 샤링 머신 등이 따로 있었습니다. 철판을 찍어내고, 굽히고, 마는 작업을 하는 것입니다. 그리고 절삭공구를 이용해서 원하는 모양대로 깎아냅니다. 밴딩이나 샤링은 한두 달이면 익숙해지는 일이고, 프레스는 조금 더 걸리고, 절삭은 꽤나 높은 숙련도를 요구합니다. 따라서 이들 기계를 가지고 부품을 만드는 일은 전문적인 훈련을 받은 노동자들이 담당합니다. 그리고 세 번째 단계로 이렇게 만든 부품을 조립합니다. 블록처럼 맞추고, 나사로 죄고, 용접을 하는 등의 일이지요.

이 중 두 번째 단계의 일에 컴퓨터와 기계를 결합하면, 일하는 사람 개인에 따라 나타나는 오차를 줄이고, 시간당 생산량도 더 늘일 수 있지 않을까 하는 생각을 했고, 실제로 해보니 아주 효율이 좋았습니다. 이렇게 만들어진 것을 컴퓨터 수치제어Computerized Numerical Control선반이라고 합니다. 보통 줄여서 CNC라고 하죠. 1952년 MIT에서 최초로 개발했고, 이후 여러 가지 형태로 개발되었습니다.

물론 아직도 컴퓨터와 연결되지 않은 선반들도 있지만, 대부분의 공장에선 CNC선반을 사용합니다. 그런데 이렇게 잘라내는 방식의 도구로는 고도로 복잡한 모양의 부품을 한번에 만들 수 없다는 단점이 있습니다. 이런 경우 이때까지는 부품을 여러 개로 나눠서 각기 만든 후 용접하거나 나사로 조일 수밖에 없었습니다. 그러나 용접이나 나사를 통한 결합은 그 자체로 단점이 있고 과정도 복잡하니 생산 현장에서는 이런 부품을 한번에 만들어낼 수 있길 원했습니다.

그래서 등장한 것이 바로 적층가공 방식입니다. 벽돌을 아래에서부터 쌓아올리듯 층층이 쌓아 올리는 것이죠. 적층가공 방식의

3D프린터가 등장한 것도 꽤나 오래된 일이어서 1980년대에 최초의 모델이 등장합니다. 지금 3D프린터가 각광을 받는 것은 초기 모델과 달리 더 많은 종류의 소재를 이용할 수 있고, 적층 방식도 다양해졌기 때문입니다.

그러나 아직 3D프린터는 속도가 느려도 너무 느립니다. 이렇게 느린 속도로는 대부분의 부품을 만드는 데 있어 결코 기존의 절삭가공 방식을 대체할 수 없을 정도입니다. 또한 많이 극복되었다고 하지만 아직 절삭가공만큼 다양한 소재를 이용할 수도 없습니다. 비용도 아직은 훨씬 비싸지요.

어떤 이들은 3D프린터를 전자레인지에 빗댑니다. 전자레인지가 편리하긴 하지만 기존의 주방에서 사용하던 모든 주방기구를 대신할 수는 없다는 것이죠. 달걀을 삶으려면 냄비에 넣어 가스레인지에 올리고, 달걀프라이는 프라이팬에 기름을 두르고 하는 것이 훨씬 효율적입니다. 마찬가지로 3D프린터로 할 수 있다는 것 자체보다는 기존의 방법보다 쉽고 빠르고 저렴하게 할 수 있는가가 중요한데, 아직 3D프린터는 쉽게 말해서 가성비가 떨어지는 물건입니다.

이런 점 때문에 전문가들 사이에서는 3D프린터가 기존의 CNC선반처럼 다른 도구를 대체하는 것이 아니라, 서로 보완하는 관계가 될 것으로 보는 시각이 우세합니다. 즉 시제품을 신속하게 만드는 것은 3D프린터로 하고, 실제 제작은 기존 CNC로 하는 방식인데요. 현재도 꽤 많은 공장에서 이미 실시되고 있습니다. 새로 자동차를 만드는 경우 기존 방식대로 하다보면 3만 개 가까운 부품을 새로 만들어야 하는데, 이런 부품을 만들 금형을 만들기란 대량생산 체제를 갖추기 전에는 어렵습니다. 또 부품 하나, 하나를 따로 깎고 다듬고, 사출하는 것도 매우 많은 시간과 비용을 들이는 일이지요. 이때 시제품에 들어갈 부품을 일단 3D프린터로 만들어 시험해보고, 확정이 되면 대량생산은 기존 방식대로 하는 것입니다. 실제로 완성차 업체들의 연구소들은 시제품의 각종 부품들을 이미 모두 최신 3D프린터로 만들고 있습니다.

또한 바이오산업 같은 경우엔 3D프린터 형식이 더 적용하기 쉬울 것이며, 의료용 임플란트나 보석 같은 복잡한 형태의 물질에서도 더 활용가치가 높습니다. 그리고 콘크리트를 이용하는 건축물의 경우, 3D프린터를 통한 건축 방법이 상용화되기 시작했습니다. 아직 제한적이긴 하지만 단독주택은 며칠이면 뚝딱 만들 수 있습니다. 공사기간을 단축하고, 노동력을 절감해서요. 건축물의 종류에 따라 다르겠지만 한 달 정도 걸릴 건축물을 약 10일 안팎으로 공사를 끝낼 수 있고, 비용도 기존에 비해 50퍼센트 이상 저렴할 것으로 보입니다. 그리고 기존 방식으로는 난이도가 높은 곡선형 디자인 등이 쉽게 된다는 장점도 있지요. 건축 폐기물이 기존 방식보다 훨씬 적어 재료비를 절감하면서 환경에도 좋은 장점이 있습니다. 캘리포니아의 한 회사는 시베리아에서 11평 주택을 하루 만에 만들어내기도 했습니다. 기존 절삭기계를 대체한다기보다는 절삭기계가 하지 못하던 다른 분야에서 더 많은 용도를 찾을 수 있다는 것입니다.

처음 컴퓨터 제어 밀링 머신이 나왔을 때는 수억 원의 비용 때문에 기업체나 정부 산하 연구소 등 제한된 곳에서만 사용되었습니다. 그러나 그 비용이 10분의 1이 되면서 대중화되기 시작했지요. 아직도 CNC는 개인이 사용하기에는 비쌉니다만, 3D프린터의 경우 보급형은 현재 수십만 원 단위까지 가격이 내렸습니다. 물론 아직도 제대로 된 제품을 만들기 위해선 훨씬 고가의 장비가 필요하지만, 현재 가격이 떨어지는 속도와 3D프린터 생산업체 간의 경쟁을 생각하면 낮은 가격에 일정한 품질이 보장되는 제품들이 곧 나올 가능성이 대단히 높습니다.

데이터 공유로 나만의 물건을 제작하는 시대

그러나 우리가 주목해야 할 것은 이 하드웨어가 아니라 이를 제어하는 쪽입니다. 이들이 만들어낼 제품에 대한 설계도, 즉 데이터를 네트워크로 주고받을 수 있다는 게 중요하지요. 마치 우리가 필요한 서류를 인터넷에서 다운받거나 클라우드에 접속해서 개인용 프린터로 바로 출력하는 것처럼, 나에게 필요한 부품이나 장비의 데이터를 마찬가지로 인터넷상에서 접속해서 바로 3D프린터로 출력할 수 있는 것입니다. 그리고 이 데이터는 누군가가 독점하는 것이 아니라 수많은 개인이 인터넷상에 올리고 공유할 수 있을 것입니다. 마치 워드의 문서양식이나 파워포인트 템플릿을 마이크로소프트만 만드는 것이 아니라, 개인이 만들어서 공유하고 자기에게 맞게끔 조금씩 수정해서 사용하는 것이나 마찬가지죠.

　물론 이는 3D프린터에 한정된 것이 아닙니다. 우리나라에서도 붐이 일고 있는 메이커maker 운동과 팹랩*의 경우, 3D프린터가 주가 되는 것이 아니라 기존의 전통적 공구들이 중심입니다. 이제 누구든 인터넷으로 설계도를 내려 받고, 유튜브로 제작과정과 밀링머신이나 기타 도구의 사용방법을 배워선 뚝딱 만들어낼 수 있는 시대가 되고 있습니다. 게다가 3D프린터를 통해 필요한 부품까지 자체적으로 만들 수 있게 됨으로써 누구나 근처의 작은 작업장에서 자신에게 필요한 물품을 제작할 수 있는 시대가 도래한 것입니다.

이는 사실 예전 우리 삶의 방식이기도 합니다. 산업사회가 본격화되기 전, 대부분의 사람들이 농업이나 목축 등 1차 산업에 속해 있을 때, 우리 선조들은 자신에게 필요한 물품을 대부분 자체 조달했습니다. 그러나 근대적 사회체제가 형성되면서 농민과 유목민의 대부분은 노동자가 되었죠. 노동자들이 일상생활에서 필요한 물건을 생산하는 데 들일 시간은 부족해지고, 다른 노동자가 대량생산 공장에서 생산한 대체재는 싸고 쓸 만했습니다. 그리하여 우리 대부분은 노동하여 번 돈으로 다른 노동자들이 생산한 일상용품을 소비하는 생활 패턴에 익숙해졌습니다. 물론 일상용품의 간단한 수리는 스스로 하는 경우도 많지만, 전체 생활용품으로 보았을 때 그 비율은 미미합니다.

클라우드와 인터넷 그리고 3D프린터 등으로 나타나는 새로운 생산양식이 우리 다수의 생활양식을 바꾸지는 못할 겁니다. 왜냐하면 우리는 여전히 노동을 해야 하고, 남는 시간에 휴식을 취하고,

---

* 'fabrication laboratory' 혹은 'fabulous laboratory'란 의미로 MIT의 비트-아톰센터Center for bit and atoms(CBA)에서 2003년에 처음 사용했습니다.

필요한 가정노동을 해야 하기 때문이죠. 그러고도 남는 시간 혹은 쥐어짠 시간을 자신의 취미생활에 투여할 수 있다고 치더라도 이미 그것은 생활양식의 변화라기보다는 취미생활의 변화일 뿐입니다. 만화방에서 만화를 보던 이가 인터넷으로 웹툰을 본다는 정도의 차이인 것입니다. (물론 만화방을 운영하던 사람과 웹툰으로 먹고사는 이들에겐 대단히 중요한 변화입니다.)

메이커 운동은 그 자체로 의미가 있습니다. 어린이나 청소년들이 자신의 손으로 뭔가를 만들어본다는 행위 자체는 교육적 가치가 있으며, 또한 이 과정에서 익힌 다양한 기술은 이후 그들이 사회생활을 할 때 도움이 될 수 있습니다. 어른들의 경우도 자신의 물품 중 일부를 직접 만드는 것은 텃밭을 일구는 것처럼 자신의 모든 생활이 자본에 종속되는 것을 거부하는 행위이기도 하고, 또 스스로 의미를 찾는 일이기도 합니다.

그러나 전 세계적으로 데이터를 공유하고 이를 기반으로 물품을 제조하는 방식은 다른 영역에서 더 중요할 것으로 보입니다. 지금은 대규모 생산시설을 지어 대량으로 생산한 제품을 필요한 곳에 보내고 있지만, 소규모 생산시설을 만들고 유지하는 비용이 싸지면 그럴 필요가 없습니다. 제품이 필요한 각 거점마다 소규모 생산시설을 두고, 생산에 필요한 데이터는 인터넷을 통해서 공유하면 됩니다. 특히 섬이나 산지 같은 교통이 불편한 지역에서는 이러한 소규모 생산시설이 유용할 것입니다. 그리고 이런 생산시설이 각 지역에 늘어나면, 지역 주민의 고용이 조금이나마 늘어나는 장점도 있습니다.

그럼에도 이러한 소규모 제조시설과 인터넷의 결합은 다른 일들이 그러하듯 또 다른 문제를 만들기도 하지요. 어떤 이들은 반자동 소총을 3D프린터로 만들고, 또 어떤 이들은 마스터키를 만들기도 합니다. 총기와 도검류, 폭탄도 이제 인터넷과 3D프린터, 그리고 작은 선반이면 모두 제작이 가능한 시대인 거죠. 그리고 이를 규제하려는 정부의 움직임과 이에 대한 시민단체의 반발도 있습니다. 아, 아직은 한국 이야기는 아니고 미국 이야기입니다. 그러나 세상은 점점 좁아지고, 앞서 말했듯이 인터넷은 정보를 빛의 속도로 공유하니 곧 한국에서도 쟁점이 될 만한 것이지요.

　　여기서 잠시 생각해봅시다. 폭탄은 인터넷이 이렇게 널리 퍼지기 전에도 쉽게 만들 수 있는 것이었습니다. 격발장치가 있는 총은 일제 강점기에도 이미 독립군을 비롯한 몇몇 사람들이 직접 만들거나 했습니다. 지금도 공기총을 불법으로 개조해서 위력을 높였다가 당국에 적발되는 사례가 꽤 있습니다. 인터넷이나 3D프린터가 아니더라도 가능하단 이야기지요. 하다못해 석궁 정도만 되어도 사람을 살상할 수 있죠. 이 모든 것이 사회적으로 아주 큰 문제가 되지 않은 것이 인터넷 때문일까요? 아니면 3D프린터 때문일까요? 사람을 살상할 수 있는 것은 이런 것 말고도 숱합니다. 실제로 우리나라에서 살인을 저지를 때 쓰이는 도구는 우리가 우려하는 총이나 폭탄이 아닙니다. 야구배트나 도끼, 낫, 농약 등 이전부터 쉽게 구할 수 있는 도구가 사용되었지요. 따라서 정부가 이런 정보를 규제한다고 나서서 검열을 강화하는 것보다는 다른 대책이 필요합니다.

또 하나 앞서 말씀드렸던 것처럼 3D프린터가 본격적으로 건설현장에 도입되면, 건설 노동자들의 실직문제도 걱정이 아닐 수 없습니다. 보통 3, 4층 정도의 빌라를 건설할 때 약 두 달 정도의 공사 기간이 소요되고, 매일 열 명 남짓한 노동자가 일을 합니다. 물론 대규모 현장은 훨씬 더 오랜 기간과 많은 인력이 필요하지요. 어쨌든 이런 주택 건설이 불과 20일 남짓에 끝나고 일일 필요 노동 인력이 줄어들면, 필연적으로 건설 현장의 인력 수요는 줄 수밖에 없을 것입니다. 그런데 이들 대부분은 일용직으로 일합니다. 보통 공사 하나당 계약을 맺고 일당을 받거나 주급을 받는 식이지요. 따라서 수요가 줄면 그만큼 노는 날이 많아지고, 공급이 수요를 초과하게 되니 임금은 내려가겠지요.

지금은 주택 시공에서만 3D프린터가 쓰이고 있지만, 주택 개축이나 내부 인테리어 변경 등 그 쓰임새는 더 늘어날 것입니다. 가게를 새로 열 경우 기존의 방법은 설계자가 가게의 구조와 용도에 맞게 내부 인테리어 설계를 하고, 그러면 목재나 기타 재료를 가지고 설계도대로 맞추는 방식입니다. 그러나 이제 가게 도면을 바탕으로 설계를 하면, 그 설계에 맞게 해당 가구나 기타 설치물을 3D프린터로 공장에서 뽑아내고, 현장에서는 그 설치물들을 조립하기만 하면 되니 오히려 내부 인테리어에서 더 많이 사용될 수도 있습니다.

그리고 인공지능의 도입이 더 활발해지면, 다양한 인테리어에 대해 학습한 인공지능이 매장의 도면과 주요 용도에 맞춰서 일반적인 인테리어 디자인을 제시할 수도 있을 것입니다. 물론 아주 고급스런 인테리어야 사람의 손을 거치겠지만, 일반적인 음식점이나 판매 매장의 경우 이런 인공지능이 '기본은 하는' 설계도를 제시할수 있다면, 그래서 발주자 허락이 떨어지면 인공지능에서 자동적으로 3D프린터로 설계도가 전송되고, 이에 따라 뽑아내는작업 시스템이 마련될 수 있습니다. 이런 식으로 자동화가 진전되면, 소규모 인테리어 업체들은 경쟁력을 잃고 사라질 가능성이 매우 높습니다.

연결된 로봇이
만드는 세상

마치 없던 로봇이 21세기 들어 새롭게 나타난 듯합니다. 하지만 착
각도 아주 큰 착각이지요. 로봇이란 용어는 1920년 체코슬로바키
아 극작가 카렐 차페크Karel Čapek가 발표한 희곡 「R.U.R.(Rossum's
Universal Robots)」에서 처음 사용됐습니다. 현재 로봇이란 말의 뜻
은 인간과 비슷한 모습을 가지고 유사한 기능을 하는 기계라는 의
미와, 스스로 작업하는 능력을 가진 기계 둘 다에 쓰이고 있습니다.
사람과 비슷한 모습을 가진 로봇은 특별히 안드로이드 또는 휴머
노이드라고 부르기도 합니다. 물론 우리 머릿속에 그려지는 로봇은
휴머노이드지요.

　소설이 아닌 현실에서 최초로 만들어진 로봇은 1959년생입니
다. 미국의 조지프 엔젤버거Joseph Engelberger가 만든 산업용 로봇
팔이었습니다. 그리고 1974년에는 컴퓨터로 제어되는 산업용 로봇

'T3'가 만들어졌습니다. 20세기 후반은 산업용 로봇이 본격적으로 도입된 시기입니다. 우리는 로봇을 TV애니메이션이나 영화를 통해, 혹은 소설을 통해 보았지만 공장에선 실제로 로봇이 일을 하고 있었지요. 물론 그저 기계 팔 한두 개가 움직이는 모양새니 누구도 그로부터 로봇이라는 상상을 이끌어내진 않았지만요.

현대자동차 조립 공정의 경우, 현재 용접 부문은 100퍼센트 로봇이 맡아서 하고 있습니다. 요 몇 년 사이의 일이 아닙니다. 현대자동차 조립 라인에 로봇이 투입되기 시작한 것은 거의 30년이 되었습니다. 용접 라인을 필두로 로봇은 차체 조립과정 곳곳에 투입되어 있고, 차체를 찍어내는 프레스도 자동화되었습니다. 현대자동차뿐 아니라 전 세계 대부분의 완성차 업체들은 자동화율이 80퍼센트에 육박하고 있습니다.

그런데 21세기가 되면서 새로운 개념의 로봇이 등장합니다. 한마디로 요약하자면 지능형 로봇Intelligent Robots입니다. 외부 환경을 인식하고 상황을 판단하여 자율적으로 동작하는 로봇이지요. 환경을 인식하고 상황을 판단하는 부분에서 환경인식 기능과 위치인식 기능이 필요하고, 자율적으로 동작하기 위해서는 조작제어 기능과 자율이동 기능이 요구됩니다. 이런 기능들은 일부는 로봇공학 자체의 발전에 의해 충족되고, 일부는 인공지능의 도입으로 해결되기도 합니다. 현재 완전히 해결된 것은 아니지만 상당 부분 그 해결점을 찾고, 실제로 도입되고 있습니다. 특히 인공지능 기술의 발달은 로봇에도 엄청난 영향을 끼치고 있습니다. 하지만 인공지능과 로봇의 관계를 살피기 전에 감각의 문제를 먼저 살펴보도록 합시다.

감각의 역사

사람은 몇 가지 감각을 가지고 있을까요? 흔히들 오감五感이라고 합니다. 시각·청각·후각·미각·피부감각, 이렇게 다섯 가지 감각이 있다고 생각하는 것이죠. 그러나 사람이 가지고 있는 감각은 그보다 훨씬 더 많습니다. 일단 귀에 있는 전정기관은 중력을 느끼고, 반고리관은 회전을 느끼죠. 피부감각이라고 합쳐서 부르지만 자세히 보면 피부에 닿는 압력을 느끼는 감각과 온도의 변화를 느끼는 감각 그리고 화학물질의 접촉을 느끼는 감각으로 나눠야 합니다. 이렇게 따지면 인간의 감각기관은 최소한 아홉 가지가 됩니다. 동물의 세계로 넓히면 자외선을 느끼는 것, 적외선을 느끼는 것, 지구자기장을 느끼는 것, 전기장을 느끼는 것 등 더 많은 감각기관들이 있습니다.

사람이 자신이 느끼지 못하는 감각을 인지하기 위해 도구를 이용한 역사는 오래되었습니다. 대표적인 것이 나침반입니다. 지구자기장을 느끼는 것은 철새들처럼 먼 거리를 이동하는 경우 아주 유용하지요. 반면에 사람은 철새들처럼 먼 거리를 주기적으로 이동하지 않으니 진화할 일이 없었습니다. 그러나 배를 타고 먼 거리를 다녀야 하기 시작하자, 이내 사람은 나침반이라는 기구를 이용해서 지구 자기장을 느끼기 시작했습니다.

이런 감각기관의 공통점은 외부 자극에 세포의 일정한 부분이 반응하고, 그 반응을 신경세포를 통해 전기적·화학적으로 전달한다는 점입니다. 19세기부터 인간은 이러한 감각기관을 모사해서 외부 자극에 반응하는 장치를 만들었습니다. 감지기sensor입니다. 감지기는 외부 자극을 받아들여 전기신호로 바꾸는 기구입니다.

온도 감지기, 습도 감지기, 초음파 감지기, 가속도 감지기, 적외선 감지기, 바이오 감지기, 이미지 감지기, 중력 감지기, 지자기地磁氣 감지기, 자이로스코프 등등 이미 우리 주위에는 수많은 감지기가 활약하고 있습니다. 밤늦게 집에 들어서면 누군가 지켜보고 있다는 듯이 복도에 불이 켜집니다. 인공지능이 아닙니다. 그저 감지기가 물체의 움직임을 감지하고 이를 전기신호로 전달하자 정해진 신호에 맞춰 전등이 켜졌을 뿐입니다. 불이 나면 천장의 스프링클러가 자동으로 물을 뿌립니다. 마찬가지로 인공지능이 아니라 온도 감지기가 온도 변화를 감지하고 정해진 순서대로 물이 나왔을 뿐이죠.

하지만 이 감지기들이 컴퓨터와 만나면 말이 달라집니다. 물론 감지기 한두 개에서 보낸 정보로 할 수 있는 일은 많지 않습니다. 가령 빛을 감지하는 감지기가 한 개 달린 작은 장난감 자동차를 생각해보십시오. 감지기에 빛이 닿았다는 신호가 회로를 타고 전해지면, 모터를 가동시키는 알고리즘이 있다고 합시다. 빛을 비추면 차는 달리고 비추지 않으면 달리지 않습니다. 이제 이 자동차의 앞면과 뒷면에 감지기를 하나씩 답시다. 그리고 알고리즘을 살짝 바꿉니다. 앞쪽의 감지기가 신호를 보내면 후진을 하고, 뒤쪽의 감지기가 신호를 보내면 전진하기로 하는 거지요. 이제 이 차는 빛을 피해서 달리게 됩니다. 음성 주광성을 가진 동물과 비슷한 행동을 보이지만 아직 조금 어설픕니다. 이제 감지기를 차의 앞뒤 양옆에 방향에 따라 여러 개 설치하고, 신호를 보낸 감지기의 총합이 가리키는 방향의 반대로 가도록 알고리즘을 작동해봅시다. 이 녀석은 이제 빛을 피해 다니는 작은 동물과 아주 흡사해 보입니다. 하지만 아직 이런 정도를 인공지능이라고 하진 않지요. 물론 광고에서는 인공지능이라고 선전하겠지만 말이죠. 저가의 로봇청소기가 딱 이런 정도의 감지기와 알고리즘을 가지고 있습니다.

20세기 초중반의 로봇은 이런 정도도 아니었습니다. 정해진 시간에 정해진 동작을 수행하는 것이 전부였습니다. 매시 정각이 되면 뛰쳐나와 우는 뻐꾸기시계와 별반 다를 바가 없었죠. 이런 로봇은 외부 상황의 변화를 전혀 인지하지 못하고, 그저 주어진 로직logic대로만 움직입니다. 그러다 로봇에 감지기가 달리고, 그와 관련된 알고리즘에 의해 움직이게 되자 조금 나아졌습니다. 재료가 도착하면 감지기가 그 사실을 확인하고, 미리 정해진 움직임으로 용접을 하고, 자르고, 들어 올립니다. 그러나 이 경우도 제한적인 움직임밖에는 할 수 없는 단계입니다. 물론 그럼에도 산업 현장에서는 꽤나 쓰임이 있었죠.

감지기의 종류가 많아지고, 이에 따라 알고리즘이 더 복잡하게 이루어지자 로봇의 활동은 조금 더 개선됩니다. 물체의 크기와 색에 따라 다른 행동을 할 수 있게 되고, 더 복잡한 일을 수행할 수 있게 되지요. 하지만 이런 경우에도 일정한 틀 이내에서만 작업을 수행하는 데는 변함이 없습니다. 현재의 산업용 로봇은 거의 대부분이 이런 상태입니다. 그러나 21세기 들어 로봇에 대해 새로운 관심을 가지게 된 것은 이를 뛰어넘는 새로운 영역으로 들어서고 있기 때문입니다. 바로 '연결'과 '인공지능'의 문제입니다.

클라우드 로보틱스가 펼쳐갈 세상

우리 주변에서 가장 흔하게 볼 수 있는 로봇은 로봇청소기입니다. 둥근 원반 모양으로 생겨선 집 안 사방을 돌아다니며 먼지를 빨아들이고, 걸레질을 하지요. 청소가 끝나면 스스로 충전기가 있는 곳으로 가서 얌전히 쉬며 충전을 합니다. 물론 이 정도로 21세기형 로봇이라고 볼 순 없습니다. 그러나 이 로봇청소기에 감지기를 몇 개 더 답니다. 그리고 인터넷을 통해 클라우드의 인공지능과 연결되도록 합니다. 그러면 신세계가 펼쳐집니다.

로봇청소기가 빨아들인 먼지 중 위험 요소가 없는지 감지기로 확인하고 쓰레기의 유형을 파악한 뒤 클라우드의 인공지능에게 전송하면, 인공지능은 그간 여러 로봇청소기가 보내온 데이터로 학습한 결과와 비교하여 집 안의 문제점을 지적하고 해결책을 제시할 수 있습니다. 먼지진드기가 얼마나 있는지 파악하고 이를 통해 적절한 침대 청소 솔루션을 제공할 수도 있고, 미세먼지의 농도를 파악한 후 공기 청정기에게 명령을 내린다거나, 아니면 창문을 열어서 환기를 할지 아니면 그냥 닫아두어도 되는지 등을 파악할 수 있죠. 또 반려동물의 털과 거기에 붙어 있는 기생충이나 진드기 등을 파악해서 반려견의 건강 상태도 파악할 수 있을 것입니다. 로봇청소기에 가스 감지기가 달리면 혹시 도시가스가 새지는 않는지, 무엇인가 타고 있지는 않는지, 외부에서 유해가스가 스며들고 있지는 않는지도 파악이 되겠지요. 온도센서가 달리면 집 안 곳곳의 온도를 체크해서 어느 방의 보일러를 가동하고, 어디는 중단할지도 판단할 수 있을 것입니다.

이 모든 것을 로봇청소기의 내부에 있는 반도체 회로가 할 필요는 없습니다. 정교하지도 못할 것이고요. 감지기로 확보된 정보를 인터넷을 통해 클라우드의 인공지능에게 보내기만 하면, 인공지능이 알아서 판단할 수 있지요. 인공지능은 또한 수십만 대의 로봇청소기가 보내는 데이터로 학습을 합니다. 점점 더 정교한 판단과 명령을 내릴 수 있게 됩니다.

인공지능은 또한 로봇청소기가 가장 효율적으로 청소를 할 수 있는 동선을 새로 짜고, 인터넷을 통해 로봇청소기에 업데이트 합니다. 로봇청소기는 이전보다 더 적은 시간에 더 적은 전기에너지로 청소를 수행할 수 있습니다. 만약 주변에 다른 로봇이나 전자시스템이 있다면 이 로봇들과도 대화를 나눌 수 있습니다. 청소를 하다가 잠긴 방문 앞에서는 방문 잠금시스템과 통신을 해서 문을 열고 들어가 청소를 하고, 다시 나올 때 신호를 주면 방문 잠금시스템이 문을 다시 닫습니다. 인공지능 스피커와도 통신을 하고, 전등시스템과도 신호를 주고받습니다.

이렇게 주변의 전자시스템 및 클라우드의 인공지능과 연결된 로봇 시스템을 클라우드 로보틱스Cloud Robotics라고 합니다. 사실 21세기 들어 로봇이 주목받는 이유 중 한 가지는 바로 이 부분이지요. 로봇의 외관이 변한 것이 문제가 아니라 클라우드의 인공지능과 주변 로봇 및 전자시스템과의 연결성이 중요한 변별지점이 됩니다.

　공장에서도 마찬가지입니다. 이전까지 용접로봇은 컨베이어벨트를 따라 오는 지정된 종류의 물체에 대해 지정된 장소만 용접을 할 수 있었지만, 이젠 다릅니다. 중앙의 클라우드 시스템이 지금 도착하는 물체의 어느 부위에 용접을 해야 될지를 지정해주면 그에 따라 다양한 물품의 용접이 가능해집니다. 그리고 용접 부위를 스캔해서 그 정보를 네트워크를 통해 전달하면, 클라우드의 인공지능이 불량 여부를 바로 가릴 수 있을 것입니다. 용접에 필요한 부품 재고를 파악하여, 물류시스템에 명령을 내려 적절히 조달하는 것도 가능합니다. 또 공장 곳곳의 감지기는 조립라인의 속도와 물건, 돌연한 사고 등을 확인하고 클라우드의 인공지능에게 전달합니다. 인공지능은 이를 바탕으로 공장 내 다양한 지점에 적절한 명령을 내릴 수 있지요.

결국 '연결'이 핵심이다

이렇듯 21세기 로봇의 특징은 연결성입니다. 가정 내의 다양한 전자제품과 연결되고, 인공지능과 연결되며, 인프라와도 사람과도 연결됩니다. 이런 연결과 인공지능은 사람에 의한 조작과 후처리를 최소화시키게 될 것입니다.

　또 다른 특징으로는 개인과 가정용 로봇의 등장입니다. 20세기에도 가정용 로봇이 없었던 건 아닙니다만, 시험 삼아 써보는 정도였지 실제 상용화되진 않았습니다. 그러나 21세기가 되면서 가정용 로봇이 속속 등장하기 시작합니다. 앞서 얘기했던 로봇청소기가 시작입니다. CES 2017*에 등장한 가정용 로봇을 살펴보면 LG전자의 '허브'가 일단 눈에 띄는데요. 조명이나 다른 스마트 가전을 제어하고, 동화와 음악을 들려주고, 요리 레시피를 알려줍니다. 물론 아마존의 알렉사 인공지능을 지원하며, 가족 구성원을 알아봅니다. 중국 로봇업체인 유비텍은 '링스'를 내놨는데 집안 모니터링, 뮤직 플레이, 메시지 전송 등이 가능하며 역시 알렉사를 활용합니다. 파나소닉은 '동반자'로봇을 내놨는데 자연어 처리 기술을 가지고 클라우드에 접속해서 정보를 검색합니다. 카메라와 포로젝터를 내장해서 영화를 볼 수 있습니다. 영국의 이모텍은 '몰리'라는 로봇을 내놨는데 딥러닝 기술을 채택해서 대화와 감정의 교류가 가능하다고 주장합니다. 날씨, 뉴스 검색, 뮤직 플레이와 인터넷 정보 검색이 가능하며, 역시 스마트 전자제품과 연결해 조작할 수 있습니다. 마텔사의 '아리스토텔레스'는 아이들을 위한 음성 제어 AI로봇으로 역시 알렉사를 지원합니다. 베이비 모니터나 보모 로봇으로 활용 가능하며, 음악을 들려주거나 조명을 조절해 아이들을 달래준다고 합니다.

도요타 사는 2019년에 가정용 로봇을 양산해서 일반인에게 임대할 계획을 가지고 있습니다. 이 로봇은 아침에 깨워주고, 커튼을 열고 닫으며, 간단한 물건—물병이나 리모컨 등—을 집어서 옮길

---

* CES(Consumer Electronics Show)는 매년 1월에 라스베이거스에서 미국소비자기술협회가 주최하는 세계 최대 규모 가전 전시회입니다. 2017년에는 전 세계 150개국에서 3800개사가 2만 개의 제품을 가지고 참여했으며, 참관 인원은 약 17만 명에 달합니다.

수 있습니다. 물론 인터넷으로 연결되어 있지요. 주로 노약자의 간병인 노릇을 할 수 있도록 만들었는데 월 100만 원 정도에 임대해 줄 계획으로 있습니다.

이런 가정용 로봇이 등장할 수 있는 건 음성 인식의 수준이 높아져서 사람들이 하는 말을 알아들을 수 있고, 인공지능을 통해 그에 대한 융통성 있는 솔루션을 내놓는 사용자와의 원활한 상호작용Human-Robot Interface(HRI) 능력이 높아졌기 때문입니다. 그리고 위치 인식과 환경 인식 등이 원활해지고, 인터넷과의 연결성이 높아진 것도 이유입니다. 물론 문턱을 넘고, 계단을 오르내릴 수 있는 등의 이동 능력이 향상된 것도 장점입니다. 아직은 일부에서만 사용하고 있지만, 20세기와 다른 점은 사용하고 있는 곳에선 '유용'하다는 점입니다. 즉 이벤트성이 아닌 거지요. 주로 집에 아무도 없을 때 청소를 하고, 아이를 돌보며, 노약자를 간병하고, 외부 침입으로부터 집을 보호하는 역할이 주가 되고, 개량을 통해 카페나 공공장소에서 고객 응대와 간단한 서비스를 하는 등이 현재 주로 생각하는 쓰임새입니다. 물론 잔디 깎기나 세탁물을 개고, 공기를 정화하고, 사람과 대화를 하며, 음악을 들려주고, 영화를 보여주며, 숙면을 유도하며, 심지어 반려동물이 싼 똥을 치우는 등의 기능을 가진 로봇도 선보이곤 있습니다. 그러나 핵심 기능은 결국 '연결'입니다.

아파트 지하 주차장에 차를 세워두고는 엘리베이터를 타고 17층의 집에 들어갔는데 차 문을 잠그지 않은 것 같으면 어떻게 할까요? 이전이라면 다시 내려가야지요. 하지만 이젠 홈비서에게 "차문 잠겼는지 확인해줘"라고 말로 명령을 내리면, 홈비서가 자율주행 자동차와 연결하여 차 문이 열렸는지 닫혔는지 확인하고, 잠글 것을 명령하면 끝입니다.

오늘 저녁에 골뱅이무침을 먹고 싶을 땐 어떻게 할까요? 홈비서에게 "골뱅이무침 요리법 좀 보여줘"라고 말을 하면, 인터넷에서 검색한 골뱅이무침 요리법이 여러 개 뜨고, 그중 괜찮은 걸 고릅니다. "난 두 번째가 맘에 들어." 그럼 홈비서가 냉장고 안의 음식물을 파악하곤 없는 재료가 무엇인지 확인해서 보여주죠. 그러고는 "단골 마트와 연결할까요?"라고 묻습니다. "좋아"라고 하면, 단골 마트와 연결하여 해당 진열대의 재료를 화상으로 보여줍니다. 물론 가격도 같이 뜨죠. "그걸 사줘"라고 하면 마트에 필요한 물건을 요청하고, 마트에선 해당 상품을 배송합니다. 아니면 몇 시에 가지러 가겠다고 예약을 하면, 예약 시간에 맞춰 필요한 물건을 모아주지요. 만약 가격이나 품질이 마음에 들지 않으면, 다른 마트도 확인해달라고 홈비서에게 주문할 수 있을 겁니다. 아이도 데리러 가야 하고 피트니스 센터에도 가야 해서 오늘 들를 곳들을 말하면, 홈비서가 최적화된 동선을 짜주기도 하겠지요. 그런 다음 그 내용을 자율주행 자동차에 보냅니다. 당신은 주차장으로 가죠. 당신이 오는 걸 확인한 차가 문을 열어주면 당신이 앉습니다. 차가 코스를 다시 한번 확인하곤, 알아서 당신을 모셔줍니다. 21세기에 다시 운전기사가 생긴 거지요. 마트에 들러 미리 준비된 재료를 사 가지고 와 차 트렁크를 열면 냉장 박스가 있어서 신선물품은 그곳에 넣어두면 됩니다. 그리고 피트니스 센터를 갔다가 학교로 가서 아이를 태우고 다시 집으로 옵니다. 당신이 "아까 레시피 다시 보여줘"라고 말하면, 홈비서는 골뱅이무침 요리법을 당신이 요리하는 곳 앞면에 비춰줍니다.

물론 이런 홈비서 서비스를 이용하려면 집도 스마트해야 하고, 자율주행 자동차도 있어야 하고, 가전제품도 스마트해야겠지요. 당연히 단골 마트도 스마트한 곳을 고를 겁니다. 그리고 이 모든 일에는 이전보다 조금 더 높은 비용이 들겠지요. 그래도 돈이 있는 사람들은 기꺼이 이런 생활을 선택합니다. 시간을 아끼고, 아낀 시간을 더 유용하게 쓸 수 있을 테니까요. 물론 스마트하게 생활하기에는 소득이 적은 사람들은 계속 덜 스마트하게 살게 됩니다. 골뱅이 레시피 정도는 인터넷으로 스스로 알아보면 되고, 냉장고를 뒤져보면 없는 재료가 뭔지 알 수 있습니다. 아이를 데려다주고 오는 길에 마트에 들러 직접 골라서 사겠죠. 마침 원하는 재료가 마트에 없거나 맘에 들지 않으면 골뱅이 요리는 다음에 해도 되고, 아님 발품을 팔아 다른 마트에 또 들르면 됩니다. 시간을 조금 더 쓰고, 몸이 조금 더 고달프면 되지요.

20세기에도 영화나 소설, 만화에 자주 등장했습니다만, 21세기가 되자 이 로봇을 실제로 전쟁에 활용하려는 연구가 현실적으로 진행되고 있다는 점 또한 우려스러운 일입니다. 뭐 사실 드론이나 자율주행 자동차도 로봇의 일종이라고 한다면, 아프가니스탄이나 IS와의 전쟁에 투입된 드론에서 이미 로봇의 전쟁투입은 시작되었다고 봐야 할 수도 있습니다. 그러나 이제 본격적인 무인 폭격기, 무인 탱크, 무인 장갑차 등이 등장하면 전쟁의 양상이 더 많이 바뀔 수도 있을 듯합니다. 보스턴 다이내믹스라는 미국의 로봇 제작회사는 이족보행이나 사족보행을 인간이나 동물처럼 아주 자연스럽게 구현해내는 로봇을 만드는 걸로 유명합니다만, 이 회사의 사족보행 로봇 프로젝트는 미국 국방부 산하 방위고등연구계획국Defense Advanced Research Projects Agency(DARPA)에서 보병 분대를 지원할 목적으로 지원한 것이었습니다. 우리나라도 21세기 들어 이러한 무인지상차량Unmanned Ground Vehicle(UGV) 개발에 나서 시제품들이 몇몇 소개되기도 했습니다. 이렇듯 무인 항공기와 지상이동 로봇병기들이 인공지능의 통제 아래 전투를 수행하는 모습을 21세기 말쯤에는 목격할 것으로 예상됩니다. 물론 그런 전쟁이 없어야 한다는 건 두말할 나위도 없지만, 언제나 그렇듯이 인간은 항상 어딘가에선 전쟁을 하기 마련이니까요.

모바일 혁명

휴대폰의 시작은 카폰이었습니다. 자동차 외부 안테나와 연결되어 전화를 걸고 받을 수 있는 36킬로그램짜리 이 이동전화는 1946년에 처음 사용되었습니다. 첫 시작은 경찰용이었죠. 계속 순찰을 다녀야 하는 경찰차와 본부의 원활한 소통을 위해서였습니다. 이후 서비스 범위를 넓힌 카폰은 나름 부와 권력의 상징이어서 처음에는 특권층만이 이 카폰이 장착된 자동차를 타고 다녔습니다. 흔히 1970~80년대 외국 첩보영화를 보면 클리셰처럼 등장하는 장면이 있습니다. 국방장관이 전용차를 타고 가면서 대통령의 전화를 이 카폰으로 받는 장면입니다. 혹은 기사가 운전하는 차 뒷자리에 탄 재벌이 카폰으로 전화를 거는 장면도 심심치 않게 볼 수 있었습니다. 그러다 부피를 줄이고 차량용 안테나가 아닌 자체 안테나로 수신이 가능한 형태가 개발된 것은 1973년입니다. 벽돌 정도 크기

4차 산업혁명이 막막한 당신에게

에 무게도 비슷하게 나가, 통화를 조금 오래 하면 팔이 저릴 정도였지만 그래도 차와 무관하게 들고 다닐 수 있는 전화였습니다. 흔히 '벽돌폰'이라고 했지요. 그러나 이 휴대폰은 통신에 사용하는 전파의 주파수가 높아서 중간 중간 기지국이 있어야 했고, 빌딩 지하나 폐쇄된 곳, 도시 밖에서는 연결이 되지 않는 단점이 있었습니다. 그래도 연구는 계속되어 무전기 회사인 모토로라가 최초의 상용 휴대폰을 1983년 발매합니다. 미국에서 최초의 무선 전화 서비스는 시카고에서 시작됩니다. 우리나라의 경우 바로 그 다음 해인 1984년에 한국이동통신(현 SK텔레콤)이 서비스를 시작하지요. 이후 휴대전화는 발전을 거듭하면서 음성통신 이외에 문자서비스, 사진 촬영, 간단한 게임, 사전, 메모, 시계, DMB 시청, 인터넷 등의 기능이 추가됩니다. 기능이 추가되면서 휴대폰은 그 쓰임새가 점점 늘어났습니다. 하지만 이런 기능이 추가되었다고 바로 스마트폰이 되는 것은 아닙니다.

스마트폰이 세상을 바꾸다

2007년 1월 스티브 잡스가 아이폰을 발표한 뒤 세상이 바뀌었습니다. 아이폰을 선보일 때 스티브 잡스는 "오늘 세 가지 혁명적인 제품을 소개합니다"라고 말했죠. 전화기와 아이팟, 그리고 인터넷 기기를 한데 모았다는 뜻입니다. 휴대폰 전면에서 키보드를 없애고 통짜의 디스플레이를 달았고, 정전식 터치로 조작이 되는 것은 그 자체로도 흥미로웠지만 더 중요한 것은 소비자들이 자신에게 필요한 프로그램(앱)을 애플스토어에서 내려받을 수 있다는 점이었습니다. 그리고 개발자들은 누구나 애플스토어에 자신이 개발한 앱을 올려놓을 수 있었습니다. 마치 손 안의 컴퓨터와 같았습니다. 우리가 컴퓨터를 쓴다고 할 때 우린 컴퓨터에 깔아놓은 프로그램을 사용하는 것입니다. 이 글을 쓰고 있는 지금 나는 크롬 브라우저를 열어놓고 인터넷 서핑을 하고, 아래한글을 켜서 원고 작업을 하며, 동시에 BBC 라디오 프로그램을 작동시켜 음악을 듣습니다. 메일을 확인하고, 일정체크와 기타 사항을 확인하기 위해 엑셀도 켜져 있습니다. 원고를 쓰다 지치면 다음 강연할 내용을 파워포인트에 채우기도 합니다. 이렇듯 스마트폰도(그렇습니다. 아이폰이 등장하면서 휴대폰은 스마트폰이 되었습니다) 자신의 일상에 필요한 프로그램을 애플스토어에서 다운 받아 사용합니다. 아이폰 이전에는 공장에서 나온 상태의 휴대폰에 깔린 기능만 사용했지만 상황이 바뀐 것입니다.

시작은 늘 그렇듯이 게임이었습니다. 무료한 시간 잠시 즐길 수 있는 게임이 깔렸고, 그 뒤를 이어 가려운 곳을 긁어주는 프로그램들이 깔리기 시작했습니다. 메신저 프로그램이 들어오고, SNS가 본격적으로 문을 열었습니다. 트위터와 페이스북이 등장합니다. 한국에선 카카오톡이 히트를 칩니다. 자신만을 위해 사진을 찍는 이가 얼마나 되겠습니까. 그러나 SNS는 이 사진을 매개로 모르는 이들이 서로 소통하게 만들고, 동영상도 공유하게 합니다. 유튜브는 컴퓨터에서 시작했지만 날개를 단 건 스마트폰에서였습니다. 건강관리를 해주는 프로그램이 나타나고, 뉴스가 제공되고, 대중교통을 더 편리하게 이용할 수 있게 되었고, 지도가 장착되었습니다. 공연이나 영화를 스마트폰으로 예매하고, 물건을 사고, 은행 일을 봅니다.

아이폰을 필두로 스마트폰이 기존의 휴대폰을 잠식하면서 새로운 생활방식들이 나타납니다. 아이폰을 비롯한 스마트폰이 게임체인저가 된 것입니다. 정보통신업계의 양대 산맥이었던 인텔과 마이크로소프트는 더 이상 최고의 기업이 아니게 되었습니다. 기존 휴대폰 시장의 강자 노키아와 블랙베리 등은 처참하게 몰락했습니다. 애플과 안드로이드를 개발하고 운영하는 구글이 정보통신의 양대 산맥이 되었고, 그 뒤를 스마트폰에 기반한 SNS서비스 기업 페이스북이 바짝 쫓고 있습니다. 마찬가지로 페이스북에 기반을 둔 에어비앤비, 우버와 같은 공유서비스를 제공하는 업체들이 뒤를 잇습니다. 스마트폰을 제대로 만들어서 파는 애플과 삼성전자, 화웨이 등도 각광을 받습니다.

그러나 스마트폰에 의한 변화는 이들 정보통신의 영역에만 한정되지 않습니다. 한국에서도 앱을 기반으로 하는 쿠팡과 위메프, 티켓몬스터 등의 소셜커머스 기업들이 몇 년 새 엄청난 성장세를 보이고 있습니다. 물론 현재까지는 팔면 팔수록 손해나는 단계이긴 하지만, 이들에 의해 잠식된 시장은 나머지 유통영역에 위협이 되고 있습니다. 컴퓨터를 기반으로 하던 오픈마켓 기업인 옥션과 11번가, 이베이 등도 급속히 모바일 쇼핑으로 무게 중심을 기울이고 있고, 기존의 오프라인 유통업체들도 이들과의 경쟁을 버거워하고 있습니다. '배달의 민족'으로 대표되는 음식 주문 플랫폼 기업들은 동네의 작은 음식점들을 끌어들이면서 덩치를 키우고 있습니다. 이들의 등장에 가장 큰 피해를 본 것은 음식점의 주문 전단지를 만들던 인쇄소들입니다. 직방, 다방 등 부동산 거래 플랫폼, 야놀자와 같은 모텔 예약 플랫폼 등 다양하다 정도가 아니라 거의 소매 영업의 전 영역에서 모바일을 기반으로 하는 새로운 기업들이 등장하고 있으며, 이들에 의해 기존 오프라인의 전통적 유통업들은 위협을 받고 있는 실정입니다.

게임 역시 마찬가지입니다. 기존의 PC용 게임들은 점차 모바일로 이동하고 있으며, 게임 개발사 치고 모바일게임에 대해 고민하지 않는 경우는 없습니다. 단순히 게임업체만의 문제는 아닙니다. 아직 PC용 게임이 유통되고는 있지만 모바일게임에 의해 잠식되어지는 만큼 PC에서 게임을 즐기는 시간이 줄어들고 있습니다. 이에 따라 PC방도 점차 축소되는 경향을 보이고 있지요. 우리나라의 경우에는 사용자가 적지만 미국을 중심으로 가장 거대한 게임시장을 만들었던 마이크로소프트의 X-box나 닌텐도의 '위Wii'로 대표되는 콘솔 게임기도 추락하고 있습니다. 모바일게임의 여파는 여기에서 그치지 않습니다. 기존의 PC게임과 뒤이어 등장한 모바일게임의 승승장구는 개인이 쓸 수 있는 여가 시간을 빼앗습니다. 동네마다 있던 오락실, 야구게임장, 탁구장, 당구장, 볼링장 등 친구들끼리 만나 여가를 즐기던 곳들은 여가 시간의 많은 부분을 게임에 쏟는 사람들에겐 갈 필요가 없는 곳이 되었고, 서서히 몰락해가고 있습니다.

뉴스나 콘텐츠를 즐기는 방식도 변하고 있습니다. 이미 컴퓨터가 인터넷과 연결되고 포털서비스가 시작된 시점에서부터 콘텐츠를 소비하는 형태가 바뀌고 있었습니다. 종이 신문과 잡지는 설 자리를 점차 잃어가고 있습니다. 신문사와 방송국이 취재한 뉴스는 지면이나 TV로 보기보다는 인터넷을 통해 포털로 보게 되었습니다. 비디오대여점도 사라졌습니다. LP판을 팔다가 테이프를 팔고 CD를 팔던 동네 레코드 가게들도 문을 닫고, 대신 인터넷을 통해 음원과 영상을 다운로드 하거나 스트리밍 하는 것이 다수가 되었습니다. 이제 CD는 그걸로 음악을 듣기보다는 좋아하는 아티스트에 대한 지지와 소장의 의미가 더 커졌습니다. 동네마다 있던 만화방도 줄어들었습니다. 대신 웹툰이 대세가 되었죠. 동네마다 흔하던 도서대여점도 거의 사라졌습니다. 책도 e-Book이 나오면서 소비의 형태가 점차 변하고 있지요.

물론 전통적인 방식이 완전히 사라지지는 않을 것으로 보입니다. TV가 나오면서 이제 라디오를 듣지 않는 시대가 되었다고 했지만, 여전히 라디오는 프로그램을 송출하고 있습니다. 다만 이전과는 달리 음악프로그램이 주가 되긴 했습니다. 자동차에서 운전을 하면서 듣기로는 라디오만 한 것이 없기도 하기 때문입니다. 그리고 여전히 PC에서 하는 게임을 선호하는 이들이 있고, 이들을 대상으로 하는 게임들도 열심히 출시되고 있습니다. 동네마다 있던 만화방은 사라졌지만, 오히려 휴식장소로서 만화카페를 운영하는 곳도 도심지를 중심으로 생겨나고 있습니다. 진공관과 LP를 비싼 가격으로 사서 듣는 이들도 있지요. 그러나 이런 전통적인 방식은 변화된 세계에서 마치 귀농이 트렌드가 된 것 같지만 실제로 귀농하는 이가 많지는 않듯이 일부 소수의 취미로 남아 있을 것입니다.

모바일의 광풍 아래 휩쓸린 사람들

이렇게 스마트폰은 세상을 바꿨습니다. 물론 자본주의라는 체제를 바꾼 것도, 여전히 팍팍한 노동자와 시민의 삶을 바꾼 것도 아닙니다만, 아이폰이 나오고 불과 10년의 세월이 지난 지금, 세상은 모바일을 중심으로 재편되고 있습니다. 은행도, 증권사도, 뉴스도, 만화도, 게임도 모두 모바일이라는 손에 잡을 정도로 작지만 거대한 플랫폼 안에서 생존을 위해 몸부림치고 있습니다. 그리고 이에 적응하지 못하는 기업과 자영업자들은 도태되고 있습니다. 물론 생존경쟁의 냉엄한 결과지요.

그런데, 의문이 듭니다. 이 10년 동안 모바일의 광풍 아래 휩쓸린 사람들에 대해 정부는, 이 나라는 무엇을 했나요? 모바일이 대세라고, 새로운 먹거리라고 환호하고, 우리나라가 IT강국이라고, 모바일 천하를 선도한다고 노래를 부르는 일 말고 과연 무엇을 했나요? 모바일 배달 앱들의 승승장구로 동네 인쇄소들이 문을 닫을 때 그에 대한 대책을 어떻게 세웠나요? 모바일게임, 웹툰과 동영상이 우리의 눈을 사로잡을 동안 사라진 만화방과 당구장, 탁구장, 도서대여점, 볼링장, PC방 들에 대한 대책은 무엇이 있었나요? 제가 과문해서인지, 아니면 검색 능력이 딸려서인지, 아무리 찾아봐도 지난 10년간 영세 자영업자들에 대한 대책으로 무엇을 내놨는지 알 수가 없습니다. 대형 마트와 오픈 마켓, 소셜 커머스가 득세하면서 동네 구멍가게가 하나 둘씩 문을 닫을 때, 과연 누가 이들에 대한 대책을 세웠는지 모르겠습니다. 겨우 해낸 것이 대형 마트의 월 2회

휴무 정도일 뿐입니다. 아, 전통시장 살리기가 있었네요. 하지만 시장이 아닌 동네에 있던 구멍가게는 이런 정책에서마저 빠져 있습니다. 그리고 이들의 빈자리엔 휴대폰 매장과 편의점, 치킨집이 들어섭니다. 물론 대부분 망합니다. 망한 자리엔 다시 휴대폰 매장과 편의점, 치킨집이 새 주인을 맞이하여 또 들어서지요. 그래서 인테리어 일하시는 분들은 좀 형편이 좋아졌을지도 모릅니다만.

무인 운송기관의
등장

자율주행 자동차와 전기자동차는 다른 차원의 문제입니다. 그러나 지금 상황은 이 둘을 같이 연결하면서 가고 있습니다. 내연기관이 없는, 전기로 모터를 돌리면서 인터넷과 연결된 형태의 새로운 운송 디바이스로서 전기 자율주행차를 바라봐야 하는 것이죠. 먼저 전기자동차를 살펴봅시다.

일단 내연기관에서 전기로의 전환은 대단히 빠를 것으로 보입니다. 현재 프랑스, 영국, 독일 등 주요 국가들이 2030~40년 정도를 기점으로 휘발유나 디젤유를 연료로 하는 자동차의 운행을 전면 금지하려 하고 있습니다. 또한 필요한 기술도 거의 갖추어져 있습니다. 남은 문제는 배터리의 효율 문제뿐인데 현재의 추세라면 몇 년 안에 휘발유로 달리는 자동차와 별 차이가 없을 것으로 보입니다. 물론 전기자동차라고 에너지가 적게 들지는 않습니다. 이에 대해서는 제4부 '에너지'에서 다루겠습니다. 그러나 전기자동차의 전면적인 도래는 많은 풍경을 바꿀 것입니다.

전기자동차의 구조는 자동차가 내연기관으로 움직일 때보다 훨씬 간단합니다. 엔진이 필요 없고, 2차 전지의 전기로 모터를 돌리면 모터가 네 바퀴를 굴리는 아주 간단한 구조를 가집니다. 엔진이 없으니 엔진 오일을 갈 필요도 없고, 엔진과 관련된 여타 장치도 필요가 없습니다. 내연기관은 공회전이 필요하고, 플라이휠이나 변속기, 클러치 등의 장치가 필요하지만 전기자동차는 이 모든 게 필요 없지요. 휘발유를 저장할 탱크도 필요 없습니다. 간단히 말하자면 2차 전지와 모터 차축 바퀴가 기본구조의 끝인 셈입니다. 현재는 배터리가 꽤 무게가 나가는데다 내장 부품 중 가장 많은 부분을 차지하고 있습니다만, 배터리의 성능 개선 속도를 본다면 가까운 장래에 현재보다 작고 가벼운 배터리로 현재의 내연기관 자동차가 달리는 거리 정도는 가능할 것으로 보입니다.

그러면 동일한 인원과 무게의 짐을 싣고도 더 작고 가벼운 차량을 만들 수 있게 됩니다. 그리고 구조가 간단하니 벤츠나 BMW, 도요타나 현대와 같은 대기업이 아니더라도 쉽게 완성차 시장에 뛰어들 여지를 주기도 합니다. 물론 자동차 시장의 변화가 이를 쉽게 허용할지의 여부는 아직 알 수 없지만요. 그리고 부품 업체의 이니셔티브가 강해지겠지요. 2차 전지와 모터가 핵심 부품이 되는데, 사실이 둘이 전체 자동차 원가의 반 이상을 차지하게 되니 이런 부품을 생산하는 업체가 더 중요해질 것입니다. 거기에 갈수록 늘어나는 전자장치 및 인터넷 전송 장치와 감지기 등의 생산업체 비중이 나

날이 커집니다. 결국 완성차 업체의 몫은 많이 줄어들겠지요.

전기자동차의 또 다른 장점은 도로의 환경오염이 줄어들 것이란 점입니다. 물론 전기자동차가 친환경적이란 이야기는 아닙니다. 전기자동차가 친환경적이 되려면 전기 생산과정이 그렇게 바뀌어야 합니다. 그러나 최소한 전기자동차는 다니는 도로에 배기가스를 내놓지는 않습니다. 물론 타이어가 마모되면서 생기는 오염물질이야 어쩔 수 없지만, 그 외에는 별다른 오염물질이 없지요. (같은 인원과 무게의 짐을 싣지만 차량 무게가 줄면 타이어의 마모도 그만큼 줄어듭니다. 이 부분도 일정한 개선 효과는 있을 겁니다.) 이렇게 되면 특히 광스모그 현상이 아주 많이 줄어듭니다. 여름 한낮의 도심지나 고속도로 주변에는 자동차 배기가스에서 나온 질소산화물에 의한 광스모그 현상이 자주 발생하는데요. 최소한 이런 현상은 사라질 것입니다. 도시의 대기 환경이 좋아진다면 이와 관련한 호흡기 질환도 줄어들 것이니 여러모로 좋은 일이긴 합니다.

또한 소음이 줄어든다는 장점도 있습니다. 기본적으로 엔진에서 휘발유가 급격히 타는—사실은 폭발한다는 표현이 맞지요—과정과 피스톤의 움직임, 플라이휠이나 변속기, 클러치 등 다양한 부품의 상호작용이 자동차의 소음을 만드는데요. 전기자동차는 이런 부품들이 사실 거의 없다보니 소음이 날 일이 없다는 점도 매력적입니다. 유일한 소음이란 급브레이크를 밟을 때의 소리 정도입니다. 물론 차량이 기척 없이 다니면 사고가 생길 수 있으니 경고를 위한 소음을 일부러 만들기도 할 것으로 보입니다.

또 이렇게 구조가 간단해진다는 것은 고장이 잘 나지 않는다는 이야기이기도 합니다. 유일한 문제는 배터리 교체 주기의 문제죠. 2차 전지라고 해도 배터리 효율은 사용할수록 줄어드니, 결국 어느 시점 정도까지 사용하면 배터리를 갈아줘야 할 것이고, 그 외에는 고장 날 일이 별로 없습니다. 또 고장이 잘 나지 않으니 차량의 수명도 늘어나겠지요. 같은 차를 사더라도 오래 쓸 수 있다면 이 또한 개인에게도, 환경에도 좋은 일이죠.

전기자동차가 바꿀 사회

전기자동차가 도입되면서 나타날 자동차 회사나 개인 이외의 사회적 변화로는 무엇이 있을까요? 전기자동차가 다니게 되면 당연히 주유소도 사라질 것입니다. 물론 내연기관 자동차와 일정 시점까지는 혼재되겠지만, 전기자동차가 늘수록 내연기관 자동차가 사라지고, 주유소는 채산성이 맞지 않으니 더불어 차츰 사라질 것입니다. 주유소가 사라지는 대신 전기 충전소가 주요 도로 주변에 만들어지겠지요. 하지만 전기 충전소의 경우 주유소만큼 위험한 곳이 아니니 장소를 구하기가 쉬운데다가 휘발유를 저장할 탱크가 필요 없으니 규모가 작아도 되겠지요. 그리고 셀프 충전이 대세가 될 것입니다. 자가용의 경우 집에서 주차 중에 충전을 할 수 있을 터이니 생각만큼 외부 충전의 비율이 줄 것이고, 이는 차량유지 비용을 줄이기도 할 것입니다.

석유 소비에도 변화가 생깁니다. 따라서 석유산업에도 변화가 일어날 것입니다. 어쩌면 전기자동차로 인해 우리는 석유를 좀 더 오래 사용할 수 있을지도 모릅니다. 물론 석유정제를 업으로 하는 기업의 입장에서는 일종의 위기이지요. 그러나 현재 자동차 연료로 쓰는 석유는 조금만 변형을 하면 석유화학제품의 원료로 쓸 수 있으니 아주 심각한 위기는 아닐 것입니다. 다만 현재처럼 석유 공급이 수요를 앞지르는 형편에서 소비가 조금이라도 더 줄어든다면, 유가의 하락은 현재보다 더 심각한 양상을 띨 수 있겠지요. 물론 이는 전기자동차의 사용으로 인해 생기는 추가 전력을 발전소에서 무엇으로 만드느냐에 달려 있는 문제이기는 합니다. 그러나 현재의 추세대로라면 화력발전보다는 다른 재생에너지를 이용한 발전이 지속적으로 증가할 것으로 보이니 이 부분은 어느 정도 안심할 수 있을 것입니다.

핵심적인 지점의 하나는 앞에서 다루었듯이 전기를 어떻게 생산하느냐와 그 공공성을 어떻게 확보하느냐에 달려 있습니다. 이 문제가 해결될 수 있다면 전기자동차는 내연기관 자동차의 아주 매력적인 대안이 될 수 있습니다. 개인은 차량의 유지비용이 더 저렴해지니 좋고, 도시의 대기 환경이 좋아지면서 동시에 전체적인 환경 개선 효과도 나타나게 됩니다. 이와 관련하여 남은 문제는 부피와 무게가 작으면서도 충분한 용량을 가진 2차 전지를 얼마나 싼 가격으로 공급할 수 있는가 하는 문제입니다.

전기자동차는 현재도 2차 전지 시장을 바꾸고 있습니다. 기존의 노트북이나 휴대폰보다 훨씬 많은 에너지를 저장해야 하며, 동시에 안정적이고, 가볍고, 부피도 줄고, 에너지 소모가 작고, 수명이 길고, 싸야 한다는 조건이 붙습니다. 이런 조건의 2차 전지가 만들어지면 이는 당연히 앞서 말한 가정용 전기 시장의 변화를 이끌 것입니다. 스마트 그리드Smart grid가 시간대별 전기 사용료를 차등적으로 만들면, 가정에서는 가격이 가장 싼 시간에 저장했다가 필요할 때 쓰는 방식으로 전기 사용이 바뀔 것이고, 태양전지판이나 소규모 풍력발전기 등으로 생산한 전기의 사용도 훨씬 편해질 것입니다.

자율주행 자동차의 우울한 미래?

자율주행 자동차는 전기자동차보다 훨씬 더 큰 변화를 이끌 것입니다. 산업구조의 근본적 재편이 일어날 수도 있습니다. 앞서 현재 미국이나 우리나라의 경우, 운송업에 종사하는 노동자가 전체 노동자 중 거의 30퍼센트에 달한다고 했습니다. 이들 중 실제로 운전을 하는 데 종사하는 이들의 비중은 좀 더 낮겠지만 그래도 엄청난 규모죠. 이들의 일터가 사라질 위기인 것입니다.

시작은 아마도 정기적인 코스를 운행하는 쪽이 먼저일 것입니다. 컨테이너를 부두에서 물류기지까지 운행하는 컨테이너 트럭이 대표적인 경우입니다. 혹은 물류기지와 다른 물류기지 사이를 정기적으로 운행하는 트럭도 가능합니다. 이렇게 이미 정해진 노선을 운행하는 경우는 돌발 변수도 적고 통제도 쉽습니다. 또한 원격 조정을 통해 돌발 사태에 대응하는 것도 용이합니다. 중앙 통제센터에서 모니터링을 통해 각각의 자율주행 자동차를 확인하다가 돌발 사태가 일어나면 조치를 취할 수 있는 것이지요. 물론 정해진 코스를 운행하는 고속버스도 마찬가지의 조건이지만 이 경우는 사람을 태우는 것이니 먼저 화물 운송에서 축적된 경험을 통해 안전에 대한 부분이 충분히 인증된 다음에야 시작되겠지요. 그리고 궤도차량의 경우는 이미 시작되었습니다. 국내에서도 경전철에는 무인시스템의 전철이 이미 운행 중입니다. 여러 돌발 변수가 있겠지만 자율주행은 이미 대세가 되어가고 있습니다. 궁극에는 시내버스나 택시 등도 자율주행으로 바뀔 것입니다.

이 시점이 되면 정말 많은 실업자가 나오게 됩니다. 고용노동부의 통계에 따르면 2015년 현재 운수업에 종사하는 사람은 총 75만 4390명입니다. 물론 여기에는 직접 차량을 모는 사람뿐만 아니라 여타 업무를 담당하는 사람도 있겠지요. 그러나 여타 산업부문에서도 차량운전과 관련된 업무를 담당하는 사람들이 있습니다. 예를 들어 같은 통계에 따르면 2015년 현재 도소매업에 종사하는 사람은 236만 8364명인데, 그중 노동자는 183만 명에 달합니다. 이들 중 꽤 많은 비중이 도소매업의 배달부문에서 일하고 있을 터이니 이도 더해야 할 것입니다. 이 사람들 모두에게 직업 전환 훈련 서비스가 제공되어야 하고, 또 실업 수당이 지급되어야 할 것입니다. 이와 관련한 사회적 마찰이 엄청나지겠죠.

보험의 경우도 커다란 변화가 예상됩니다. 이전처럼 운전자가 보험의 대상이 되는 게 아니라 자율주행 차량을 만든 제조사가 보험의 1차적 대상이 될 것입니다. 흔히 말하는 제조물 책임보험에 가입하게 되는 것이지요. 따라서 개인을 대상으로 보험 영업을 하는 보험설계사들 중 많은 수가 직업을 잃을 가능성이 높습니다.

자동차 정비업계도 직격탄을 맞게 될 것입니다. 내연기관 자동

4차 산업혁명이 막막한 당신에게

차가 평균 3만 개 정도의 부품으로 이루어진다면, 전기로 운행하는 자율주행 자동차의 부품 수는 3000개 안팎이 될 것으로 예상하고 있습니다. 그리고 자체 모니터링 기법으로 차량의 상태를 스스로 확인하고, 인터넷을 통해 제조사로부터 소프트웨어 업그레이드를 받게 될 것입니다. 물론 자동차 정비가 완전히 사라지지는 않겠지만 정비의 중요 대상이던 엔진이나 변속기 구동부 등에 대한 수요는 사라진다고 봐야 하겠지요.

내연기관과 관련된 부품을 만드는 쪽도 힘들어질 것입니다. 엔진이야 보통 완성차 업체가 만들고, 워낙 대기업이니 직영 노동자의 경우는 전환 배치라든가 다른 방식을 채택할 수 있을 겁니다. 노동조합도 어느 정도 역할을 할 수 있을 것이고요. 하지만 내연기관 자동차는 엔진 말고도 많은 부품이 필요합니다. 전기로 운행하면 그 많은 부품 중 50퍼센트 이상이 필요 없어집니다. 따라서 이런 부품을 생산해 납품하던 기업들은 타격이 크겠지요. 다른 쪽으로 방향 전환을 모색하기도 할 것이고 정부의 지원도 있겠지만, 다른 부문이라고 무주공산이겠습니까? 그곳에도 이미 자리 잡고 있는 기업들이 있을 터이니 빡센 경쟁에서 쉽게 이기진 못할 것입니다. 결국 완성차 기업에 부품을 납품하던 많은 중소기업들이 어려움에 처하겠지요. 그곳에서도 가장 힘든 사람은 노동자입니다. 기업이 가장 손쉽게 비용절감을 할 수 있는 것이 인력 감축이니까요.

그런데 말이죠. 제가 이 글을 쓰기 위해서 우리나라의 숱한 국립연구기관이나 관련 단체들의 자료를 찾아보고 있는데, 이렇게 실직의 위기에 처할 노동자에 대한 대책을 구체적으로 제시하거나 고민하는 흔적은 정말 찾아보기 힘들더군요. 대부분 '이러이러한 일자리는 사라질 것이고, 대신 이러이러한 일자리가 늘어날 것이다. 그러니 늘어날 일자리 쪽으로 전망을 찾아보라'는 식이었죠. 그런데 막상 자율주행차가 도로 위에 등장하고, 실직이 구체화되면 어떻게 하려는 걸까요? 이전처럼 그저 나 몰라라 할 건 아닌지 심히 걱정이 됩니다. 뭐 우리나라의 일만은 아닙니다. 찾아본 외국 자료에서도 전체적으로 일자리가 줄기보단 늘어날 가능성이 크다는 이야기만 줄곧 있습니다.

자율주행 자동차로 인해 수많은 사람이 직업을 잃게 될 것은 명확합니다. 물론 자율주행 자동차가 새로 만드는 직업도 있겠죠. 그 일자리가 사라질 일자리보다 더 많을 수도 있습니다. 그러나 이는 운송업에 종사하다 실직하게 될 사람에게 좋은 소식이 될 순 없습니다. 자율주행 자동차로 인해 생기는 새로운 직업에 이 실직자가 가게 될 확률은 별로 없지요. 따라서 이들에겐 다른 대책이 필요합니다. 단지 이직을 위한 기술 교육이나 몇 달 혹은 1년이나 2년의 실업수당 정도의 대책으로는 곤란할 것입니다. 개중에는 은퇴하는 사람도 있겠지만 대부분은 가정을 책임지는 사람들입니다. 이들에게 길게 봐서 2년 정도의 기초 생계비를 주는 것으로 끝낸다면 이들의 이후는 과연 어떻게 되겠습니까?

자율주행 자동차로 인해 새로 만들어질 유망 직업으로는 IT전문가, 정보 분석 및 관리자, 차량보안 기술자, 디자인 전문가 등이 꼽힙니다. 과연 지금 차량을 모는 것을 업으로 삼는 사람들이 직업 전환 훈련을 받는다고 이런 업종으로 전환 가능한 이가 얼마나 되겠습니까?

앞서 우리는 산업의 발전과 변화에 따라 얼마나 많은 사람들이 실직하고, 그들과 가족이 가난의 구렁텅이에서 빠져나오지 못하고 절망했는지를 살펴봤습니다. 이제는 이런 상황을 '어쩔 수 없는 일'이라고 치부할 것이 아니라 근본적 대책을 세워야 할 때입니다. 이들을 수용할 만한 공공부문의 일자리를 마련하고, 기본소득에 대해 더 진지한 접근을 한다든지 하는 이런 지점에 시민단체와 노동조합이 좀 더 거시적 안목에서 문제제기를 하고 대책을 세워야 한다고 생각합니다.

커뮤니케이션을 하는 자동차

물론 자율주행 자동차가 나쁜 것만은 아닙니다. 새로운 기술이나 상품이 그 자체로 나쁜 경우는 별로 없습니다. 무기만 아니라면 말이지요. 자율주행 자동차가 가지는 장점도 한번 알아봅시다. 자율주행 자동차는 차량 한 대가 모든 상황을 알아서 해결하는 방식이 아닙니다. 일단 현재 각국의 정부가 입안하고 전개하고 있는 정책을 보면 자율주행 자동차는 차량뿐만 아니라 도로의 변화도 같이 추동하고 있습니다. 기존의 도로에 설치된 각종 표시는 자율주행 자동차에 맞게 변경되고, 도로 주변에 각종 감지기와 통신장비들이 설치됩니다. 즉 도로와 자율주행 자동차가 서로 커뮤니케이션을 하면서 차량의 운행과정을 조절하게 되는 것이지요. 도로뿐만이 아닙니다. 자율주행 자동차는 커넥티드 카Connected Car이기도 합니다.

보통 V2X(Vehicle-to-Everything)라고 합니다. V2V(Vehicle-to-Vehicle)는 차량과 차량 사이의 통신을 말합니다. 차량끼리 전·후방 상황, 차간 거리, 주행 속도, 추돌 경보 등의 정보를 주고받습니다. 지금처럼 추월하려고 깜빡이를 넣을 필요가 없고, 클랙슨을 울릴 필요도 없지요. V2I(Vehicle-to-Infra)는 차량과 도로에 설치된 기지국 등의 인프라가 정보를 교환하는 것을 말합니다. V2N(Vehicle-to-Nomadic Devices)은 차량과 각종 모바일 기기를 연결하는 것입니다. 운전자는 주차장에 있는 차에 나를 태우러 오라고 명령을 내릴 수 있고, 휴대폰이나 태블릿으로 현재 차량의 각종 상태를 확인할 수도 있습니다. 그리고 주행하는 도로 주변의 보행자나 자전거를 탄 이들의 스마트폰과 서로 간의 거리 및 속도를 확인할 수도 있지요. 이런 세 가지 통신은 자율주행 자동차가 도로에서 안전하게 운행함과 동시에 효율적으로 목적지에 갈 수 있도록 해줍니다.

물론 GPS 위성과도 통신을 하고, 차량에 탑재된 삼차원 지도와의 확인 작업도 이루어집니다. 혹시 외부와의 통신이 두절될 수 있으니 차량 자체의 감지기를 통해 다른 차량과의 간격과 움직임도 스스로 확인합니다.

이를 통해서 얻을 수 있는 것은 대단히 많습니다. 일단 도로와 차량이 하나가 되어 교통흐름을 제어하게 되니 이전에 비해서 효율성이 높아집니다. 즉 더 많은 도로를 건설하지 않아도 차량의 원활한 이동이 가능해집니다. 더구나 교통사고도 훨씬 줄어듭니다. 우리나라의 경우 매년 5000명이 넘는 사람이 교통사고로 사망하고 그 몇 십 배에 달하는 이들이 다치는데, 모든 차량이 자율주행 자동차가 된다면 그 비율이 10퍼센트 이내로 줄어들 것으로 예상하고 있습니다. 실제로 일어나는 교통사고의 90퍼센트 이상이 운전자의 과실에 의한 것으로 확인되고 있으니까요. 그리고 사람이 다치지 않더라도 차량 간의 사소한 마찰로 인한 교통사고도 줄어들지요.

우리나라 정부의 청사진에 따르면 2025년 고속도로 사망률 50퍼센트 감소와 교통사고 비용 5000억 원 절감, 향후 10년간 23조 원의 경제적 파급효과와 8만 8000명의 취업 유발 효과, 개인당 하루 50분 연간 12일의 여유시간을 창출할 수 있을 것으로 내다보고 있습니다. 그리고 사람에 의한 통제가 아니라 차량과 인프라, 차량과 차량의 연결에 의해 이루어지는 교통 흐름은 이전보다 적은 도로망을 가지고도 교통이 정체되지 않을 수 있다고 합니다. 고속도로의 경우 한 차선의 너비를 현재는 3.6미터로 잡고 있는데, 모든 차량이 자율주행차가 된다면 2.7미터까지 줄일 수 있다는 연구결과도 있습니다. 5차선 도로가 7차선이 되는 거지요.

그리고 물류 체계가 24시간 가동될 수 있습니다. 물론 지금도 야간운전이 없는 것은 아니지만, 사람이 야간에 운전하는 것에는 한계가 있습니다. 그러나 자율주행 자동차가 물류업계에 도입되면, 그야말로 24시간 운행이 가능하니 이전보다 적은 차량으로 더 많은 물품을 수송할 수 있게 됩니다.

그 과정에서 개인용 차량에도 자율주행이 도입되겠지요. 개인용 자율주행 자동차가 도입되기 시작하면 많은 부분이 바뀔 것입니다. 먼저 주차 문제가 많이 나아질 듯합니다. 퇴근 후 집에 들어가 차에게 근처 공용주차장에 가서 쉬라고 명령을 내릴 수 있으니까요. 다음날 출근할 때도 마찬가지로 차에게 명령을 내리면 지정한 시간에 알아서 집 앞으로 옵니다. 주택가 좁은 골목에서 주차전쟁도 일어나지 않고, 비좁은 이면 도로도 조금 숨통이 트일 겁니다. 시내에 볼일 보러 가서 주차하려고 블록을 서너 바퀴 돌아본 사람이면 다들 좋아라 할 일입니다. 일이 있는 곳에 차를 세우고 주변 주차장 어디든 들어가 있으라고 하면, 차가 알아서 V2I를 통해 주변 주차장을 검색해서는 비어 있는 곳에 가서 쉬다가 주인이 부르면 다시 오는 거지요. 물론 주차장에 머무르며 틈틈이 충전도 알아서 할 수 있을 겁니다. 현재 시내의 차량 중 10퍼센트는 이렇게 주차할 곳을 찾아 하염없이 돌아다니는 차라고 하니, 시내의 교통 사정도 좋아지겠지요. 세차장에도 알아서 가고, 세차가 끝나면 다시 돌아올 터이니 굳이 세차하러 차를 몰고 갈 일도 없을 터입니다. 서울에서 부산 가는 아주 먼 길이 아니면 주유소를 찾을 일도 없게 되겠지요.

그리고 이렇게 되면 자기 차를 소유한다는 개념에도 변화가 생길 수 있습니다. 자율주행과 운송업의 변화로 인해 차량의 개인 소유 문화가 바뀔지에 대해선 아직 논의가 분분합니다. 어떤 이는 차가 소유의 개념에서 렌트의 개념으로 바뀔 것이라고 주장하고, 다른 이는 자신의 차를 소유하려는 개인의 바람이 그리 쉽게 사라지지 않을 것이라고도 합니다. 하지만 이전처럼 모든 성인이 자기 차 한 대쯤은 가지고 있어야 한다는 생각이 일반화되지는 않으리라고 보입니다. 정도가 문제일 뿐 개인 소유 차량은 인구 대비 비율에 있어서 줄어들 것입니다. 한 대의 차량을 더 많은 사람들이 이용하게 되면 그만큼 에너지 소비가 줄 것이고, 도로 사정도 더 나아질 터이니 그 자체로는 좋은 일이 되리라 여겨집니다. 물론 비슷한 시간에 출퇴근을 하니 차량을 여러 명이서 나누어 쓰는 일이야 쉽지 않겠지만, 쉬는 시간에 잠깐씩 차를 이용하려는 사람에게 빌려주기는 쉬워지겠지요. 쉽고 저렴하게 빌릴 수 있으면 차량을 자주 이용하지 않는 사람은 구태여 차를 구입할 일도 없겠지요.

현대판 판옵티콘

그러나 이렇게 차량을 중심으로 모든 것이 연결되는 과정은 필연적으로 개인의 프라이버시를 침해할 위험성을 내포하고 있습니다. 모든 자율주행 자동차에는 '카메라'가 그것도 여러 대가 달려 있습니다. 이 카메라는 운전과 직접 관련이 없더라도 주변의 모든 것을 볼 수 있습니다. 그리고 차가 본 것은 모두 주변 도로의 기지국을 통해서 전송될 수밖에 없을 것입니다. 물론 일정한 시기마다 그 내용을 지울 수 있겠지만 말입니다. 전체 교통을 관장하는 메인시스템으로 일단 모든 정보가 전송될 것이고, 혹시 모를 사고에 대비하기 위하여 일정한 기간 동안 저장해야 합니다.

만약 어느 사거리 모퉁이에서 강도나 살인이 일어난다면, 경찰은 당시 부근을 지나던 차량의 카메라를 검색하려고 하지 않을까요? 그리고 마침 범인의 얼굴을 찍은 카메라가 있다면 그 얼굴 영상을 다시 다른 CCTV나 여타 인터넷에 올라온 다양한 영상과 비교해서 범인을 잡을 수도 있을 것입니다. 혹은 다른 차량의 카메라에서 찍힌 사진과 비교하면서 범인이 범행 후 어디로 이동했는지에 대한 행적도 확인할 수 있을 것입니다. 여기까지만 보면 '치안이 더 좋아지겠는데'라고 생각할 수 있지만, 이를 악용한다면 이는 그야말로 판옵티콘이 되는 것입니다. 범인 대신 이를 시위대나 집회 참가자를 확인하기 위해 이용한다고 생각해보십시오. 혹은 평소 정부의 시책에 반대하는 이를 감시하기 위해 사용한다고 생각하면 정말 끔찍한 일이 아닐 수 없습니다.

또 다른 문제는 해킹입니다. 해킹이라는 용어는 컴퓨터에나 쓰이는 줄 알았던 것이 한 10년 전쯤의 일입니다. 그러나 이제 휴대폰 해킹은 흔한 일이 되었습니다. 그리고 이제 사물 인터넷, 인터넷 공유기, 라우터 등 네트워크가 연결되는 곳마다 해킹이 문제가 되고 있습니다. 당연히 자율주행차도 해킹의 대상이 되겠지요. 누군가가 나쁜 마음을 먹고, 내가 타고 있는 차량에 이상 현상이 생기도록 해킹을 해서 사고를 낸다고 생각해보십시오. 그뿐만이 아닙니다. 차량과 연결된 서버를 해킹하여 내가 차량을 이용해서 다니는 동선을 낱낱이 파악한다고 하면 어떨까요?

물론 이런 문제들이 완벽하게 해결된 다음에야 자율주행 자동차가 도입되어야 한다고 주장할 순 없을 것입니다. 그러나 자율주행 자동차가 가져올 편익만 생각하고, 이런 문제에 대해 간과하고 있다가 정작 사건이 터지고 나서야 대책을 세울 순 없는 일입니다.

인공지능이 무서울까,
인공지능을 부리는 이가 무서울까

인공지능의 시작은 대략 1950년대 부근입니다. 다른 기술이 그렇듯이 인공지능도 꽤 오랜 역사가 있는 거지요. 인공지능Artificial Intelligence이란 용어도 이때 탄생했습니다. 존 매카시, 마빈 민스키 등의 컴퓨터학자들이 1956년 다트머스대학에서 다트머스 회의Dartmouth Conference를 개최한 것이 시작이었죠. 이 당시 기법은 추론과 탐색입니다. 즉 사람이 룰을 정해주면 이에 따라 컴퓨터가 계산을 하는 겁니다. 그러나 문제는 사람이 모든 경우의 수에 따른 룰을 만들 수 없다는 점입니다. 물론 주어진 조건에서 최대한 다룰 수 있는 경우의 수를 참작하여 컴퓨터에 지시를 할 순 있습니다. 앞서 이야기한 초창기 로봇이나 컴퓨터제어선반(CNC) 같은 경우는 바로 이러한 컴퓨터 알고리즘을 기반으로 하는 제품들이었습니다.

그러나 이런 정도를 가지고 인공지능이라고 부를 순 없는 노릇이지요. 컴퓨터의 한계만 깨닫고 끝납니다.

1980년대 후반 지식베이스의 전문가시스템이란 것이 주목을 받게 됩니다. 특정 분야의 지식베이스를 잘 구축하면, 컴퓨터가 이에 따라 진단과 처방을 내리는 거지요. 물론 이를 위해선 다양한 지식베이스를 검색해서 문제를 해결하는 데 이용되는 추론방법을 컴퓨터가 가지고 있어야 합니다. 이를 위해 추론 엔진이 탑재됩니다. 추론 엔진은 지식베이스를 검색하면서 주어진 답을 찾아나가는 일종의 프로그램입니다. 이러한 방법은 프로그램 자체가 주어진 데이터베이스 내에서 새로운 답을 찾는다는 의미에서 최초의 인공지능보다 발전한 측면을 가집니다. 당시 이를 활용하여 경영정보시스템이라든가 법률정보시스템, 의료정보시스템 등이 만들어졌습니다. 그러나 이 방식도 사람이 지식베이스를 만들어줘야 한다는 한계가 있습니다. 쓸모 있는 전문가시스템을 만들려면 어마어마한 양의 지식베이스가 필요한데, 자금과 인력 동원의 측면에서 거의 불가능에 가까운 일이어서 곧 사그라듭니다. 물론 컴퓨터공학자들은 계속 연구를 해갔지만 세상에서는 묻히고 외면 받습니다.

그러다가 2012년 엄청난 사건이 발생합니다. 사진을 보고 컴퓨터가 사진의 대상이 무엇인지를 알아맞히는 대회가 있는데, 이름하여 국제영상인식대회ImageNet Large Scale Visual Recognition Challenge(ILSVRC)입니다. 당시 이 대회에 참여하는 컴퓨터들의 경우 최대 74퍼센트 정도의 정답률을 보이고 있었습니다. 서로 앞서거니 뒤서거니 하면서 0.1퍼센트 차이를 다투고 있었지요. 그런데 토론토대학의 슈퍼비전이 느닷없이 84퍼센트의 정답률을 보인 것입니

4차 산업혁명이 막막한 당신에게

다. 바로 딥러닝이란 새로운 방식의 화려한 데뷔무대입니다.

딥러닝이란 기법 자체는 1950년대에 시작된 인공신경망 기술로부터 시작했습니다. 그러나 인공신경망 기술이 가진 한계가 너무 뚜렷하여 진전을 보이지 못하다가 여러 가지 새로운 개념들이 도입되면서 1990년대에 딥러닝이라는 이름을 붙일 수 있는 기본 모델이 나옵니다. 그럼에도 아직 여러 한계들이 있어서 개선하는 데 시간이 꽤 걸렸습니다. 그리고 2010년대에 들어서 딥러닝은 눈부신 발전을 보입니다. 이는 세 가지 요소에 의한 것인데요. 먼저 이전보다 개선된 알고리즘, 두 번째 딥러닝이 수행하는 엄청난 연산을 감당하는 컴퓨터 기술, 세 번째로는 딥러닝에 필요한 막대한 데이터입니다. 이 세 가지 요건이 충족되자 딥러닝 기술은 인공지능의 총아로 떠오르고, 더불어 인공지능에 대한 세간의 관심도 폭발적으로 높아졌습니다. 그리고 2016년 딥러닝 기법으로 무장한 알파고가 프로기사 이세돌 9단과 대결해서 4 대 1로 승리한 일은 어떤 변곡점이지 않을까 싶습니다. 1997년 IBM의 딥 블루가 체스 세계 챔피언인 개리 카스파로프를 이긴 것이 전문가시스템의 승리였다면, 2016년 바둑에서의 승리는 딥러닝의 승리가 되겠지요.

딥러닝 - 청동기시대와 철기시대의 차이

그럼 과연 인공지능이란 뭘까요? 우리가 막연히 상상하듯 인간처럼 생각하는 프로그램일까요? 우리들 대부분이 두려워하고, 일부는 기대하고 있는 '스스로를 인식하는 능력을 가진 컴퓨터 프로그램으로, 상식적인 추론, 다양한 도메인의 지식을 연결하는 능력을 가지고 있고, 감정을 느끼고, 이해하고 표현할 수 있는 수준의 지능'을 가진 것은 보편적 인공지능(General AI)이라 불리는데, 몇 십 년 안에 이루어지긴 힘들 것이라고 전문가들은 예상하고 있습니다.[1] 현재는 그런 수준은 아니란 거지요. 흔히 많은 전문가들이 이야기하는 특이점The singularity은 쉽게 오지 않을 거란 이야깁니다. 물론 물리학자 스티븐 호킹 박사나 일론 머스크처럼 인공지능의 위험성에 대해 경고를 내리는 이들도 있습니다. 그러나 지금 당장의 문제라기보다는 장차 다가올 수도 있는 위험에 미리 대비하고 생각하자는 정도라고 생각합니다.

지금의 인공지능은 과연 어떤 일을 하는 무엇일까요? 뛰어난 컴퓨터학자이자 벤처사업가이고 애플과 마이크로소프트, 구글에서 인공지능 관련 업무를 했던 리카이푸李開復의 말을 빌리자면 "특정한 영역에서 엄청나게 많은 정보를 모아, 특정한 목적을 위한 특정한 상황의 의사결정을 내리는 데 사용하는 기술"입니다.

가령 대출금 상환 데이터를 무지막지하게 모아서 대출을 신청하는 개인이 이 대출을 잘 갚을 수 있을지 여부와 대출금의 금리는 얼마가 적당한지를 판단하는 프로그램이 되는 거지요. 혹은 자율주행차에 탑재되었다면 3차원 지도와 주변 교통흐름, 기상상황, GPS, 자체 감지기가 보내오는 주변 차량의 위치와 속도 등을 가지고 현재의 주행상황을 판단하고 어떤 속도로 달릴지를 결정하는 것입니다. 물론 그러기 위해선 이전의 다양한 교통사고 데이터와 주행 데이터가 미리 학습되어서 이를 통해 판단의 근거를 마련해야 합니다. 구글의 자율주행차가 주구장창 도로를 달리는 이유가 바로 그 것입니다. 데이터가 쌓이면 쌓일수록 좀 더 정확한 확률로 판단을 내릴 수 있기 때문입니다.

더욱이 지금 인공지능의 개발자들은 특정 영역에 한정된 프로그램을 개발하는 것이 아닙니다. 알파고의 개발자 데미스 허사비스는 『파이낸셜 타임스』에 기고한 글에서 "비구조화된 데이터를 바로 응용 가능한 정제된 형태의 데이터로 전환하는 프로세스"가 인공지능이라고 이야기합니다.[2] 그는 이세돌을 꺾은 알파고의 알고리즘은 범용이며, 다른 광범위한 분야에서도 적용될 수 있다고 말합니다. 앞서 리카이푸가 말했던 것처럼 그도 '뚜렷한 목적을 가진 함수의 최적화, 아주 정밀한 환경 시뮬레이션, 빠르고 효율적인 실험의 반복'을 가능하게 하는 것이 현재 인공지능의 힘이라고 주장합니다.

이들의 주장대로라면 인공지능은 무소불위의 전능한 힘을 가진 것은 아니지만, 많은 영역에서 기존에 사람이 하던 것보다 훨씬 효율적으로 일을 할 수 있게 될 것은 분명해 보입니다. 예를 들어 데미스 허사비스에 따르면, 인공지능을 통해 구글의 데이터센터 쿨링시스템을 최적화하자 이전에 비해 발열량을 40퍼센트 이상 낮출 수 있었습니다.

페이스북은 딥러닝을 통해 딥페이스라는 얼굴인식 알고리즘을 개발했는데, 인식 정확도가 97.25퍼센트로 인간의 눈(97.53퍼센트)과 별 차이가 없을 정도였습니다. 페이스북에 사진을 올리다보면 내가 지정하지도 않았는데 친구의 얼굴 사진에 친구 이름이 태그되는 걸 보고 놀란 경험이 있지요? 바로 이를 이용한 것입니다. 이제 CCTV에서 범인의 얼굴을 찾아내는 데에 사람이 필요 없는 상황이 된 거죠. 그뿐이겠습니까? 우리가 자주 가는 마트에 입장하면, CCTV를 통해서 나를 확인하는 일은 아주 쉬워지죠. 그러면 내가 이전에 샀던 물건이 뭔지 아는 내부시스템이 관련된 물건에 대한 정보를 제 휴대폰으로 전송할 수도 있을 것입니다. 아, 물론 제가 동의해야겠지만요. 이전에 마트에서 슬쩍 물건을 훔치다가 걸린 사람이 다시 오면, 시스템이 이를 알아차리고 마트의 경비원에게 자동으로 경고를 보내는 것도 일상이 될 수 있겠지요. 또는 전에 걸린 바바리맨이 다시 여학교 근처에 오면 얼굴인식 시스템이 이를 알아차리고 주변 경찰에게 경고를 보내 경찰차가 학교 주변 순찰을 돌 수도 있습니다. 뭔가 편하고 든든한 한편 섬뜩하기도 하지요?

네이버의 경우도 음성인식에 딥러닝 알고리즘을 적용하여 오류 확률을 25퍼센트 개선했다고 합니다. 네이버의 딥러닝랩 김정희 부장은 딥러닝을 적용하기 전과 후를 "청동기 시대와 철기 시대와 같다"고도 했습니다. 또한 기사 내용을 요약하는 것도 사람이 하지 않고 딥러닝을 이용한 알고리즘을 적용하는 단계에 이르고 있습니다. 아직 완전 상용화는 되지 않았지만 진척 속도가 상당히 빠르다고 합니다.

AI를 가진 소수가 다수를 착취하는 사회

앞서 이야기한 것처럼 딥러닝 기술의 발달은 인터넷과 컴퓨터 능력의 발달에 힘입은 것이기도 합니다. 딥러닝에는 엄청난 양의 데이터가 필요한데—그래서 빅데이터 빅데이터 하는 거 아니겠습니까?—, 클라우드에 지수함수적으로 쌓이는 데이터가 이를 충분히 제공해줍니다. 또한 이렇게 막대한 데이터에 대한 연산작업을 수행하는 데에 필요한 연산능력을 뒷받침해주는 컴퓨팅 기술의 발달도 한몫을 하고 있습니다. 이전엔 컴퓨터 한 대에 하나씩 들어가던 그래픽 처리 장치인 GPU가 새롭게 각광을 받게 된 계기이기도 합니다.

이렇게 딥러닝을 기반으로 한 인공지능 기술이 발달함에 따라 많은 직업이 위협을 받고 있습니다. 은행원, 고객상담원, 텔레마케터, 주식/채권 트레이더, 법률보조원, 방사선 전문의 등이 대표적으로 위험 직군이라고들 말합니다. 물론 이들만이 아닐 겁니다.

인공지능은 소프트웨어적으로도 쓰임새가 있지만, 자율주행 자동차나 로봇과의 연관성에서도 폭발적인 위력을 지닐 것으로 보입니다. 이에 따라 더 많은 사람이 직업을 잃게 될 것은 분명해 보입니다. 그리고 그 대부분은 연봉이 높은 사람이라기보다는 저임금군에 속하는 사람이 되겠지요.

물론 반론도 있습니다. 2017년 10월 정보기술 시장조사기관인 가트너는 인공지능과 관련하여 2020년까지 일자리 180만 개를 없애고 230만 개를 창출할 거라는 전망을 내놓습니다.[3] 그러나 대부분의 학자들은 사람이 할 수 있는 일자리가 줄 것이라는 데에 동의하고 있습니다. 공장에서, 건설 현장에서, 물류에서 사람들의 자리는 인공지능과 연계된 로봇 혹은 디바이스에 의해 대체될 것입니다.

조금 더 멀리 보자면 결국 인공지능이 인공지능을 개발하고, 로봇이 로봇을 만드는 세상이 오게 될 것입니다. 그러면 대부분의 우리는 무엇을 해야 할까요? 물론 기업들도 이에 대해 고민하고 있습니다. 인공지능을 통해서든 아니면 로봇을 통해서든 물건을 만들고 서비스를 제공하려 하는데, 많은 사람들이 일자리를 잃어 구매할 돈이 없다면 무슨 소용이겠습니까? 그래서 일론 머스크 같은 기업가들은 기본소득이 도입되어야 한다고 주장을 하는 것이지요. 그가 애초에 기본소득을 주장했던 이들처럼 좌파적 사고를 하는 건 아닐 터고요.

결국 인공지능을 중심으로 이루어지는 새로운 산업사회는 1990년대 후반 이후 지속적으로 나타나고 있는 '고용 없는 성장'이 본격화되는 시기라고 볼 수 있습니다. 따라서 '덜 일하고 기본적 생활이 보장되는 사회'를 어떻게 만들어낼 것인가가 중요한 화두가 되겠지요. 한편으로는 현재보다 더 많은 '돈 안 되는 일'을 찾아내는 것도 필요합니다. 현재 자원봉사활동으로 이루어지는 일들에 대해 정부와 사회가 그 대가를 지불하는 것이 필요하겠지요. 하지만 그렇게 한다고 모든 노동인력을 거둘 수 있을까요? 결국 핵심은 개인별 노동시간을 줄이는 방향이 되어야 할 것입니다. 물론 '지급되는 임금'은 그대로 유지하면서지요. 현재 OECD 최고의 노동시간을 자랑하는 대한민국은 이런 점에서 오히려 유리합니다. 줄일 수 있는 시간이 아주 많거든요. 가령 개인당 노동시간을 주 4일 8시간으로 해서 32시간만으로 맞춰도 엄청나게 많은 일자리를 만들 수 있습니다. 그리고 마지막으로 기본소득 제도가 본격적으로

4차 산업혁명이 막막한 당신에게

도입되어야 할 것입니다.

　물론 그 재원은 인공지능으로 수익을 올리는 기업이 부담을 해야 할 것입니다. 이는 단지 인공지능을 개발하는 회사만 말하는 것이 아닙니다. 그와 연계된 로봇, 자율주행 자동차, 기타 회사도 마찬가지지요. 그러나 여기에도 문제는 있습니다. 현재처럼 전 세계적 네트워크 속에서 국내 기업들에게 높은 세금을 매기면 경쟁력이 떨어질 수밖에 없습니다. 물론 구글이나 IBM 등 외국 기업에도 과세를 할 수 있으면 좋겠지만, 이는 쉬운 문제는 아닐 듯합니다. 현재도 페이스북이나 구글과 한국 정부가 벌이는 여러 가지 갈등으로 봤을 때도 그렇고, 원칙과 무관하게 우리나라가 미국과의 역학관계상 미국의 대기업에 국내기업과 같은 요구를 할 수 있을지에는 의문이 듭니다. 이는 우리나라뿐만이 아닙니다. 전 세계 대부분의 나라가 마찬가지 사정일 것입니다. 결국 전 세계적 합의가 이루어져야 하고 이는 각 국가들 간의 합의에만 맡길 게 아니라 전 세계 시민들의 공통된 노력을 필요로 합니다. 물론 그게 가능하겠느냐고 코웃음을 칠 수도 있습니다만, 결국 이 세상을 이만큼이나마 만들어놓은 것은 그런 민중과 시민들의 투쟁이 있었기 때문입니다.

　우리가 두려워해야 할 일은 인공지능이 인간을 다스리는 미래가 아니라, 인공지능을 가진 소수가 가지지 못한 다수를 착취하는 사회가 다가올 수 있다는 것입니다. 한 가지 위로는 우리 중 대다수는 이미 자본에 의해 착취당하고 있기 때문에 그게 별로 새로운 사실이 아닐 수도 있다는 것이죠.

04
에너지

어떤 일도 두 번 일어나진 않아요
결과적으로, 유감스런 사실은
즉흥적으로 우리가 여기에 도착하듯
연습할 어떤 기회도 없이 떠난다는 것이죠.
당신이 이 행성의 가장 멍청한 이라 할지라도
같은 수업을 되풀이할 순 없어요.
계절 학기를 들을 수도 없죠
오직 한 번만 제공되는 코스일 뿐이에요.

어제는 결코 반복되지 않아요.
같은 키스를 나눌, 두 번의
행복한 밤은 없어요.

───────────

비스와바 쉼보르스카, 「두 번은 없다」

에너지

영국과 프랑스는 2040년을 화석연료 자동차 판매 중단 시기로 제시 했습니다. 여기에 중국도 비슷한 시기에 화석연료 자동차의 판매를 중단할 것으로 예상됩니다.[1] 일론 머스크의 테슬라를 필두로 전 세계의 날고 긴다는 자동차 기업들이 전기자동차 상용화에 목숨을 걸고 덤벼들고 있습니다. 그리고 세계 각국은 전기자동차의 시범 운영과 관련 정책 마련에 팔을 걷어붙이고 나섰죠. 길게 봐야 20년이면 우리가 타고 다니는 차는 대부분 전기로 움직이게 될 것입니다.

한 가지 의문이 생깁니다. '그럼 늘어나는 전기는 어디서 구하지?' 당연히 발전소에서 만들어 충전소로 보내주면 거기서 얻게 될 것입니다. '그럼 발전소는 어떻게 전기를 생산하나?' 바로 이 지점입니다. 전기자동차가 친환경적이 되려면 전기가 친환경적으로 생산되어야 합니다. 나라마다 그리고 기술의 발전에 따라 다르겠지만, 2011년 영국 일간지『텔레그래프』의 분석에 따르면, 유럽의 기준에 맞는 내연기관 차들이 1킬로미터당 100그램 이하의 이산화탄소를 배출하는 데 비해 전기자동차인 닛산 리프는 126그램의 이산화탄소를 배출합니다.[2] 원래 에너지는 단계를 거칠 때마다 필연적으로 일부는 우리가 사용할 수 없는 열에너지 등으로 빠져나가는 손실이 생깁니다. 기름으로 차의 엔진을 돌리는 것보다 손실이 크다는 거지요. 그 기름으로 발전소의 터빈을 돌리고, 터빈에서 생긴 전기에너지를 집이나 충전소까지 배달하고(전기에너지가 전선을 통과할 때에도 일부는 어김없이 전선의 저항에 의해 사라집니다), 그 배달된 것을 자동차의 배터리에 충전하고(이 과정도 전기에너지를 화학에너지로 변환하는 과정이며 당연히 손실이 발생합니다), 충전된 녀석을 다시 전기로 바꿔야 합니다(이 과정에서도 화학에너지를 전기에너지로 변환해야 하고 손실이 일어납니다). 이렇게 여러 단계를 거치게 되면 당연히 동일한 에너지를 가지고 할 수 있는 일이 더 적어질 수밖에 없습니다.

결국 전기를 생산하는 부문에서 획기적인 변화가 없다면 전기자동차는 결코 친환경적이지 않은 것입니다. 아, 물론 여러분이 내는 연료비는 더 쌀 수 있습니다. 정유공장에서 만들어 도매와 소매를 거쳐 나오는 휘발유는 중간 단계에서 이 마진이 붙어 비싸지는 것이고, 전기는 전력회사에서 대단히 싼 가격으로 구입한(워낙 대규모로 구매를 하니까) 석유와 석탄 그리고 원자력으로 만든 것이니 말입니다. 그리고 그에 붙는 각종 세금도 다르죠. 휘발유에 붙는 세금이 전기 생산에 붙는 세금보다 더 많습니다. 따라서 전기로 움직이는 차가 (여러분에게는) 더 싸게 먹힐 수 있습니다. 그러나 여러분이 연료비를 적게 낸다고 친환경적일 거라곤 생각하지 마시라는 거죠. 물론 전기자동차가 다니는 도로는 내연기관으로 달리는 차의 도로 보단 쾌적할 것이 분명하지만 말입니다. 그리고 전기자동차가 내연 기관 자동차에 비해 갖는 다른 장점도 분명히 있구요.

스마트 그리드

2011년 9월 15일은 예년에 비해 대단히 더웠습니다. 9월 중순인데 서울이 31도였죠. 전국적으로 폭염주의보가 내려졌습니다. 더구나 한국수력원자력은 영광 원자력 2호기, 울진 원자력 2호기·4호기가 정비로 인해 정지되어 있었고, 여기에 남부발전의 하동발전소가 긴급 정지된 상태였습니다. 결국 전기 생산량이 소비량을 감당치 못하자 한국전력의 광역 감시제어 시스템(WAMAC)이 무작위 정전이 발생하는 블랙아웃을 방지하기 위해 전국적으로 순환 정전을 실시합니다. 미리 알려지지 않은 대규모 정전사태로 인해 빌딩의 엘리베이터들이 중간에 멈춰 섰고, 전력 공급의 우선순위가 아니었던 소규모 병원에선 수술이 중단되는 일도 있었습니다. 여러 가지 측면으로 보았을 때 시스템의 문제라기보다는 인재人災의 성격이 강하긴 하지만, 이 사건은 이후 발전소 추가 건설의 설득력 있는 근거가 되었습니다. 그리고 스마트 그리드에 대해 보다 큰 관심을 가지는 계기가 되기도 했습니다.

지금껏 전력망은 여러 곳의 대규모 발전소와 산업, 운송, 가정 등의 소비지를 연결하는 것이 핵심이었습니다. 그런데 이런 시스템에서는 실제 우리가 사용하는 전기보다 훨씬 더 많은 전기를 생산해야 합니다. 여름철 한낮에 전국에서 에어컨을 빵빵 틀어대면 평소보다 전기가 더 소비되는 건 당연합니다. 이때 추가로 전기를 생산할 여력이 없다면 어디선가 정전사태가 일어나겠지요. 따라서 그에 대한 대비를 해야 하는 겁니다. 혹은 전국에 산재한 발전소 중 어디 한 곳에서 사고가 생겨 발전이 중단될 경우를 대비해야 하기도 합니다. 가뭄으로 수량이 줄어들면 수력발전소의 발전량이 줄어들기도 하구요. 이런 전력 공급과 수요의 측면에서 나타날 수 있는 문제를 대비하기 위해 존재하는 것이 '전력공급 예비율'과 '설비 예비율'입니다. 전력공급 예비율은 실제 생산하는 전기량을 항상 소비량보다 일정하게 높여서 급박한 사태에 대비하는 것입니다. 설비 예비율은 지금 현재는 전기를 생산하지 않고 있지만 빠르게 전기를 생산할 수 있는 여력을 말합니다. 현재는 LNG를 이용하는 발전소가 담당하고 있습니다.

정부는 우리나라 적정 예비율이 12.5퍼센트라고 말합니다. 즉 쉽게 말해서 항상 실제 사용량보다 12.5퍼센트 정도를 더 생산하고 있어야 한다는 뜻입니다. 지금 이 글을 쓰고 있는 현재 전력공급 예비율이 궁금해졌습니다. 인터넷으로 금방 확인할 수 있지요. 전력거래소의 power.kpx.or.kr/powerinfo.php로 들어가면 됩니다. 지

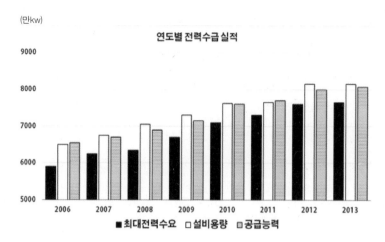

(만kw)

연도별 전력수급 실적

9000

8000

7000

6000

5000

2006 2007 2008 2009 2010 2011 2012 2013

■ 최대전력수요 □ 설비용량 □ 공급능력

출처: 한국 전력거래소 자료*

금이 2017년 9월 10일 오후 3시인데, 전력공급 예비율은 32.59퍼센트입니다. 이유는 1년 중 전기 수요가 가장 많이 몰릴 때를 기준으로 예비율을 잡고 있기 때문입니다. 따라서 9월이 되어 냉방기기 사용이 줄어드니 전력공급 예비율이 늘어난 것이죠. 하지만 앞서 말한 설비 예비율 또한 큽니다. 전력거래소의 전력통계정보시스템에 따르면 2017년 7월, 즉 한창 더울 때의 발전 설비 예비율은 34퍼센트였습니다. 즉 발전소 세 군데 중 한 곳은 놀고 있었다는 말입니다.

설비 예비율이 높다는 것은 그만큼 설치하지 않아도 되는 발전소를 만들었다는 뜻이죠. 실제로 2016년에서 2017년 동안 새로 생긴 발전소는 신고리 3호기(원전), 태안 화력 9호기, 삼척그린 화

---

*   이 그래프는 2013년까지의 전력수급 실적이지만 현재와 큰 차이가 없습니다.

력 2호기 등 18군데입니다. 이들은 신고리 3호기만 제외하면 모두 화력발전이죠. 즉 석유나 석탄, LNG와 같은 화석연료를 원료로 합니다.

따라서 좀 더 효율적으로 전력공급과 수요를 조절할 수 있다면 다른 조건이 동일할 때도 더 적은 수의 발전소를 짓고, 생산량도 줄일 수 있을 것입니다. 이 지점에서 스마트 그리드가 요구되었습니다. 스마트 그리드는 전기의 생산, 운반, 소비 과정에 정보통신기술(ICT)을 접목한 지능형 전력망시스템을 말합니다.

스마트 그리드는 전력망에 지그비Zigbee('Zigzag'와 'Bee'의 합성어로 저가·저전력 무선 메시 네트워크의 표준입니다. 소형·저전력 디지털 라디오를 이용한 통신망의 표준기술이지요), 전력선 통신 등의 정보통신기술을 합쳐 소비자와 전력회사가 실시간으로 정보를 주고받는 걸 기본으로 합니다. 이를 통해 전력공급자는 실시간으로 전력 사용량을 파악하여 공급을 줄이거나, 남는 전력을 양수발전 등으로 돌릴 수 있고, 전력공급망의 고장도 예방할 수 있습니다. 반대로 소비자는 전기 요금이 쌀 때, 즉 전기 공급이 남아돌 때 전기를 사용하고, 전자제품의 충전을 전기 요금이 싼 시간대에 주로 할 수도 있습니다. 또한 전력 공급망을 더욱 효율화하여 공급과정에서 사라지는 에너지를 줄이고, 공급 중단 등의 사고가 발생할 경우에 이를 대체할 송배전 선로를 통해 전기를 보내는 등의 대처도 가능해집니다.

하지만 이 정도가 다는 아닙니다. 더 중요한 점은 이러한 쌍방향 통신을 중심으로 마이크로 그리드micro grid를 도입할 수 있다는 것이죠. 마이크로 그리드는 현재의 한국전력과 같은 거대 발전소를 중심으로 한 광역 전력시스템과 대비되는 개념으로, 개인이나 마을 공동체와 같은 작은 단위의 전력 공급시스템을 말합니다. 자체적으로 필요한 전력을 스스로 만들어내는 곳이죠. 그리고 남는 전기를 스마트 그리드와 연계하여 공급합니다. 이러한 마이크로 그리드가 많아지면 그만큼 전기 생산자가 분산됨에 따라 안정적인 전기 공급이 가능해집니다. 더욱 중요한 것은 이런 마이크로 그리드는 대부분 태양광 발전이나 풍력발전과 같은 재생 가능한 에너지를 통해 전기를 생산한다는 것이죠.

우리나라의 경우 2009~13년까지 제주도 구좌읍을 스마트 그리드 실증단지로 선정하고 실증 및 연구 작업을 펼쳤습니다. 여기에 참여했던 기업들은 이후 다양한 형태로 스마트 그리드 사업을 펼칠 준비를 하고 있습니다.

스마트 그리드, 나를 감시하다

자, 여기까지 읽으면 '오호, 보다 효율적으로 전력을 관리하고, 발전소를 덜 만들 수 있고, 전기 요금을 아낄 수도 있다니, 그리고 새로운 산업이 창출된다니 아주 좋은데'라고 생각할 수 있습니다. 그러나 다른 일들이 그러하듯 스마트 그리드도 속사정을 들여다보면 그렇게 스마트한 것도 아니고, 친환경적이기만 한 것도 아닙니다. 심지어 전기 요금을 줄일 거라는 것 또한 의심스러운 측면이 있습니다. 당연히 이런 멋진 사업이 한국에서만 추진되는 것도 아닙니다. 미국, 유럽, 일본, 중국 등 전 세계에서 앞 다퉈 이루어지고 있습

4차 산업혁명이 막막한 당신에게

니다. 그런데 이런 좋은 일에 대해 반대하고 저항하는 일들 또한 세계적으로 일어나고 있는 실정입니다. 왜일까요?

스마트 그리드 사업의 핵심 중 하나가 스마트 전력계량기 Advanced Metering Infrastructure(AMI)입니다. 스마트 계량기란 현재의 계량기를 대체하는 것으로 가정에서의 전기 소비를 초 단위로 아주 미세한 양까지 측정하여 실시간으로 전력회사에 전송합니다. 따로 계량을 할 필요도 없습니다. 더구나 이 스마트 계량기는 전기뿐만 아니라 수도와 가스도 같이 계량할 수 있다고 합니다. 이 계량기가 측정한 자료가 전송되는 것으로부터 스마트 그리드가 시작되는 것입니다. 현재 한전은 250만 개의 계량기를 스마트 계량기로 교체했고, 현재도 지속적으로 교체 중입니다. 2022년까지 전국 2000만 호의 계량기를 교체한다는 계획이죠. 예산만 1조 5000억 원이 드는 대규모 사업입니다.

그런데 이 AMI가 도입되면 네트워크를 통해 자동적으로 검침이 이루어지기 때문에 지금처럼 검침원들이 일일이 매달 검침을 할 필요가 없습니다. 즉 이들은 일자리를 잃게 되는 겁니다. 더구나 이 계량기가 가스와 수도마저 확인해주니 가스와 수도 검침원들도 필요가 없어집니다. 전국의 가정이 모두 스마트 계량기로 교체될 경우 직업을 잃을 검침원은 약 1만 명에 달할 것으로 보입니다. 외부업체에 고용된 전기검침 노동자들은 따로 전기검침연대 비상대책위원회를 꾸려 이에 대한 대책을 세우고 있는 중입니다.

AMI에는 고용문제와 더불어 또 하나의 문제가 있습니다. 누군가가 나와 가족의 일거수일투족을 모두 알 수 있다는 점입니다. 초

단위의 전기 사용량과 수도 사용량, 그리고 가스 사용량 등은 우리 집에 몇 명이 기거하고, 언제 샤워를 하며, 언제 TV를 보고, 잠을 청하는지를 모두 알려줍니다. 실제 외국의 사례들을 봐도 그렇습니다. 미국 메릴랜드 주 주민들은 스마트 계량기 설치 여부를 선택할 수 있습니다. '아니 이건 당연한 거 아냐?'라며 놀라겠지만 미국의 워싱턴 D.C.에 독점적으로 전기를 공급하는 펩코Pepco의 경우 2013년 겨울에 소비자들에게 '직원이 스마트 계량기를 설치하러 들어오는 것을 방해할 경우 전력을 차단하겠다'라는 경고를 하기도 했습니다. 또한 네덜란드에서는 개인정보보호 정책에 위배된다는 이유로 도입을 중단했으며, 이탈리아와 스웨덴에서는 이미 도입된 스마트 계량기에 맞선 저항이 벌어지고 있습니다. 캐나다 브리티시컬럼비아 주에선 180만 가구 중 20만 가구가 스마트 계량기 설치를 거부하고 있지요. 하지만 한국에선 아직 이 스마트 계량기와 관련한 개인정보보호 문제가 거의 거론조차 되고 있지 않은 상황입니다.

물론 '전력 소비를 줄이고 발전소를 덜 짓게 된다면, 환경보호를 위해 나의 개인정보보호는 조금 양보할 수 있지 않을까? 아니면 개인정보보호에 대한 엄격한 규정과 감시를 통해 부당한 인권 침해를 막으면 되지 않을까? 검침원 문제야 회사 내 다른 직종으로 변환하면 해결될 수 있지 않나?' 이런 생각을 할 수도 있습니다. 그러나 여기 조금 더 어두운 부분을 파고들어가 봅시다.

이 일로 누가 돈을 벌까요? 물론 관련 장비를 만드는 회사가 돈을 벌겠지요. 그러나 스마트 전력계량기나 에너지 관리시스템

Energy Management System(EMS) 등을 만드는 회사가 돈을 제일 많이 벌 거라고 생각한다면 조금 단순한 판단입니다. 물론 그들도 돈을 벌겠지만, 이 일에 가장 눈독을 들이는 이들은 '민영화될 전력공급 시장'에 발을 담그려는 대기업들입니다.

스마트 그리드는 앞서 말한 것처럼 기존 광대역 에너지 생산자 외에 여타 신재생에너지를 통한 공급자가 참여하는 다多에너지 생산자시스템입니다. 즉 이제 한전의 발전 자회사 외에 다양한 민간 발전업자들이 참여할 수 있는 시장이 된 것이죠. 실제로 현재 우리나라에도 민간부문 전력생산자들이 존재합니다. 과연 누굴까요? 현재 이들은 사단법인 민간발전협회라는 단체를 구성하고 있습니다. 회원사 면면을 보면 포스코 에너지, GS EPS, SK E&S, GS 동해전력, 평택 ES, 포천파워, 에스파워, 파주 에너지서비스, GS Power, GS E&R 등입니다. 포천파워는 대림산업의 자회사이고, 평택 ES와 파주 에너지서비스는 SK E&S의 자회사입니다. 즉 민간 발전회사는 거의 모두 재벌 기업 계열사들인 거죠. 더군다나 이들은 신에너지도 재생에너지도 아닙니다. 모두 화력발전소입니다.

'효율'이 불평등을 심화시키다

그리고 스마트 그리드가 활성화되면 발전부문뿐 아니라 공급부문도 민영화될 예정입니다. 원래 우리나라 전기회사는 한국전력공사 하나였습니다. 그러다가 발전부문을 자회사로 분리하여 현재 6개의 발전 자회사가 있고, 한국전력공사는 국내 유일의 공급 담당자로 남아 있습니다. 그리고 앞서 말한 2011년 대정전사태 이후 민간 부문 발전사업자들이 대거 등장하여 발전 시장의 민영화가 시작되었습니다. 이제 스마트 그리드와 함께 지역별 공급자를 민영화하여 '효율'을 추구하는 이른바 빅픽처를 그리고 있는 것입니다. 재생에너지 영역의 활성화는 어디 가고, 재벌의 배불리기에 동참하는 것 같은 느낌은 저만의 것인가요?

하나 더 문제점을 파고들어가 보겠습니다. 과연 스마트 그리드를 실시하면, 우리의 전기 요금은 줄어들까요? 사실 우리나라의 전기 요금은 쌉니다. 산업용도 싸고 가정용도 싸죠. 싼 것도 사실 문제가 있습니다. 그런데 이 요금이 비싸지면 그걸 감내할 이유가 있어야 하는데, 오롯이 기업의 배를 불리는 데 들어간다면 너무 억울하지 않을까요? 스마트 그리드가 되고 민영화가 된다면, 전기 수요가 높은 시간대에는 비싼 요금을 물고, 수요가 적은 시간대에는 싼 요금을 물게 된다고, 그러니 잘 아껴 쓰면 적은 비용이 될 거라고 하는데 이게 웃기지도 않는 이야기입니다. 언제 비쌀까요? 여름 한낮 그늘에 있어도 더위를 견딜 수가 없어 다들 에어컨을 빵빵 틀 때 비싸겠지요. 산업체나 기업체, 관공서 등은 EMI 설비를 통해 쌀 때 저장해놓은 전기를 쓰겠지만 일반 가정에서 돈을 더 들여가며 그런 설비를 할 수 있을까요? 특히나 저소득층에서? 결국 가난한 이들은 더울 때 에어컨 틀지 말고, 추울 때 전기장판 스위치를 올리지 말라는 말이나 마찬가지인 거죠.

민영화가 된다는 것은 이런 의미입니다. 전기는 아니지만 생활에 필수적인 공공재인 상수도의 경우를 살펴봅시다. 상수도가 민영화된 지역의 예는 이런 일—저소득층은 이전보다 비싸게 요금을 물거나, 필요할 때 쓸 수 없는—이 실제로 벌어질 수 있음을 보여줍니다. 볼리비아의 코차밤바라는 지역은 상수도 민영화 이후 수도 요금이 30퍼센트나 올랐습니다. 소득평균이 70달러인 사람들이 20달러를 물을 사는 데 쓰게 되었던 겁니다. 우루과이 몬테비데오에선 수도 요금이 10배가량 올라서 2004년 헌법을 개정하고, 물을 공공 관리로 전환했습니다. 한국에서도 상수도의 민영화는 은밀하게 진행되고 있습니다. 상수도는 원래 지방자치단체가 관할하는 사업인데, 현재 수자원공사에 '위탁'하는 곳이 21곳에 이릅니다. 2001년 수도법이 개정되면서 '위탁 관리'가 가능해진 것이죠. DJ정부가 수도법을 개정하고, 참여정부는 '물 산업 육성방안'을 마련했으며, MB정부는 '물 산업 육성전략'을 통해 경쟁 체제를 만들겠다고 했고, 박근혜 정부도 물 산업 육성을 공약으로 제시한 일관된 흐름이 있습니다. 공무원노조의 실사 결과에 따르면, 논산의 위탁비용은 2004년 33억 3000만 원에서 2010년 93억 9000만 원으로 6년 만에 3배가량 증가했습니다. 당연히 수도 요금도 709원에서 883.45원으로 올랐고 다시 15퍼센트 추가 인상되었습니다.[3] 이전에 수도 요금으로 3만 원을 냈다면 이제 4만 5000원가량을 내게 되는 셈이지요.

전기가 민영화된다는 것도 이런 의미일 수 있습니다. 실제로 신자유주의의 광풍이 몰아치던 20세기 말~21세기 초에 전 세계적으로 전기 민영화 바람이 불었습니다. 독일은 1998년, 이탈리아는 1999년, 영국은 그보다 빠르게 1990년에 전력이 민영화되었습니다. 민영화 초기에는 잠시 전기 요금이 내려가는 듯했으나 2006년 평균 가격을 민영화 직전과 비교해보면 산업용은 이탈리아 207퍼센트, 독일 154퍼센트. 영국 189퍼센트 올랐습니다. 가정용은 이탈리아 130퍼센트, 독일 131퍼센트, 영국 145퍼센트 상승했지요. 멕시코의 경우 NAFTA 체결 후 매년 약 12퍼센트씩 상승하고 있습니다. 미국도 마찬가지입니다. 민영화 이후 이들 나라의 민간 전기 생산 공급업자들은 M&A를 통해 덩치를 불리고 독과점 상태를 유지하면서 비용은 줄이고, 이윤은 극대화하며, 흔히 쓰는 말로 '주주의 이익을 가장 중요하게 생각'하는 전형적인 모습을 보이고 있습니다. 그 과정에서 전기 소비자들만 피해를 입는 것이죠.

특히 전기나 수도, 가스 등 생활의 기본을 이루는 서비스는 비용이 오를 때 불평등을 심화시킵니다. 부자는 그 비용이 전체 가계 지출에서 차지하는 비율이 낮아 요금이 오른다 해도 그리 부담될 게 없습니다. 부자가 아니더라도 한 달 생활비로 한 삼사백만 원 정도 지출하는 사람들에게 전기 요금 몇 만 원 오르는 것은 불만스럽지만 못 견딜 건 아니지요. 하지만 그 비용이 전체 가계 지출에서 차지하는 비중이 큰 가난한 사람들에겐 조금의 요금인상도 큰 충격이 됩니다. 기초생활 수급자나 차상위 계층의 경우, 한 달 생활비가 대략 몇 십만 원에서 100만 원 수준입니다. 이들의 생활비는 월세, 수도 요금, 도시가스 요금, 전기 요금, 교통비, 통신비, 식음료비 등으로 꽉 짜여 있어, 몇 만 원의 여유조차 버겁습니다. 추운 겨울 쪽방에서 전기 요금을 못내 장판 스위치를 올리지 않고 자다 동사하는 사람들의 이야기나, 집에 에어컨을 틀지 못해 여름 내내 지하철을 타고 다니는 노인들의 사정이 그러합니다. 또한 이들 민간업자들의 등장은 신재생에너지 부문에도 불평등을 낳게 하는데, 이 부분은 다음 장에서 살펴보기로 하겠습니다.

누가 주체가 되는가

스마트 그리드가 전 세계적으로 주목을 받게 된 것은 2000년대 초반 대규모 정전사태가 세계적으로 일어나면서부터입니다. 2001년 1월 캘리포니아의 대도시 중심으로 제2차 세계대전 이후 최대 규모의 정전사태가 일어납니다. 2003년 8월에는 미 동북부와 중서부, 캐나다 동부에서 5000만 명이 피해를 입은 대규모 정전사태가 일어났고, 2003년 9월에는 이탈리아에서 전국적 규모의 정전사태가 일어났습니다. 21세기 초에 집중된 이런 정전사태는 스마트 그리드에 대해 본격적인 연구와 적용을 하게끔 한 직접적 원인이었습니다. 그런데 앞서 말한 전기 민영화가 이루어진 국가와 시기가 묘하게 겹칩니다. 모두 민영화를 빡세게 추진한 곳에서, 그리고 민영화 이후 정부의 관리 감독이 제대로 되지 않은 곳에서, 민영화 이후 약 10년쯤 지나서 일어난 일입니다. 결국 전기 민영화가 대형사고를 치고, 그 사고로 인해 스마트 그리드가 본격화되기 시작했는데, 스마트 그리드를 타고 다시 전기 민영화의 논리가 고개를 드는 희한한 모습을 목도하게 된 것이지요.

물론 스마트 그리드가 우리에게 주는 효용을 무시할 순 없습니다. 문제는 누가 주체가 되는가입니다. 신재생에너지에서도 마찬가지로 다루어질 문제이지만, 스마트 그리드의 핵심은 분권화된 에너지 권력을 만드는 것입니다. 농어촌에서는 마을별로 태양광 발전이나 해상 풍력 발전을, 도시에서는 지자체 단위로 혹은 아파트 단지 단위로 다양한 형태의 재생에너지를 통한 전기 생산을 이루어내야 합니다. 그리고 이런 작지만 광범위하고 다양한 전기 생산을 통해 중앙 집중화된 에너지 권력을 분산시키기 위해선 정보통신과 인공지능을 결합한 스마트 그리드가 중추적인 역할을 해야만 합니다.

하지만 스마트 그리드를 자본의 이윤 추구 또는 국가 산업의 성장 동력이란 측면으로만 바라본다면, 우린 결코 행복해지지 못할 것입니다. 효율과 성장보다 중요한 것은 우리의 행복이죠. 작은 단위에서 각 지역에 맞게 설계된 재생에너지를 중심으로 생산된 전기를 공동체가 무상으로 혹은 소득에 따라 차등화된 비용으로 나누고, 부족하거나 남는 부분을 스마트 그리드를 통해 서로 나누는 게 마이크로 그리드를 기초로 한 스마트 그리드의 진정한 모습일 것입니다. 우리가 제대로 된 스마트 그리드 세상을 만들기 위해선 대기업과 정부가 중심이 아닌, 지자체와 시민단체 그리고 관련 학술단체 등이 중심이 되어 '성장동력'이 아닌 '지역공동체 위주의 행복한 삶'에 스마트 그리드의 목표를 두고 사업을 진행하는 것이 필요합니다.

신재생에너지

재생 가능한 에너지 하면 가장 먼저 머리에 떠오르는 것이 태양광 발전과 풍력 발전입니다. 그러나 우리나라의 사정은 만만치 않습니다. 태양빛은 단위면적당 쏟아 붓는 에너지가 위도마다 다릅니다. 저위도로 갈수록 많고, 고위도로 갈수록 적지요. 또한 일조량의 문제도 있습니다. 한국은 비가 많이 오고, 비가 오지 않더라도 구름 낀 날이 많은 편입니다. 전형적인 대륙 동안성 기후대*에 속해서 그렇습니다. 더구나 평지가 드물고 산지가 많습니다. 태양광 발전에 좋은 환경이 아니죠. 그래서 많은 전문가들이 우리나라의 태양광 발전에 대해서 회의적이기도 합니다. 그러나 현재 논이나 밭 위

---

* 대륙의 동쪽 해안지역에 주로 나타나는 기후. 우리나라나 뉴욕, 워싱턴, 일본, 오스트레일리아 동부가 대표적인데, 남동계절풍의 영향으로 여름에 고온 다습하고 연 평균 강우량이 많습니다.

에 태양광 발전 장치를 설치하고 그 아래서 농사를 짓는 방법이 강구되고 있고, 연구도 어느 정도 성과가 있다고 하니, 소득 증대에도 도움이 될 것이고 마을 단위로 전력을 자급자족할 수 있을지도 모릅니다. 더구나 태양광 패널의 효율이 더 좋아지면 남는 전력을 팔 수도 있겠습니다. 대규모 자원으로 넓은 대지에 설치하는 기업형 태양광은 좀 힘들더라도 지역공동체나 개인이 설치하는 것은 머지 않은 장래에 가능하지 않을까 생각합니다.[4]

풍력도 그렇습니다. 산악지대에 풍력 발전기를 설치하는 것은 평지보다 힘듭니다. 더구나 풍력 발전기가 소음이나 전자기파 등으로 주변 생태계에 미치는 영향을 생각하면 마냥 환경친화적인 것도 아니지요. 효율을 위해서—그래야 경쟁력이 있으니까—높이가 100미터 넘어가는 대형 풍력 발전기가 주를 이루는데, 이걸 세우려고 산을 깎아내고 나무를 베어냅니다. 진입로도 뚫어야 하죠. 그 과정도 만만치 않고 환경 파괴가 일어나는 부분도 많습니다. 그렇다고 사람이 사는 동네에 설치하기도 어렵죠. 대형 풍력 발전기가 내는 저주파 소음은 사람이 견딜 만한 것이 못 됩니다. 멀미 증상이 일어나고, 장기적으론 이명이나 공황장애를 일으킬 수도 있다고 합니다.[5]

그러나 풍력 발전에도 여러 가지 새로운 시도들이 있습니다. 일단 수직축으로 새로 개발된 풍력 발전기는 이전 모델보다 소음이 덜합니다. 그리고 대형 풍력 발전기가 아니라 소형으로 만들면 소음공해 등은 충분히 막을 수 있습니다. 또한 육지가 아닌 바다에 풍력 발전기를 설치하는 해양 풍력은 소음이나 전자기파와 같은 문제

4차 산업혁명이 막막한 당신에게

에서 자유롭습니다. 하지만 우리나라의 경우 풍력 발전에 대한 지원이 적고, 그 지원금마저 풍력으로 이윤을 얻고자 하는 기업에 집중되어 있기 때문에 문제인 것이죠. 그나마 그 예산마저도 전체 전기에너지 관련 예산에선 턱없이 적은 액수입니다.

전기에너지 관련 연구 예산 중 가장 많은 것은 핵발전과 관련된 예산입니다. 지역사회와의 합의를 통해 지역 경제에 도움이 되고, 친환경적인 발전이 되도록 시스템을 정비하고 연구를 해야 하는데, 그 예산을 주로 원자력 발전소를 건설하는 데 쏟아 부은 것이죠. 2016년까지는 말입니다. 새로 들어선 문재인 정부는 탈원전 정책을 펴겠다고 하니 좀 더 지켜봐야겠습니다만. 원전과 관련된 산업과 학계, 정치권의 반발이 만만치 않습니다. 원전 마피아란 말이 괜히 나온 게 아니죠.[6]

외국의 신재생에너지 사례를 살펴보지요. 덴마크의 경우 총 필요 전력의 20퍼센트 이상을 풍력으로 생산하고 있습니다. 영국에서는 원자력 발전보다 비용이 훨씬 낮은 해상 풍력 발전단지 건설 프로젝트가 2017년에 승인되었습니다. 가장 낮은 가격은 최신 원자력 발전소보다 절반 정도 되는 가격이었습니다.[7] 현재 시점에서 풍력은 전기를 생산하는 비용에 있어 화력 발전과 비슷하거나 더 낮아지고 있습니다. 물론 지리적 환경에 따라 다르긴 하지만 평균적으로 화력 발전과 동일해지고 있지요. 그러나 풍력이 화력을 완전히 대체하는 건 당분간 어려울 겁니다.

가장 중요한 이유는 즉각적 대응의 문제입니다. 화력은 마음만 먹으면, 그리고 연료만 있으면 즉시 전기를 생산할 수 있는 장점을 가지고 있기 때문입니다. 반면 풍력 발전은 바람에 의지하다보니, 인간이 필요하다고 해서 바로 써먹을 수 없는 단점이 있습니다. 하지만 이런 단점은 앞서 살펴본 스마트 그리드에 의해 상당 부분 해소될 수 있습니다. 일부 지역의 바람은 일시적으로 잦아들 수 있지만, 여러 지역의 풍력 발전을 통합하면 한두 지역의 전력 부족을 나머지 지역이 메꿀 수 있기 때문입니다. 더구나 후쿠시마 사태 이후 손정의 회장이 제안한 것처럼, 그리고 스칸디나비아 반도의 나라들이 실제 수행하고 있는 것처럼 국가를 뛰어넘어 다국가 차원의 스마트 그리드를 형성하면 이는 더 쉽게 해소될 수 있습니다.

핵융합 발전

과학자들 사이에서 에너지 문제를 완전히 해결할 최고의 대안으로 사랑받는 것이 핵융합 발전입니다. 태양에서 일어나는 일을 지구에서 소규모로 해보자는 거죠. 우주는 원래 수소가 73퍼센트쯤 되고 25퍼센트쯤이 헬륨입니다. 나머지 원소는 다 합쳐도 얼마 되지 않습니다. 이렇듯 압도적인 수소는 별로 뭉쳐지고, 별의 내부에선 엄청난 압력과 온도에 의해 수소의 원자핵들이 뭉쳐서 헬륨 원자핵이 되는 핵융합nuclear fusion이 일어납니다. 그런데 융합 전 수소 원자핵들의 질량보다 만들어진 헬륨 원자핵의 질량이 아주 살짝 작습니다. 이 차이만큼이 에너지가 되어 태양을 저리 뜨겁게 만들고, 지구를 덥힙니다. 이를 응용하여 지구에서 그런 장치를 만들어보자는 것이 핵융합 발전의 기본 구상입니다. 구상은 20세기 초부터 있었죠. 그러나 태양과 지구의 가장 큰 차이는 압력입니다. 태양의 중심부는 2600억 기압이라는 높은 압력이 더해져서 1500만 도 정도 되는 낮은 온도에서도 핵융합이 일어나지만, 지구에선 그런 압력을 가할 방법이 없으니 1억 도 이상 되는 온도를 만들어야 합니다. 더구나 이를 일정 시간 이상 지속시켜야 합니다.

그런데 문제는 수소를 이런 온도로 만들어도 제대로 보관할 용기가 없다는 점입니다. 그 정도면 어떤 용기라도 다 녹아버리니까요. 그래서 자기장을 이용해서 이 상황을 유지시켜야 하는데 이게 간단한 일이 아닙니다. 우리나라의 경우도 핵융합실험로 KSTAR를 운영하고 국제적 프로젝트인 국제 핵융합 실험로 사업(ITER)에 꽤 비중 있는 역할로 참여하고 있다고 하지만 갈 길이 멉니다. 이 연구에 참여하고 있는 과학자들도 핵융합이 상업적으로 가능해지려면 앞으로 몇 십 년의 시간이 필요할 것이라고 생각합니다. 물론 빠르면 2030년대 후반쯤 가능할 것이라 생각하는 분들도 있긴 합니다만, 대부분 그렇게 빠르게는 실용화되기 어려울 것이라 여깁니다.

현재 의미 있는 핵융합 연구를 하는 나라는 미국, 러시아, 영국, 프랑스, 독일, 일본, 중국, 인도, 한국 정도입니다. 우리나라에서는 2026년을 목표로 2단계 사업을 진행 중인데, 핵심은 DEMO 플랜트 기반기술을 개발하는 것입니다. 그 후 2041년까지 핵융합 발전소 건설능력을 확보하는 것을 목표로 하고 있습니다. 결국 핵융합 발전은 21세기 중반이 넘어서야 가능하다는 것이죠.

그러나 핵융합 발전이 완전한 대안이 될 수는 없습니다. 한국 핵융합실험로 KSTAR를 운영하는 국가핵융합연구소 소장인 이경수 박사의 인터뷰 내용을 보면 우리에게 시사해주는 바가 큽니다.

핵융합이 이뤄지면 에너지 문제는 다 사라진다고 생각하느냐는 기자의 질문에 이경수 박사는 이렇게 말합니다. "지금 핵융합으로 에너지와 기후변화 문제를 풀지 않으면 상황이 더 어려워진다는 건 사실이에요. (중략) 하지만 핵융합만으론 한계가 있어요." 그리고 대부분의 사람들이 핵융합이 방사능 문제가 없다고 오해하고 있는데, 대규모 발전에는 '공짜 점심'은 없다고 강조합니다.[8]

어떤 발전시스템도 대규모일 경우 문제를 일으킬 수밖에 없다는 것이죠. 결국 환경 문제를 포함한 대안으로는 '핵융합 발전'도 완전한 대안이 될 수 없다는 점을 밝혀주고 있습니다. 결국 우리의 전기 문제는 두 가지 방향으로 가야 할 것입니다. 먼저 소규모 지역 단위의 신재생에너지를 중심으로 하는 마이크로 그리드가 형성되고, 스마트 그리드가 이를 뒷받침해주는 것이죠. 그리고 대규모 발전설비는 이들 마이크로 그리드를 보조하는 차원으로 운영되어야 하는 것입니다.

아주 장기적으론 전기에너지 생산에서 화석연료를 이용한 발전과 수력발전은 사라지고 대규모 발전설비는 핵융합 발전이 될 것입니다. 그리고 마이크로 그리드를 중심으로 하는 재생에너지가 핵심적 역할을 해야 하겠지요. 물론 잘되었을 때의 이야기입니다. 전기산업에 눈독을 들이고 있는 대기업의 여러 가지 방해를 뚫고 시민사회와 지역공동체가 힘을 합쳐야 하는 일입니다.

에너지의 미래

원자력 발전을 주장하는 측에서는 앞으로 얼마나 많은 전기에너지가 소비될지 모르는데 재생에너지로 그걸 감당할 수 있겠느냐고 되묻습니다. 이 물음에 대한 답은 세 가지입니다.

하나는 '가격'이 문제입니다. 지금 현재 원자력 발전은 생산 원가가 쌉니다. 물론 향후 후손들에게 물려줄 핵폐기물의 처리 문제라든지, 기타 등등의 비용을 제외하는 현재의 무지막지한 계산 방식으로 말입니다. 그러나 그 비용을 합했을 때 과연 원자력 발전의 비용이 쌀까요? 두 번째로 원자력 기술을 발전시키는 데 들인 투자만큼을 재생에너지 기술 발전에 투자한다면, 과연 원자력보다 비쌀까요? 현재의 재생에너지 기술의 발전과정을 보면 동일한 전기를 생산하는 데 드는 비용이 대단히 빠른 비율로 줄어들고 있습니다. 물론 기본적인 한계는 있겠지만 벌써 일각에서는 원전과 비슷한 비용으로 맞추고, 지역에 따라서는 더 적은 비용으로 생산하는 경우도 나타나고 있습니다. 결국 가격의 측면에서 원자력이 우위를 점하는 건 아니라고 봅니다.

그다음은 '소량 생산'입니다. 원전은 규모의 경제입니다. 그리고 대부분의 사람들에게 위험하다고 인식되어 있습니다. 따라서 인구밀도가 적은 곳에 설치됩니다. 그러나 우리나라는 기본적으로 원전 사고가 났을 때 그 반경 내에 수백만 이상의 사람이 사는 곳을 제외하면 섬들밖에 없는데 섬에 원전을 지을 수는 없습니다. 결국 기존 원전이 있는 곳에 또 원전을 짓는 식의 방법밖에 쓸 수 없는데요. 지역 주민들 입장에서는 '죽어라 죽어라'이지 않겠습니까?

하지만 재생에너지를 통한 발전은 소규모로 가능합니다. 당장 주택마다 지붕에 태양광 발전장치를 올릴 수도 있고, 앞서 소개한 것처럼 논마다 태양광 발전을 할 수도 있습니다. 섬과 해안가에선 해양 풍력 발전을 할 수도 있습니다. 꼭 규모의 경제가 되어야 할 필요도 없습니다. 대기업이 뛰어들지만 않는다면 말이죠. 지자체마다 자신들의 수요에 맞춰 조금씩 전기를 만드는 것입니다. 이는 에너지의 분권화이기도 합니다.

마지막으로 근본적인 문제를 다시 생각해야 합니다. 우리 인류가 이렇게 끊임없이 많은 에너지를 소모하는 방식의 문명을 확대하는 것이 과연 옳은 것인가라는 되물음이죠. 그러나 이 마지막 물음은 지금으로선 공허할 뿐입니다. 우리 모두 각자 조금 더 불편하자고 다짐도 해보지만 그게 쉽나요? 실제론 좀 더 편한 생활을 원하고 있고, 각자의 먹고사는 길이 자신이 속한 기업이나 산업분야가 발전하는 걸 전제로 하는 시스템에서는 에너지의 총 사용량을 줄이자는 건 무리지요. 지금껏 인류가 만들어온 문명의 대전제를 바꾸자는 것이기도 합니다. 물론 지금도 소수의 사람들이 보다 친환경적이고 생태적인 삶을 추구하고는 있습니다만, 이렇게 방향을 트는 건 아마 가까운 장래엔 힘들 것이라 생각합니다.

05
4차 산업혁명과
노동하는 당신

우리 이제 분열하자
만국의 노동자여, 분열하자

하나에서 여럿으로
소음에서 새벽으로
거리에서 냇물로, 분열하자
광야에서 산허리로
다리를 절룩이는 비둘기로……

————————
황규관, 「만국의 노동자여, 분열하자」에서

혁신은 휴식이어야 한다,
하지만……

인류의 먼 조상이 어느 순간 온혈을 선택한 것은 어찌 보면 대단히 큰 잘못이었는지도 모릅니다. 중생대 어느 시점에선가 우리 포유류의 조상은 온혈이 되기로 결심한 듯합니다. 이유는 여러 가지일 수 있습니다. 공룡을 피해 낮에는 숨고 밤에만 다니던 우리의 조상들은 추운 밤에 재빠른 동작을 취하기 위해 온혈을 선택했을 수 있고, 또는 고온에 취약한 기생충과 세균과의 싸움에서 기인했을 수도 있습니다. 어찌되었건 우리의 아주 먼 조상은 온혈을 선택했습니다. 그 덕분에 더 많은 먹이를 먹어야 했죠. 보통 포유류는 자신이 발산하는 에너지의 70퍼센트 이상을 체온을 유지하는 데 씁니다. 단순히 계산해도 비슷한 크기의 파충류에 비해 세 배 이상의 에너지가 있어야 하는 것이죠. 그러나 사실은 그 이상입니다. 그만큼 많은 먹이를 먹기 위한 활동이 또 에너지를 소비하게 하거든요. 결국 네 배 이상의 에너지를 소비하게 됩니다. 그래서 덩치가 커다란 구렁이가 닭 한 마리를 잡아먹고는 한 달 정도 쉽사리 버티는 데 반해 온혈동물인 우리는 매일 뭔가를 먹어야 하는 상황이 된 겁니다. 온혈을 선택하는 순간 우리 포유류는 바쁘게 살도록 운명 지어진 것이죠.

그러나 혹은 그럼에도 최상위 포식자는 한가롭습니다. 사자는 하루에 서너 시간 사냥을 하고 나머지 시간에는 자거나 아니면 어슬렁거리며 놉니다. 일단 먹잇감이 크고, 또 고단백 영양식이라 한 번 사냥을 해서 먹으면 최소 하루, 보통 이틀 정도는 여유 있게 쉽니다. 호랑이나 표범, 늑대, 북극곰, 범고래도 마찬가지입니다.

그런데 지구상 최고의 최상위 포식자인 인간은 쉴 틈이 없습니다. 시작은 직립보행을 하면서부터입니다. 열대우림에서 쫓겨나 초원에 섰을 때, 사람들은 오랫동안 걷고 달릴 수 있는 직립보행을 무기로 얻었습니다. 무기라곤 고작 그거 하나뿐이니 몇 십만 년 전부터 인간은 오로지 오래 걷고 달리는 걸로 살아왔습니다. 열대우림을 둘러싼 영장류 간의 경쟁에서 패배한 대가는 끊임없는 노동에 시달리는 것이었습니다. 그래도 진화를 거듭하면서 불도 사용하고, 언어도 사용하며, 사냥 도구도 섬세해지니 조금 나아졌죠. 여럿이 무리를 지어 과일을 모으고, 냇가에서 조개도 캐고, 때로는 사냥을 하면서 다양한 먹을거리를 채집·수렵하니 삶의 여유가 조금 생겼습니다. 신석기혁명이 오기 전까지는 말이죠.

여유가 생기니 자식도 많이 낳게 되고, 자식들이 번창하니 필요한 영역도 커집니다. 사람만큼 빠르게 개체수가 증가한 최종포식자는 아마 지구 역사상 없을 겁니다. 불과 몇 만 년의 시간 동안 감당

4차 산업혁명이 막막한 당신에게

할 수 없는 개체수 증가가 이어졌고, 지구상 곳곳으로 사람들이 퍼져 나갔습니다. 더 이상 수렵과 채집으로 먹고살 길이 막막해지자 사람들은 대안으로 양과 소를 키우고 농사를 짓기 시작했습니다. 이때부터 인간은 지구상의 어떤 동물보다 열심히 일하기 시작했지요. 흔히 개미처럼 일하라고 하지만 개미가 인간을 보면 한숨을 쉴 터입니다. 뭐하려고 저리 열심히 일을 하나 하고 말이죠. 그래도 일손이 모자라니 자식을 무지하게 낳습니다. 영아 사망률이 높은 것도 한 이유이기는 했습니다. 먼저 나온 자식이 뒤에 나온 자식을 업어 키우는 일이 그리 멀지 않은 과거의 일입니다.

그래도 산업혁명이니 뭐니 하며 긴 역사 동안 버둥거린 끝에 19세기가 되자 1인당 생산력이 이전에 비해 비약적으로 높아집니다. 이제 인간답게 살자는 요구들이 비등해지고, 그동안 남들 먹을 것까지 생산하느라 등골이 빠지던 노동자들은 하루 8시간 노동, 8시간 휴식, 8시간 수면을 요구하기에 이릅니다. 지금으로부터 100년이 더 된 이야기죠. 이제 프랑스 같은 나라에선 주 4일 근무가 진지하게 고민되고, 우리나라도 10여 년 전에 공식적으론 주 5일 근무제가 되었습니다. 그러나 아직도 이 사회 여기저기선 제대로 쉬지 못하는 이들이 넘쳐납니다. 새벽같이 집하장으로 가서 물건을 싣고 밤이 되도록 날라야 일이 끝나는 택배노동자며, 우체국 노동자뿐만이 아닙니다. 이른바 크런치 모드라고 해서 게임이 출시되기 몇 달 전부터 매일 야근에 휴일도 반납해야 하는 게임회사 직원들. 여름이 되면 안전장치를 할 시간도 부족한 에어컨 설치 노동자들. 직장 일을 끝내고 집에 오면 집안일이 기다리고, 집안일을 끝내면 다시 출근해야 하는 여성들. 조금만 눈을 돌리면 휴식이 뭔지도 모르고 사는 사람들이 넘쳐납니다. 4차 산업혁명이 진행되고 있다는 지금 말이죠.

얼마 전 고속도로에서 큰 사고가 나서 많은 이들이 죽거나 다쳤습니다. 고속버스 운전자가 잠깐 존 것이 발단입니다. 그는 이전 근무일에 하루 평균 15시간을 일했습니다. 하루 24시간에서 출퇴근 시간을 빼고 나면 제대로 잘 시간조차 부족했을 겁니다. 그렇게 일을 시키면 누구나 피곤하고, 피곤하면 높은 확률로 사고가 날 수밖에 없습니다. 그래서 카페인이 잔뜩 든 음료를 마시면서 버티죠. 그래도 사고는 납니다. 다만 내가 아니길 바랄 뿐이지요.

인간이 자연에 어떤 나쁜 짓을 했는지는 여기서 따지지 맙시다. 그 대가로 우리는 이미 충분히 스스로를 건사할 에너지며 물품을 생산할 능력을 가지고 있습니다. 그러면 이제 스스로를 건사하고, 가족을 건사할 시간을 가질 때입니다. 자본이 이를 방해하면 자본을 없애야지, '기업 발전을 위해서 제 한 몸 희생하겠습니다' 할 때가 아닙니다. 또한 야근을 하지 않아도 행복한 삶을 누릴 수 있는 경제적 보상이 이루어지는 국가 정책이 만들어져야 합니다. 마침 최저임금도 여전히 부족하긴 하지만 10퍼센트가 넘는 비율로 올랐습니다. 이런 기조를 계속 유지해서 누구나 최소한 8시간을 일하면 자신과 가족의 생계를 책임질 수 있도록 만들어야 합니다.

옛말에 '수신제가치국평천하'라고 했습니다. 자신의 건강을 돌보고, 인간적인 삶을 누리지 못하는데 무슨 가정을 지키겠습니까. 가정을 돌볼 시간도 확보해주지 못하면서 무슨 나라를 다스리고,

평화를 이야기하는 겁니까.

　나를 위해서도 가족을 위해서도, 국가나 기업을 위해서라면 더 더구나 밤샘 따윈 하지 말아야 합니다. 노동이 권리이자 의무이듯, 휴식도 권리이자 의무입니다. 그런데 이 나라에는 이러한 노동자의 휴식이 권리라는 사실을 귓등으로 듣는 이들이 너무 많습니다. 이들은 4차 산업혁명에 아랑곳하지 않거나 더 활개를 치기도 합니다.

우리는 계속 장시간 노동을 하게 될 것이다

대기업에 근무하는 사무직이든, 초등학교에서 학생들을 가르치는 교사든, 밤 10시에 청소차에 매달려 이동하는 청소원이든, 편의점의 알바든 이 글을 읽는 당신들 대부분은 노동자입니다. 이 당연한 사실은 과학기술이 발달하고 산업구조가 바뀌어도 동일하죠. 이른바 4차 산업혁명이 이를 바꾸지는 못합니다.

왜냐하면 당신은 돈이 없기 때문입니다. 정확히 말하면 자본이 없는 거지요. 자본주의 이전 사회에서는 대부분이 농민이었고, 유목민이었습니다. 이들에게 돈은 부차적인 것이었고, 자기가 재배하고 기른 것이 우선이었습니다. 나머지 물품도 주변의 자연에서 얻은 것이었죠. 허접하고 가난한 삶이었지만 꾸려나갈 순 있었습니다. 물론 가뭄과 홍수, 전쟁 등이 일어나면 속수무책이긴 했지만 말이죠. 그러나 산업혁명 이후 세상은 자본주의로 바뀌었고, 이른 시일 내에 다른 체제가 되진 않을 듯합니다. 이곳에서 살기 위해선 돈이 필요하지요. 매일의 삶이 우리가 가진 돈을 필요한 물품이나 서비스로 교환하면서 이루어지기 때문입니다.

따라서 매달 들어오는 이자나 월세가 없는 대부분의 우리는 매달 스스로 돈을 벌어야 합니다. 자영업자인 경우도 사정은 매한가지죠. 이런 사정은 4차 산업혁명이 이루어진다고 해도, 현재로서는 별 달라질 것이 없습니다. 왜냐하면 그 과실은 거의 대부분 기업들에게 돌아갈 것이기 때문이지요. 아니, 오히려 사정은 더 팍팍해질 수도 있습니다. 앞서 바라본 것처럼 4차 산업혁명은 끊임없이 기존의 일자리에서 노동자를 내쫓고, 자영업자를 내몰기 때문입니다.

내가 내몰린 당사자가 아니라고 안심할 일은 아닙니다. 그리 내쫓긴 누군가는 다른 사람이 가지고 있는 일자리를 노릴 수밖에 없습니다. 그 숱한 대리운전기사가 어디서 나타났을까요? 4차 산업혁명이 일어나는 와중에도 건설현장의 일용직들과 편의점에서 알바를 하는 노·중년의 사람들, 거의 망할 것을 알면서도 치킨집을 차리고 편의점을 여는 이들은 도대체 누굴까요? 프로그램 코딩을 배우고, 외국어를 배우며 어떻게든 살아보려는 사람들은 어디서 나올까요? 결국 줄어드는 일자리를 가지고 우리끼리 경쟁을 하는 수밖에 없습니다.

그렇기 때문에 '4차 산업혁명'이라는 애드벌룬을 쫓아가는 것은 위험합니다. 마치 1970년대 수출 100억 달러가 달성되면 모두가 함께 잘사는 나라가 되리라 믿었던 것처럼, 1990년대 국민소득 2만 달러 시대가 되면 이제 선진국이 되어 모두 잘사는 나라가 되리라 호들갑을 떨던 것처럼 말이지요. 우리나라는 저성장 기조이긴 합니다만, 어찌되었건 매년 수출도 늘고, 수입도 늘고, 외환보유고도 늘고 있습니다. 증권거래소에 상장된 주식의 총 가치도 나날이 높아만 가고 있지요. '우리'만 빼고 잘나갑니다. 그런데 우린 왜 이럴까요?

답은 앞에 다 나와 있습니다. 모든 정책이 기업을 중심으로, 성장을 중심으로 이루어지고 있기 때문이지요. 기업이 혁신을 할수록, 산업구조가 재편될수록, 효율성이 높아질수록, 필요한 노동자의 수는 줄어듭니다. 물론 효율성이 높아지는 것보다 더 많은 제품이 팔려서, 고용이 더 활발해지면 좋겠지요. 하지만 그런 일은 이제 없다고 전문가들은 말합니다. 1980년대가 그런 시절의 마지막이었지요. 경제 규모가 커지고, 대량 제조·판매가 이전 시대의 일이 되면서 한 해 3퍼센트의 경제 성장도 버거운 것이 우리나라 경제의 실정입니다. 이제 우리는 잘 꾸려나가도 '성장은 하되 일거리는 줄어드는 시대'를 살고 있습니다. 물론 잘되지 못하면 '성장도 없는데 일거리까지 줄어드는 시대'이기도 합니다. 마침 출산율도 줄어드니 잘되었네요. 일자리가 부족한데 젊은이만 넘쳐나면 어쩌겠어요.

그래도 손 놓고 있을 수는 없으니 대책을 세워야겠지요. 제 생각에는 먼저 노동을 줄여서 일자리를 늘리는 것이 가장 중요하다고 생각합니다. 개개인의 노동 시간을 줄이자는 거지요. 이미 우리는 너무 많은 시간을 노동하고 있습니다.[1] 2016년 OECD 고용동향 보고서에 따르면, 우리나라 노동자는 OECD 평균보다 연간 347시간 더 많이 일하고 있습니다. 다른 나라 노동자보다 두 달가량 더 일하는 거지요. 거기다 실질임금은 OECD 평균의 67.1퍼센트에 불과합니다. 더 적게 받고, 더 많이 일하는 셈입니다. 물론 어떤 이들은 "왜 부자나라인 OECD와 비교하느냐, 중국이나 동남아시아랑 비교하면 우리가 훨씬 많이 받는다"고 말하기도 합니다. 그런데 우리나라는 엄연히 OECD 회원국입니다. 경제 규모나 수출·수입 물량으로 봐도 세계 10위 안에 너끈히 들어가는 경제대국입니다. OECD의 다른 회원국들과 비교해서 떨어지는 건 GDP뿐인데, 이건 임금을 많이 주면 저절로 해결되는 일입니다. 국격을 높여야지요. 더구나 다른 건 항상 선진국과 비교하면서 왜 임금과 노동시간은 '못 사는 나라'와 비교하는 건지요.

어쨌든 우리나라의 노동시간을 OECD 평균에만 맞추더라도 15퍼센트에 가까운 인력이 더 필요합니다. '일자리 고민 끝'인 셈입니다. 그리고 우리나라 실질임금을 OECD 평균에 맞추면 노동시간이 줄어들어도 노동자 개인별 소득은 이전과 크게 달라지지 않습니다. 물론 쉽지 않은 일입니다. 그러나 우리가 어떤 민족입니까? 한강의 기적을 이룬 민족이지 않나요? 이건 노동의 기적 축에도 끼지 못하는 일입니다. 독일이나 네덜란드, 프랑스와 같게 만들자는 것도 아니고, 겨우 OECD 평균에 맞추자는 거니까요.

그리고 가만히 생각해보세요. 경제는 커졌는데 고용은 줄고 있다면, 인건비가 전체 매출액에서 차지하는 비중이 적어졌다는 이야기지 않겠어요? 그럼 임금이 좀 오른다고 문제될 건 없겠지요.

하지만 모든 기업의 사정이 그렇게 넉넉한 건 아닐 겁니다. 수조 원씩 현금을 쌓아두고 있는 기업도 있지만, 한계 상황에서 버둥

대는 기업도 있습니다. 따라서 무작정 올리자고 하면, 당연히 쓰러지는 기업들도 있겠지요. 물론 '자본주의의 냉정함'에 따르면 이런 기업들은 사라지는 게 당연하지만, 잠깐 더 생각해봅시다. 그래서 두 번째로 제안하는 건 기본소득의 도입입니다. 자세한 건 기본소득을 주로 다룬 제6부의 장에서 소개하기로 합시다. 일단 국민 모두에게 매달 일정한 금액이 지불되면, 기업의 임금 지불이 급격히 늘지 않아도 됩니다. 그리고 노동자들은 기본소득만큼 소득이 더 생기니, 이전보다 덜 일해도 됩니다. 물론 재원에 대한 고민은 있어야겠지요. 하지만 이런 방향으로 나가야 한다고 생각하고 대책을 마련한다면 안 될 일은 아닙니다.

노동자를 갈아 넣는 건
4차도 마찬가지다

21세기 초에 벤처 붐이 있었다면 요사이는 스타트업 붐이 있습니다. 그게 그거라고 볼 수도 있고, 좀 더 다른 시각으로 볼 수도 있습니다. 21세기 초의 벤처가 인터넷을 기반으로 한 기업이 대다수였다면, 지금의 스타트업은 모바일을 기본 플랫폼으로 한다는 점에서 좀 다르지요. 하지만 혁신을 무기 삼아 새로운 기술로 시장에 뛰어드는, 한편으로 용감하고 한편으로 무모한 시도라는 점에선 유사합니다.

여기서 지적하고 싶은 것은 스타트업이 불안정한 고용을 양산할 수 있다는 점입니다. 현재까지 확인된 바, 그리고 예상되는 바로 스타트업 대부분은 확률적으로 실패합니다. 미국의 하버드 비즈니스 스쿨의 시카르 고시Shikhar Ghosh가 2004~10년까지 벤처캐피털의 지원을 받아 설립된 스타트업 기업 2000개를 대상으로 확인해

보았습니다. 10개 중 3~4개는 완전히 실패했고, 나머지 3~4개는 겨우 투자금만 건졌으며, 남은 1~2개만 성공했습니다. 물론 이는 벤처캐피털의 입장입니다. 스타트업을 했으나 벤처캐피털에서 투자를 받지 못한 기업이 받은 기업의 열 배에 달한다는 사실도 기억해야 합니다. 100개의 스타트업이 시작하면 그중 1~2개 정도가 성공할까 말까인 것이 엄연한 현실이죠. 물론 미국의 사례입니다. 대한민국의 경우 미국보다 더 힘든 상황이기도 합니다.

그런데 그 스타트업 기업들에 대해 사회나 정부가 바라는 바 중 하나는 고용을 늘리는 것입니다. 100개 중 99개가 망하는데? 망할 가능성이 99퍼센트인 곳에 취업을 하라고? 그것도 10년 뒤에나 망하는 것이 아니라 창업하고 5년 이내에 망하는데? 만약 나라면 다른 선택지가 있는데 스타트업에 취업을 할까요? 그럼에도 정부가 스타트업을 장려하는 데는 이유가 있습니다.

중소기업청과 벤처기업협회가 조사한 '2016년 벤처기업 정밀 실태 조사'에 따르면, 2015년 벤처기업 매출액 합계는 215조 9000억 원으로 삼성그룹 다음이고 현대차그룹보다 60조 원 정도 더 많습니다. 기업당 매출액 증가율은 7년째 여타 대기업이나 중소기업보다 높습니다. 고무적인 통계지요. 또한 고용의 측면에서 보자면 벤처기업 종사자 수 합계는 72만 8000명으로 전 산업 종사자의 4.6퍼센트에 해당하는데, 기업당 종사자 수는 중소기업 평균 종사자 수의 5.8배에 해당합니다. 2017년까지 신규 고용 예상은 3만 명을 웃돈다고 합니다. 이는 정부로부터 벤처 인증을 받은 기업에 대한 통계이며, 아직 혹은 영원히 벤처 인증을 받지 못할 여타 기업들—스타트업을 포함하지 않은 것입니다.

매출로도 만만찮은 성과를 내고 고용 효과도 높습니다. 더구나 앞으로 더 고용하겠다는 의지도 돋보이죠. 그렇지 않아도 청년 실업 문제로 골치 아픈 정부로선 마다할 이유가 없습니다. 그렇다면 스타트업 혹은 벤처기업에 입사하여 일하는 사람들은 과연 행복할까요?

2000년 한국노동연구원의 박우성·노용진 연구위원이 발표한 '벤처기업 인적 자원 관리의 특성과 과제'에 따르면, 256개 벤처기업 648명을 대상으로 설문조사를 실시한 결과 임금과 복리후생, 노동시간에 대한 불만족이 각각 40퍼센트, 35.7퍼센트, 32.6퍼센트로 나타났습니다. 반면 만족한다는 응답은 각각 18.4퍼센트, 24퍼센트, 20.7퍼센트였지요. 이직 의사가 없다고 밝힌 사람은 오직 9.1퍼센트뿐이었습니다. 그리고 조사 대상의 98퍼센트가 노조가 없었으며, 29.1퍼센트만 자신을 노동자로 생각하고 있었습니다.

최초의 벤처기업 노조는 2000년 4월 멀티데이터시스템에서 설립되었습니다(2000년 5월 2일 MBC 뉴스데스크 보도). 당시 임직원 22명 중 14명이 모여 노조를 만들었는데요. 임금 수준은 수습 3개월 40만 원선, 수습을 마치면 55만 원, 입사 2년차 65만 원인데 기본급은 60퍼센트 정도였다고 합니다. 시간외수당, 휴일수당, 기타 법정수당은 전혀 없었습니다. 거의 편의점 아르바이트생 수준도 안 되는 급여였지요. 연월차도 없고, 일상적 연장근로가 관행이라 10시 불퇴(10시 전엔 퇴근하지 않는다), 월요일 출근 토요일 퇴근이 상시적으로 이루어지고 있었습니다. 이 글을 읽고 있는 스타트업 혹은 벤처기업의 노동자들은 기시감이 들 것입니다. 어, 그때도? 그렇습니다. IMF 직후 이 나라를 살릴 수 있는 건 벤처밖에 없다며 벤처로 21세기를 선도하겠다고 했던 그때도, 테헤란로의 사무실이란 사무실마다 벤처기업이 들어차고 눈먼 돈이 벤처로 마구 흘러들어가던 시절에도 그 벤처에서 근무하던 노동자들은 저시급 장시간 노동과 고용불안에 시달렸습니다. 그리고 2017년에도 여전히 현재진행 중입니다.

대한민국에서 세 손가락 안에 드는 유명 게임업체는 '구로의 등대'라고 불립니다. 야근을 밥 먹듯이 해서 사옥의 불이 꺼지질 않는다는 뜻이죠. 2016년 11월 이 회사의 직원이 급성심근경색으로 사망했는데, 근로복지공단에서 산업재해로 인정했습니다. "발병 전 12주 동안 불규칙한 야간근무 및 초과근무가 지속되고 있으며, 특히 발병 4주 전 1주간 근무시간이 78시간, 발병 7주 전 1주간 89시간의 근무시간이 확인되었다"는 겁니다. 1주일에 78시간, 89시간 근무면 대체 얼마나 일한 걸까요? 하루에 12시간씩 월화수목금토 일까지 일해야 84시간입니다. 인간이 할 짓이 아닌 거죠.

이런 것이 이른바 게임업계의 크런치 모드입니다. 크런치 모드란 '게임 마감을 앞두고 수면, 영양섭취, 위생, 기타 사회 활동을 희생하며 장시간 업무를 지속하는 것'을 말합니다. 쉽게 말해서 저녁에도 일하고, 주말에도 일하고, 월요일에 출근해서 일요일 저녁에 퇴근하는 생활을 하는 것입니다. 고용노동부가 2017년 2월부터 석달 동안 넷마블과 관련 계열사 12곳에 대해 근로감독을 진행한 결과에 따르면, 전체 노동자의 63퍼센트가 법정 노동시간을 초과하는 장시간 노동을 했으며, 44억 원의 연장근로수당 또한 미지급되었습니다. 초장시간 노동도 힘든 판에 수당도 떼먹었다는 이야기죠. 이런 문제가 불거지자 2017년 8월 4일 넷마블은 야근 및 주말 근무 금지 등 일하는 문화 개선안을 도입해 시행하겠다고 했습니다. 넷마블이 회사 사정이 어려워서―사실 회사 사정 어렵다고 그러면 안 되지만―그런 것이 아닙니다. 게임업계에선 아주 잘나가는 회사입니다. 2017년 5월 상장되자마자 시가총액이 LG전자를 앞질러 방준혁 넷마블 이사회 의장은 3조 원대 주식부호가 되었을 정도입니다.

이런 크런치 모드가 넷마블만의 문제일까요? 아닙니다. 게임업계에서는 공공연하게, 게다가 오랫동안 계속돼왔습니다. 크런치 모드란 뜻도 사람을 '갈아 넣는다'는 의미죠. 방송업계에선 비슷한 용어로 '디졸브dissolve'란 용어를 씁니다. 디졸브는 원래 한 화면이 사라짐과 동시에 다른 화면이 점차 나타나는 장면 전환 기법인데, 방송 현장에선 하루 20시간이 넘는 노동을 하고 아주 잠깐 눈을 붙인후 다시 다음날 현장에 투입되는 노동 과정을 묘사하는 용어로 쓰인답니다. 비슷한 일들은 패션업계에서도, 대학 연구소에서도 일어났습니다. 패션업계의 이름난 디자이너들이 정당한 노동의 대가를 지불하지 않고 문하생을 착취하다 언론에 폭로되고, 대학의 연구소에서 석사나 박사과정의 연구원들에게 제대로 된 페이를 지급하지 않고 지도교수가 떼먹는 파렴치한 짓들이 공공연히 일어나고 있습니다.

대기업이라고 다르진 않습니다. 세계 1, 2위를 다투는 기술로 전 세계를 호령하면 뭐하나요? 자사의 에어컨을 설치하는 노동자들을 하청으로 떼어내고 비정규직으로 값싸게 부려먹는 이들이 무슨 산업혁명을 한다고 폼을 잡는가 말입니다. 에어컨 설치 기사들이 살인적 스케줄로 제대로 된 안전장치도 할 새 없이 2층·3층 난간에 기대어 에어컨을 설치하다 추락사하는 일이 매년 발생하는데, 삼성·LG가 어떻게 초일류기업입니까? 2016년 정의당 이정미 의원이 고용노동부에서 받은 에어컨 설치/수리, 통신 케이블 노동자 사망사고 자료를 분석한 결과에 따르면, 2014년 4명, 2015년 5명, 2016년 6명(2016년 9월 7일 기준)이 사망했습니다. 이 중 10명이 추락에 의한 사고입니다. 안전장비 미착용이 표면적인 이유이나 '50분에 한 건씩 밀려드는 일감을 소화하려면 안전하게 일하기란 불가능한 일'이었습니다. 이들은 당연히 삼성이나 LG전자의 직영정규직이 아닙니다. 서비스 자회사의 협력업체 소속 간접고용 비정규직 노동자란 굉장히 복잡한 신분입니다. 위험하고 지저분한 일은 협력업체를 통한 간접고용으로 처리하는 것이 스마트한 경영방식이라 여기는 거지요.[2]

자살 공장 폭스콘

물론 우리나라 기업만 그런 건 아닙니다. 다들 혁신의 아이콘으로 우러러 받드는 애플의 스티브 잡스도 마찬가지였죠. 아이폰은 전 세계에서 팔리는 모든 스마트폰의 수익률 90퍼센트를 가져갑니다. 아이폰이 이렇게 엄청난 마진율을 자랑할 때, 그 아이폰을 만드는 폭스콘의 노동자들은 장시간 노동과 저임금에 시달리다 잇따라 자살했습니다. 2010년 18명의 노동자들이 잇따라 자살을 시도하고, 그중 14명이 사망하면서 폭스콘은 '자살 공장'이 되었습니다. 이후에도 매년 10여 명이 자살을 시도했습니다. 2012년엔 노동자 150명이 공장 옥상에서 처우 개선을 하지 않으면 자살하겠다고 나선 끝에 임금을 올려 받기도 했습니다.[3] 물론 폭스콘의 노동자들이 제대로 대우를 받지 못한 건 폭스콘의 경영 사정이 어려워서가 아닙니다. 폭스콘의 매출은 2005년 210억 달러였고, 2015년엔 6배가 커져서 1360억 달러에 이르렀습니다. 2016년엔 일본의 샤프전자를 인수했고, 2017년엔 도시바의 반도체 부문 인수전에도 뛰어들었습니다. 그러나 노동자들은 12시간 맞교대 근무를 했고, 할당량을 채우지 못하면 회의 시간에 공개 질책을 당하고 서약서를 읽어야 했습니다. 이 회사가 노동자의 자살에 대한 대책으로 들고 나온 것은 건물 벽에 대형 그물을 설치하고, 기숙사 창문에 쇠창살을 설치해서 투신을 못하게 막은 것입니다. 어안이 벙벙해질 노릇이지요.

스티브 잡스는 2010년 "폭스콘은 노동 착취 현장이 아니라 공장이다. 그것도 식당과 영화관까지 갖춘 공장", "자살 시도가 이어지고는 있지만 40만 명에 달하는 공장 직원들의 수를 감안하면 미국 전체 자살률보다 낮다"고 말했습니다. 폭스콘이 노동자를 쥐어짜서 만든 낮은 공급가가 애플의 이윤의 원천이기 때문이지요. 그러면서 애플의 최고 목적으로 주주 이익의 극대화를 이야기합니다. 노동자를 쥐어짜 주주에게 이익을 주는 것이 21세기 대기업들의 당면 목표인 거지요.

예나 지금이나 열정페이?

흔히 '열정페이'라는 이러한 현상이 이른바 '4차 산업혁명'의 독특한 모습일까요? 그렇지 않습니다. 옛날에도 목수나 도공 등은 문하생이 들어오면 '배우러 왔는데 뭘 따져'라는 식으로 부려먹기 일쑤였고, 이는 다른 영역에서도 비슷했습니다. 이런 도제식 혹은 사승식 문화는 동양뿐 아니라 서양에서도 마찬가지였습니다. 중세 길드에 소속된 장인들은 일을 배우러 온 이들을 마치 종처럼 부려먹었죠. 지금 스타트업이 그런 모양을 보이고 있는데, 이는 동서양을 따지지 않습니다. 마치 벤처나 스타트업에서 일하려면 모든 걸 걸고 일하라는 분위기, 점심을 사무실 책상에 앉아 샌드위치로 때우고, 날밤 새우는 것이 아주 당연한 일로 여겨지는 문화는 미국이든 한국이든 똑같습니다. 이른바 혁신을 부르짖는 자들이 20세기도 훨씬 전에 만들어진 인간의 기본적 권리를 송두리째 부정하면서 그걸 자랑스러워하는 것이죠.

스타트업이 제대로 된 4차 산업혁명을 주도하려면, 거기에 참가하는 개인들이 행복한 방식으로 해야 합니다. 사람을 갈아 넣어 이윤을 창출하는 건 혁신도 뭐도 아니고 악질적인 파렴치범일 뿐이지요. 그리고 그건 이전부터 자본가들이 해왔던 방식입니다. 산업혁명 당시 공장과 광산에서 열 살짜리 아이들을 값싸게 부려먹으며 이윤을 착취했던 이들이었고, 〈모던 타임스〉처럼 24시간 돌아가는 컨베이어벨트에 노동자를 묶어 돈을 벌던 이들이었습니다. 1970년대 다락방에 시다들을 집어넣고 타이밍 약을 먹이며 밤새 노동을 시켰던 이들이기도 하지요.

자본가의 문제는 게으르거나 혁신적이지 못하거나, 혹은 열정이 없거나 창의적이지 않아서가 아닙니다. 대부분의 자본가는 부지런합니다. 스타트업만 그런 것이 아니죠. 대부분 고용한 직원들보다 부지런합니다. 직원들이 휴가를 가도 자신은 일을 하고, 직원들이 퇴근해도 자신은 일을 하고, 주말에 직원은 출근하지 않아도 자신은 일을 하지요. 끊임없이 회사의 발전을 고민하고, 새로운 시도를 합니다. 다 좋습니다. 그러나 혼자만 그러면 됩니다. 직원들에겐 정해진 근무시간에만 열심히, 창의적으로, 열정을 가지고 일하라고 해야 합니다. 왜 자신의 열정과 노력을 직원들에게, 임금을 줄여가며 강요하나요? 이런 일은 '4차 산업혁명'이 아니라 '노동자의 혁명'을 부르는 일입니다.

당신은 여전히
불행할 것이다

원래 세상은 불공평했습니다. 최소한 신석기혁명 이래로는 그러했죠. 왕과 귀족이 있었고, 노예와 농노가 있었습니다. 간혹 고대 그리스의 민주정 같은 이상한(?) 정치체제가 나오기도 했지만, 그곳에서도 여자와 노예, 외국인들은 차별을 받았습니다. 초기 로마의 공화정도 그러했지요. 그 외의 사회에서 차별은 당연한 것이었습니다.

그러다가 프랑스 대혁명 이후 모든 사람은 성, 종교, 출신, 인종에 관계없이 동등한 권리를 가진다는 '아주 당연한' 선언이 나왔습니다. 최소한 지금 지구의 절반 정도는 그 인권선언이 맞는다고 주장하는 사회에 살고 있습니다. 하지만 이 상징적인 선언은 대부분의 사회에선 투표를 하러 갈 때에나 가능한 이야기일 수도 있습니다. 물론 잘살고 못 사는 구분 없이 모든 개인이 각자 한 표씩 행사할 수 있게 된 것도 19세기에서 20세기에 이르는 긴 투쟁 끝에 이룬 것이기에 그를 폄하할 생각은 없습니다. 다만 자본주의 사회가 본격화되면서 우리는 투표장에서만 서로 동등한 개인이 된 건 아닌가 하는 생각도 듭니다.

이런 불평등은 20세기를 넘어 21세기가 되어도 해소되기는커녕 더 심화되고 있습니다. 우리나라에서는 9.99퍼센트, 즉 거의 10퍼센트의 가구가 월 소득이 평균 93만 1637원입니다.[4] 흔히 소득 1분위라 하는 분들입니다. 우리나라 국민 중 월 100만 원을 벌지 못하는 가구가 10가구당 1가구란 말이죠. 이들의 가구원수는 평균 2.38명입니다. 즉 둘이 살거나 아니면 셋이 사는 거지요. 가구주의 평균 연령이 65.5세로 전체 인구 중 가장 높습니다. 둘이나 셋이 사는 가구인데 그중 최소한 한 명은 노인인 것이죠.

서울시 통계에 따르면, 서울에 거주하는 2인 가구의 평균 생활비는 230만 원입니다.[5] 3인 가구의 경우 355만 원이네요. 물론 번 돈을 다 쓰는 건 아닙니다. 총 소득의 약 85퍼센트를 쓰고 나머진 저축을 합니다. 어찌되었건 2인 가구라고 쳐도 벌써 이들의 소득 두 배가 넘어가는 돈을 평균 생활비로 쓰는 겁니다. 별달리 낭비랄 것도 없습니다.

비용으로 보면 먹고 자는 데에 총 82만 원이 듭니다. 그리고 생활용품을 사고, 병원이나 약국을 가고, 이자를 내는 데에 29만 원을 씁니다. 이 둘을 합하면 벌써 110만 원이 넘네요. 물론 가난하면 좀 더 싼 걸 먹고, 좀 더 허름한 집에서 살아야지요. 감기 정도는 약 안 먹고 견디고 말이지요. 그래도 교통 통신비를 줄이긴 좀 힘듭니다. 출퇴근 먼 거리를 걸어 다닐 순 없잖아요. 물론 핸드폰이야 없는 살림이니 제일 싼 알뜰폰으로 한다고 해도 말이지요. 그 비용이 25만 원입니다. 합하면 136만 원입니다. 지금 이 금액에는 용돈도, 교육비도 포함되지 않았습니다. 경조사 비용이나 교양오락비도 물론이지요. 결국 반지하방으로 가고, 먹을 걸 줄이고 해서 겨우 맞추면 맞춰질래나요?

이런 분들의 경우 대부분 비정규직입니다. 따라서 고용불안에 시달리는 경우가 대부분이지요. 저금할 여력이라곤 단 돈 1만 원도 없어 보입니다. 만약 편의점 알바생이라면 내일이라도 그만 나오라면 그만둘 수밖에 없지요. 혹은 오토바이 배달원이 있을 것이고, 식당의 주방에서 일하는 분도 있겠습니다. 파지를 주우러 다니는 노인분일 수도 있고요.

조금 범위를 넓혀보면 그 바로 위 10퍼센트, 즉 2분위가 버는 소득은 월 평균 181만 2016원입니다. 180만 원 정도 버는 거지요. 이 경우 가구원수는 2.57명입니다. 즉 둘이 살거나 셋이 산다는 겁니다. 이 경우를 대비해봐도 서울시 통계에 따른 2인 가구의 평균 생활비 230만 원에 한참 모자랍니다. 3인 가족 기준에는 '택'도 없지요.

그리고 다시 그 위 10퍼센트 정도(정확히는 9.97퍼센트)인 3분위가 버는 소득은 월 300만 원 정도 됩니다. 그런데 가구원수도 이미 2.82명으로 거의 3명인 경우가 더 많습니다. 물론 4명인 경우도 있겠지요. 그렇다면 여기에 속하는 분들 역시 소득 전부를 써도 서울시 평균 3인 가족 생활비에서 55만 원이 모자랍니다. 가구주의 나이도 어려져서 54세 정도네요. 하지만 이런 경우엔 거의 대부분 학생인 자녀가 있을 터이니 소비의 폭을 줄이기도 쉽지 않을 것입니

4차 산업혁명이 막막한 당신에게

다. 그 위 10퍼센트인 4분위도 3분위와 별 차이가 없습니다. 한 달 버는 돈이 319만 원 정도라서 3분위와 10만 원 정도 차이일 뿐입니다. 5분위로 가야 비로소 한 달 소득이 369만 원으로, 서울시 평균 3인 가족의 생활비를 10만 원 정도 상회합니다. 물론 가구원수도 늘어서 평균 3.18명입니다. 서울시 기준 4인 가족 평균 생활비 465만 원에는 한참 못 미칩니다. 물론 그럼에도 불구하고, 저축을 아니할 순 없을 겁니다. 가구주의 평균 연령이 47세 정도로 50세도 되지 않습니다. 당연히 초등에서 대학 사이의 자녀가 한 명 정도는 있을 터이고, 미래에 대한 대비를 하지 않을 수 없을 때입니다.

여기까지가 우리나라 인구의 절반입니다. 이 통계들이 나타내는 또 하나의 시사점이 있지요. 5분위에서 1분위로 갈수록 가구주의 연령이 점점 높아집니다. 그런데 더 자세히 보면 비교적 여유가 있다는 6분위에서 10분위까지는 가구주의 연령에 별 변화가 없습니다. 모두 평균 47~48세입니다. 물론 이는 평균이니 더 젊은 가구주도 있을 것이고 더 나이든 분도 있을 겁니다. 흔히 하는 말로 이미 돈이 있는 집들은 다들 비슷하다는 거지요. 하지만 돈이 없고 배운 게 없는 분들은 나이가 들수록 직장에서 밀려나고, 더 소득이 적은 직종으로 옮길 수밖에 없는 겁니다. 그래서 1분위 쪽으로 갈수록 연령대가 높아지는 거지요.

'내 주변에선 그렇게 가난한 사람들이 안 보이던데, 정말로 그렇게 많아요?'라고 의문을 가진 분들이 분명히 있을 겁니다. 두 가지 이유가 있습니다. 하나는 당신이 보지 않는 것이고, 다른 하나는 당신의 눈에 띄지 않는 것입니다. 지금의 가난한 사람들은 1960년대의 가난한 사람처럼 거지 행색을 하거나, 땟국물이 줄줄 흐르거나 그러지 않습니다. 비록 동대문 시장이나 동네 주민회관 바자회에서 사더라도 남들 보기에 괜찮아 보이는 옷을 입고 다니죠. 아무리 가난해도 휴대폰은 들고 다니고, 잘 씻고 다니기도 합니다. 그래서 당신 눈에 띄지 않습니다. 그리고 당신이 만약 그 가난한 사람들의 부류가 아니라면 높은 확률로 당신의 지인들도 가난하지 않습니다. 당신이 좋은 대학을 나와 좋은 직장에 다닌다면 당신의 동료들도 비슷하게 좋은 대학을 나와 좋은 직장에 다니는 사람이고, 당신이 좋은 대학을 나왔다면, 먹고살 만한 집안일 확률이 높은 것처럼 당신의 동창도 먹고살 만한 집안 출신일 것입니다. 그리고 당신이 좋은 대학을 나왔다면, 마찬가지로 괜찮은 고등학교―자사고나 외고, 과학고 혹은 강남이나 기타 비평준화지역의 일류고등학교를 나왔을 확률이 대단히 높고, 당신의 중고등 동창들도 다들 잘사는 집 자제들일 확률이 높습니다. 당신이 의도적으로 가난한 이들을 배제한 것이 아니라, 당신의 환경이 배제하는 것이지요.

반대로 만약 당신이 비정규직 노동자의 아들이라면, 높은 확률로 초등학교나 중학교 때 한 반에 열댓 명 이상을 몰아넣고 국영수 과사 다섯 과목을 가르치면서 월 20만 원 정도의 싼 수업료를 받는 동네 보습학원에 다녔을 것이고, 서울에 살았다면 강북구나 중랑구·동대문구·관악구 등의 집값이 싼 동네에 살았을 것이며, 대부분 공립 고등학교에 진학을 했을 것입니다. 그리고 그런 고등학교에선 이른바 일류대학을 가는 경우는 매년 한 손가락에 꼽을 정도니, 당신이 만약 공부를 그래도 잘했다면 서울의 평범한 4년제를 갔을 것이며, 중상이라면 서울의 2, 3년제 대학이나 지방 대학을 갔을 터이고, 그 이하라면 경기도의 전문대학에 진학을 했을 것입니다. 그리고 대부분 차상위 계층에게 주어지는 장학금으로 등록금에 대한 부담은 덜었지만, 차마 부모님께 용돈을 달라고 손 벌리긴 어려우니 아르바이트를 했을 것입니다. 열심히 돈을 모아 3박 4일 정도 가까운, 그래서 비행기 삯이 싼 해외에도 한두 번은 나갔겠지요. 그리고 취업을 합니다만, 당신이 원하는 대기업의 사무직은 언감생심인 경우가 대부분이고, 이공계라면 대기업의 생산직 노동자로라도 취업을 할 수 있다면 다행일 것입니다. 당신들 대부분은 부모와 비슷하게 비정규직 노동자가 되어 있을 것이고, 부모의 가난은 당신에게서 대물림되겠지요.

당신의 행복이 가장 중요하다

그래서 이 책을 읽는 20~30대의 당신 중 32.5퍼센트는 가난을 대물림하지 않으려고 결혼을 포기합니다.[6] 물론 사랑하는 사람을 만나기도 하지만, 대부분 당신이 사랑하는 이는 당신과 비슷한 처지이기도 하지요. 비정규직 둘이 만나 아이를 기르는 건 너무 가혹한 일임을 당신도 잘 알기에 사랑하는 이와 같이 살더라도 아이는 낳지 말아야겠다는 생각을 굳히고 있는 비율도 35.1퍼센트입니다. 사실 이 통계를 보고 놀랐습니다. 아니, 결혼하겠다는 것까지는 이해가 되는데 출산을 하겠다는 사람이 64.9퍼센트나 된다고? 하지만 경제적 부담 때문에 출산이 꺼려진다는 비율은 74.9퍼센트입니다.

낳고는 싶지만 제대로 키울 자신이 없는 거지요.

개인은 우연히 불행하거나 행복할 수 있지만, 사회는 확률적으로 그래서 필연적으로 불행하거나 행복합니다. 한국조세재정연구원의 보고서에 따르면, 저소득계층의 80퍼센트 정도는 계속 가난한 상태를 유지합니다. 그러니 통계가 말해주네요.[7] 우리나라에선 만약 당신이 가난하다면 당신은 행복하기 힘들고, 당신이 혹시 아이를 낳는다면 아이도 행복하기 힘들 거라고요. 앞서 나열한 당신이 어려서부터 지금까지 살아왔던 과정을 여전히 아이도 겪을 것이고, 그 과정에서 당신은 최소한 20년 이상의 인생을 아이를 위해 바쳐야 합니다.

그래서 말씀드리려는 겁니다. 결혼하고 싶은 사람이 생기면 먼저 2~3년 동거를 해보세요. 그래서 같이 잘살 마음이 들면 그냥 계속 동거를 하세요. 여러 이유 때문에 결혼을 결심하게 되더라도 꼭 같이 살아보고 해야 합니다. 그리고 되도록 아이를 낳지 마세요. 이 시대에 가난한 당신이 결혼을 하고 아이를 낳는 건 실패할 확률이 매우 높은 모험입니다. 당신이 물려받은 가난을 아이에게 물려주지 마세요. 그리고 아이가 없다면, 당신은 좀 더 당신에게 좋은 일을 해줄 수 있습니다. 개 같은 상사가 마음에 들지 않으면 직장을 때려칠 수 있고, 당신이 즐기는 취미로 행복할 수도 있습니다. 사회가, 정부가 이야기하는 한국의 미래 따윈 그 얘기 하는 사람들에게 맡기세요. 그들이 앞으론 가난한 사람도 잘살 거라고 하면, 실제로 잘살게 만드는 게 먼저라고 하세요. 1945년 해방 이후 그들은 항상 참고 견디면 잘사는 날이 올 거라고 50년도 넘게 떠들고만 있는 중

4차 산업혁명이 막막한 당신에게

이에요. 자손을 낳는 건 돈 많은 집 자식에게 미루세요. 20년쯤 후 우리나라에 돈 많은 집 아이들만 득시글거리겠죠. 잘사는 집 아이들만 있으니 얼마나 행복한 나라겠어요? 정부도 참 좋아하겠네요.

여러분은 절대 결혼이나 양육이라는 모험을 섣부르게는 하지 마세요. 모험은 자신이 좋아서 자신이 대가를 치를 각오로 하는 것이지 다른 사람이 강요한다고, 좋은 말로 구슬린다고, 잔돈푼 지원한다고 할 일이 아니에요. 당신이 행복한 것이 당신에겐 가장 중요합니다. 4차 산업혁명이 성공리에 완수되든 말든 말이지요.

그림자 노동은
사라질 것인가

당신은 하던 일을 잠시 멈추고 뭔가 얻을 게 있을까 싶어, 아니면 그냥 호기심에 이 책을 읽고 있습니다. 서가에서 이 책을 뽑아 앉은 다음, 한 장 한 장 넘기면서 읽고 있는데요. 그 과정은 온전히 당신이 알고 있는 일입니다.

그러나 이때에도 당신의 뇌 한가운데에는 당신도 모르게 일을 하는 곳이 있습니다. 뇌간이라고 부르는 영역이죠. 대뇌의 아래, 연수와 간뇌 그리고 중간뇌(중뇌)로 이루어진 부분입니다. 당신이 쉴 때도 당신의 몸은 생명을 유지해야 합니다. 그러기 위해 심장 근육은 이완과 수축을 반복하고, 갈비뼈와 가로막이 움직여 호흡을 해야 하지요. 뼈 안에 있는 조혈세포는 혈구를 만들고, 신장은 피를 걸러 오줌을 만듭니다. 세포 내 미토콘드리아에서는 세포호흡을 통해 체온을 유지하고, 간장은 유독성 물질을 걸러내며, 소장과 대장은 꿈틀 운동을 하며, 소화액을 분비해서 음식물을 소화합니다. 부신과 이자, 그리고 정소와 난소에선 호르몬을 분비합니다. 이 모든 걸 적절히 조절하는 일을 연수와 간뇌가 합니다. 그래서 잠을 잘 때도, 편히 쉴 때도 이 뇌간은 멈출 줄을 모릅니다.

그래서 사망의 정의도 심장 박동의 중지가 아니라 뇌간의 활동 중지로 바뀌었습니다. 대뇌가 멈추면 식물인간이지만 살아 있는 것이고, 뇌간이 멈추면 영원히 죽는 것이죠. 뇌사라고 합니다. 당신은 아마 당신의 대뇌이고 싶을 것입니다. 생각하고, 느끼고, 분노하고, 움직이는 모든 당신의 의지와 감정이 당신의 대뇌에 있죠. 그래서 당신이 느끼는 정체성은 대뇌입니다. 그리고 그 일을 제대로 하라고 대뇌에게, 그리고 당신에게 알리지 않고 24시간 계속 일하는 뇌간이 있습니다. 뇌간이 하는 일의 핵심은 '유지'입니다. 당신이 별탈 없이 일상을 살 수 있게끔, 혹은 당신이 창조적이고 혁신적인 일을 하게끔, 당신이 추운 겨울 광화문 광장에서 촛불을 들 때도 얼지 않게끔 하는 '당신 몸의 유지'가 뇌간이 하는 일입니다.

원래 세상이 그렇습니다. 놔두면 어질러집니다. 흔히 말하듯이 우주를 지배하는 엔트로피의 법칙이 그렇습니다. 우주는 항상 무질서를 증가시키는 방향으로 시간을 흘려보냅니다. 아무도 손대지 않는 곳은 시간이 지남에 따라 확률적으로 분명히 어질러집니다. 그러므로 당신이 집에서 나와 일을 하고, 다시 집에 들어갔을 때 집이 그대로라면, 그건 누군가가 청소를 하고 있기 때문입니다. 아침에 옷장을 열었을 때 입을 만한 옷이 언제나 정갈하게 걸려 있으면 누군가가 세탁을 하고, 말리고, 정리를 했기 때문입니다. 냉장고를 열었을 때 언제나 차가운 음료가 준비되어 있고 어느 때고 먹을 반찬이 제자리에 놓여 있다면, 누군가가 음료를 끓이고 반찬거리를 사서 다듬고 조리해서 용기에 담아 냉장고에 넣어놓았기 때문입니다.

이 모든 상황은 누군가의 노동으로 유지됩니다. 그 누군가가 없으면 집에는 먼지가 쌓이고, 옷은 세탁기 안에서 썩고, 냉장고 안의 음식은 줄어듭니다. 이때 누군가의 일은 새로운 것을 만드는 것이 아니라 일상을 유지하는 일입니다. 창조적이고 혁신적인 작업이 아니죠. 돈이 되는 것도 아니고 자기만족을 주는 것도 웬만해선 아닙니다. 그러나 엄연히 이건 노동입니다. 우주의 법칙인 무질서로의 흐름을 역행하려면 누군가가 해야 할 일입니다. 뇌간이 하는 일처럼 유지하는 것이 주된 임무인 일이 우리 사이에 있습니다.

가정용 로봇이 생기면 그림자 노동은 사라질까?

이런 일을 '그림자 노동'이라고 합니다. 꼭 필요한 일이지만 그 대가를 충분히 받지 못하며, '일'로서 인정을 받지 못합니다. 가정에서의 그림자 노동은 역사의 대부분에 걸쳐 여자의 몫이었습니다. 아내가 중심에 있었고, 딸과 어머니가 대를 이어가며 했습니다. 어려서는 아버지와 오빠 동생의 밥을 차리고 설거지를 했으며, 커서는 남편의 밥을 차리고 집안 청소를 하고, 늙어서는 아들의 밥을 차리고 와이셔츠를 다리는 식이었습니다. 그사이 남자는 '바깥 일'을 하고, 창조를 하고, 혁신을 한다고들 유세를 떱니다. 세상을 움직이고, 사회에 헌신한다고 폼을 잡습니다. 마치 남자가 그런 의미 있는 일을 하도록 뇌간과 같은 역할을 하는 것이 여자의 몫이라고 가르쳤고 지금도 일부 가르치려 합니다.

그런데 이제 세상이 바뀌어 여자도 대뇌처럼 일을 해야 합니다. 원래 당연히 그랬어야 하는 일입니다. 이제 바로 잡힌 거죠. 하지만 여전히 많은 그림자 노동은 줄어들지 않은 채 그대로 여성의 몫입니다. 아이들 학교와 학원을 챙기는 것도, 집안 경조사를 챙기는 것도, 세탁이며 청소며 고된 집안 노동의 대부분은 여성의 몫이고, 남성은 거들 뿐입니다. 이중의 노동은 당연히 힘듭니다. 더구나 이 사회는 정부와 사회, 그리고 기업의 몫이 되어야 할 일들조차 가정에 미루고, 가정은 여자에게 미루죠. 사회와 기업조차 여성의 그림자 노동에 기대어 살아갑니다.

사람의 뇌는 영역이 나누어져 있지만 사람은 그렇지 않습니다. 나만 대뇌가 되고 다른 누구는 연수가 되고, 간뇌가 될 순 없습니다. 우리가 대뇌와 소뇌, 뇌간을 모두 가진 것처럼 우리의 노동도 모두를 같이해야 합니다. 그리고 원래 사회와 기업의 몫이었어야 할 일을 사회에, 기업에 요구해야 합니다. 남자가 대뇌처럼만 일하기를 고집한다면 마침내 뇌간이 아님을 이미 깨닫고 참아왔던 이들의 파업을 맞이하게 될 것입니다. 당신은 당신의 대뇌가 아니라 뇌 전체입니다.

흔히 세상 좋아졌다는 말은 자신이 하는 일이 아니라 남이 하는 일에 대해 말하는 경우가 대부분입니다. "예전에는 허리 한번 못 펴고 살았는데 이제 싱크대며 가스레인지가 있어 얼마나 좋아졌냐. 예전엔 냉장고나 세탁기는 상상도 못했다. 진공청소기가 있는데 청소가 뭐 그리 어려워" 등등. 만약 가정용 로봇이 이 모든 일을 대신하는 사회가 되면, 즉 4차 산업혁명이 이루어지면 이런 그림자 노동은 사라질까요? 아뇨, 그렇지 않습니다. 물론 지금도 페미니즘 운동이 이곳저곳에서 꾸준히 문제제기를 하며 변화시키고 있지만, 수천 년을 기득권으로 살아온 이들의 저항은 여전합니다. 집안 일이 쉬워진 건 좋은 일입니다만, 그것이 여성이 가정의 그림자 노동을 거의 전담하고 있다는 사실을 덮어버려선 안 될 것입니다. 아무리 인공지능이 좋아지고 가정용 로봇이 들어와도 그걸 운영하는 노동이 여전히 여성이어선 제대로 된 혁명이 아니죠.

06

행복할 수
있을까요

행복한 가족들은 서로 비슷하지만
모든 불행한 가족은
각자 저마다의 이유로 불행하다.

―――――――
레프 톨스토이, 『안나 카레니나』에서

농업의 미래

농업은 역사상 가장 오래된 직업 중 하나입니다. 한반도의 역사도 대부분 농업을 중심으로 하여 이루어졌습니다. 1980년대까지만 하더라도 당시 3000만 남한 인구 중 1000만이 농민이라고 할 정도였습니다. 하지만 농업 인구는 급격히 줄고, 고령화되고 있습니다. 귀농의 예도 없지는 않지만 농업 인구의 감소는 당분간 지속될 것입니다.

이는 어쩔 수 없는 일이기도 합니다. 가장 중요한 쌀농사의 경우, 동남아시아나 중국 남부는 2모작에서 3모작까지 합니다. 더구나 인건비도 싸죠. 미국이나 호주 등은 광활한 농지에 기계를 투입하여 대규모 영농을 함으로써 생산비용을 낮추었습니다. 관세 장벽 등을 동원하지 않고는 수지를 맞출 수가 없지요. 더구나 우리 내부로 눈을 돌려도 농업은 다른 직업에 비해 노동은 과하고, 이윤은 박합니다.

그런데 여기에 인공지능과 무인 운송기관이 더해져서 또 다른 농업의 미래가 그려질 듯도 합니다. 영국의 하퍼 애덤스대학이 진행한 '핸즈프리 헥타르 프로젝트Hands Free Hectare project'가 그 한 예입니다.[1] 2017년 2월부터 9월까지 진행된 이 프로젝트는 말 그대로 무인 기기만을 가지고 보리농사를 지은 첫 번째 경우입니다. 드론으로 농작물의 상태를 확인하며 무인 기계가 씨를 뿌리고, 농약과 비료를 주었으며, 자율주행 트랙터가 추수를 했습니다. 사람은 밭에서 일하지 않고 오직 관리 감독만 했을 뿐입니다. 물론 아직은 기계의 크기가 너무 크고, 수확량도 농민이 직접 재배했을 때의 6.8톤에 비해 4.5톤으로 적습니다. 그러나 첫 프로젝트라는 점을 감안하면 아주 빠른 시일 내에 무인 농업이 본격화될 것이라는 점은 분명해 보입니다.

또 보니롭이란 로봇도 있습니다. 보쉬Bosch의 자회사인 딥필트 로보틱스Deepfield Robotics가 개발한 농업 전문 로봇인데 알아서 잡초를 제거해줍니다. 인공지능이 학습을 통해 잡초와 재배 작물을 구분한 다음 잡초만 기계적으로 제거하는 것이죠. 이렇게 되면 말 그대로 '제초제여, 안녕!'이 됩니다.[2]

물론 이전에도 농업은 기계화 되어왔습니다. 우리나라에서도 1970년대 이후 지속적인 기계화 작업이 진행되어 상당한 성과를 보이고 있습니다. 특히 벼농사의 경우 밭농사보다 기계화율이 훨씬 더 높습니다. 농림축산식품부 '농업기계 보유현황' 자료에 따르면,[3] 2015년 우리나라 농업의 기계화율은 벼농사가 97.8퍼센트이고 밭

4차 산업혁명이 막막한 당신에게

농사는 56.3퍼센트입니다. 트랙터는 28만 3000대가 운영되고 있고, 콤바인은 7만 9000대, 이앙기는 21만 3000대가 운영되고 있습니다. 밭농사의 경우 기계화율이 낮은 이유는 파종 및 수확 작업이 10퍼센트 선이기 때문입니다. 즉 제초나 방제·정지 작업은 웬만하면 다 기계로 하지만, 씨를 뿌리고 거두는 작업은 사람 손을 써야 한다는 뜻입니다.

어찌되었든 기계화가 어느 정도 이루어지면서 한 사람이 지을 수 있는 양은 이전에 비해 꽤나 많이 늘어났습니다. 그리고 이제 사람이 운전하지 않아도 되는 무인 기계의 도입은 농업에서도 새로운 패러다임으로 작용할 듯합니다. 물론 대규모 경작을 하는 미국이나 호주, 중국 등이 새로운 기술의 혜택을 먼저 받게 될 것은 어쩔 수 없는 현실입니다. 그렇더라도 농업 인구가 고령화되고 있는 한국에서 이러한 무인영농시스템은 부족한 농촌 일손을 채우는 방향으로 작용할 가능성이 큽니다. 하지만 벼농사와 같은 대규모 농사가 아닌 밭농사의 경우, 무인영농시스템의 도입은 조금 더 늦을 것입니다.

식물공장의 장단점

농업에 있어 또 다른 측면도 살펴보아야 합니다. 바로 식물공장Plant Factory입니다. 식물공장이란 통제된 시설 내에서 빛, 온도, 습도, 이산화탄소 농도 및 배양액 등의 환경 조건을 인공적으로 제어하여 식물을 재배하는 시설입니다. 농업 및 IT, BT, ET 등의 기술이 접목되어 발전하고 있습니다.[4]

식물공장의 역사는 꽤 오래되었는데요. 덴마크가 1957년에 처음 도입하였고, 완전 인공광형 식물공장은 1970년대부터 일본과 미국을 중심으로 연구가 이루어지기 시작했습니다. 유럽은 태양광을 사용하면서 보조광원을 이용하는 방식의 식물공장이 주를 이루고 있습니다. 1990년 이후로는 중국, 싱가포르, 대만, 한국에서도 연구가 활발히 이루어지고 있다고 합니다.

식물공장의 가장 큰 장점은 먼저 외부 환경과는 독립적으로 식물을 재배하기 때문에 계절의 변화에 상관없이 작물재배가 가능하다는 점입니다. 1년 365일 재배가 가능하다는 거지요. 또한 외부와 단절된 시스템이므로 해충이나 잡초, 세균의 침입을 방지할 수 있어 농약이나 제초제의 사용 없이 재배할 수 있다는 것 또한 장점으로 꼽힙니다. 그리고 집약된 시설에서 재배함에 따라 농지가 부족한 상황에 대처할 수 있다는 점도 매력적이지요.

그러나 고민거리가 없는 일이 어디 있겠어요? 식물공장도 고민거리가 있는데 좀 치명적입니다. '비용'이 들어도 너무 많이 듭니다. 앞서의 장점을 갖추기 위해선 환경제어·반송장치·조명설비·전기·급배수·수경 등의 시스템을 구축해야 하는데, 이를 위한 초기 투자비용이 꽤 많이 소요됩니다. 그리고 전기 요금과 재배 자재 등 운영비용도 일반 시설 원예보다 많이 듭니다. 친환경 안전 농산물이라는 프리미엄으로 일반 채소보다 더 비싸게 받지만 채산성을 맞출 수 없다는 것이 문제죠. 식물공장 산업을 가장 활발하게 진행하는 곳은 일본입니다. 그런데 근 30년간에 걸친 정부의 투자와 지원에도 불구하고 현재 흑자를 내고 있는 기업은 약 10퍼센트 선에 불과한 것으로 나타납니다. 유지비용의 상당 부분은 빛을 만드는 데 사용됩니다. 초기 식물공장에선 자연광과 인공광을 섞어서 사용했으나, 식물공장이 수직 건물이나 컨테이너 구조로 발전함에 따라 식물공장에서 절대적으로 필요한 자연광의 양이 부족해져서 인공광 위주로 재배를 하게 된 거지요. 초기 나트륨 등에서 효율이 더 좋은 LED로 광원이 바뀌고는 있지만, 여전히 발생하는 비용이 일반 작물에 비해 크게 높습니다.

그리고 이렇게 비용이 많이 든다는 것에는 다른 의미도 포함됩니다. 이산화탄소 발생량이 많다는 것이죠. 유지비용의 상당수가 전기 요금인데, 이 전기는 현재까지는 화력과 원자력에 의해 제공되는 것입니다. 식물공장은 광합성으로 산소를 만들지만, 그 몇 배의 이산화탄소를 이미 소비한 다음인 것이죠. 이렇다면 친환경적이라는 말 자체가 의미가 없어지고 맙니다. 세상에 이산화탄소를 양산하는 농업이라니요.

사라질 전통적 농업방식

현재의 수준에서라면 식물공장이 필요한 곳은 매우 협소합니다. 남극기지라든가 우주나 사막지역에서는 다른 방식의 식물재배가 불가능하니 식물공장의 형태를 가질 수밖에 없습니다. 실제로 남극 세종기지나 우주정거장에는 소규모의 식물공장이 운영되고 있습니다. 비용이 문제가 아닌 거죠. 그러나 가장 사업화될 여지가 많은 중동지역에서는 아직 본격적인 사업이 진행되지 못하고 있습니다.

돈 많은 나라들이지만, 외국에서 수입하는 것보다 훨씬 많은 비용이 드니까요. 특히나 이런 지역에선 물이 부족해 담수화 시설까지 추가로 갖추어야 하니 비용이 더 많이 듭니다.

그럼에도 정부와 기업 들이 식물공장에 투자를 하고 연구를 하는 이유는 무엇일까요? 먼저는 세계 인구의 증가세가 식량 생산의 증가율을 앞지르고 있으며, 농지는 점점 부족해지고 있다는 측면에서 현재는 힘들어도 미래에 유망 산업이 될 거라는 희망이 있기 때문입니다. 그리고 수송비용의 문제도 있습니다. 실제 농산물의 가격에서 수송이 차지하는 비중은 평균 약 70퍼센트에 달합니다. 만약 도시 근교에 식물공장을 짓는다면 획기적으로 수송비용을 절감할 수 있죠. 그리고 현재의 기술 발전 속도를 보면, 적어도 10년 정도면 손익분기점에 도달할 수 있을 거란 예상도 있습니다. 여기에는 신재생에너지를 이용한 발전, 인공지능을 통한 최적화된 무인 재배시스템, 그리고 식물 품종 개량 등의 방법이 강구되고 있습니다. 또한 수송과정에서 발생하는 이산화탄소를 줄일 수 있다는 이점도 있습니다. 미국의 트럼프 정부가 탈퇴를 선언해서 세계를 기함하게 하긴 했지만, 이산화탄소 배출 억제는 이제 거스르기 어려운 대세가 되었습니다. 운송부문에서의 이산화탄소 배출 억제가 가능하다면 그 자체로 얻는 이익이 작지 않다는 겁니다.

거기다 농업 인구가 고령화되었다는 점도 고려대상입니다. 우리나라뿐만 아니라 많은 국가에서 농업 인구는 고령화되고 있습니다. 일은 힘들고 벌이는 적으니, 자연스레 젊은 사람들이 농업을 기피하는 것이죠. 그러나 식량 자체는 흔히 얘기하듯이 국가 안보 차

원에서도 일정하게는 확보해야 하는 바, 많은 나라들이 식물공장에 대해 지속적인 연구를 계속하는 것입니다. 그리고 땅의 문제가 있습니다. 누구나 알다시피 땅은 유한합니다. 간척 등으로 영토를 넓히기도 하지만 이젠 그마저도 여의치 않습니다. 식물공장을 통한 생산이 일반화되면, 남는 유휴농지를 다른 용도로 사용할 수 있다는 점도 대단히 매력적인 지점입니다.

물론 여기에는 여러 가지 다른 목적이 있을 수 있습니다. 기업들의 입장에서는 도시 근교의 농지를 매입하여 주택단지나 상업지역 혹은 산업시설을 세우려 할 것이고, 저와 같은 사람은 농지를 국가가 매입하여 자연에 되돌려주는 것이 좋다고 생각합니다. 식물공장이 점점 많아져서 필요 없어진 농지를 자연공원으로 만들면 우리나라의 생태계는 더 풍부해질 것이고, 그곳의 생물들은 더 고마워하겠지요. 아마도 정책적으로 식물공장을 장려하려는 것은 이런 모든 사항을 염두에 둔 일일 것입니다. 저는 그중에서도 식물공장의 건설을 통해 남는 농지를 자연에 돌려줄 수 있다는 점이 가장 매력적입니다만, 아마 그렇게 되긴 힘들겠지요.

물론 아직도 인건비가 싸고, 땅이 넓으며, 이모작·삼모작이 가능한 동남아시아와 중국 남부 등의 지역에서는 기존의 전통적인 농업에 부분적 기계화를 통해서 생산력을 증강시키는 쪽으로 정책 방향이 이루어지고 있습니다. 그러나 미국의 대평원이나 우크라이나처럼 경작지가 넓은 경우에는 앞서 이야기한 무인 기계에 의한 영농이 점차 일반화될 것으로 보입니다. 물론 2~3년 내의 급격한 변화는 아닐 테고, 자율주행 자동차와 인공지능 기술의 발달과 맞물려 나타날 현상일 것입니다. 그리고 이런 변화는 소규모 영농보다는 기업화된 형태를 띠게 될 것이 분명할 듯싶습니다.

　또한 우리나라처럼 땅이 좁고, 농업 인구가 지속적으로 감소하는 경우에는 식물공장이 도시 근교에 자리 잡게 될 것입니다. 물론 현재의 기술적 문제가 해결되는 것이 선결조건이겠습니다. 이렇게 되면, 소규모 영농은 점점 그 자리를 잃게 되겠지요. 이미 고령화된 인구를 생각하면 자연스레 전통적 방식의 농업이 사라지는 것은 어쩔 수 없다는 생각도 듭니다만, 이런 경우 지방의 균형 발전문제가 다시 제기될 수 있습니다. 현재도 농촌지역에서는 고령화가 갈수록 심화되면서 전체 인구의 감소로 몸살을 앓고 있는데, 농업 인구가 줄어드는 속도가 더 빨라진다면 지역의 공동화空洞化가 더 심각해질 것입니다.

이중용도 기술

'이중용도 기술dual-use technology'이라는 말이 있습니다. 평화적인 목적이나 군사적인 목적에 모두 사용될 수 있는 기술이란 뜻입니다. 가장 자주 거론되는 것으로 핵분열 기술이 있습니다. 애초의 목적이 군사적 용도였죠. 독일이 먼저 핵무기를 개발할까봐 겁먹었던 미국이 핵폭탄을 개발했고, 사용했습니다. 그 뒤 핵의 평화적 이용에 대해 고민하던 일군의 사람들이 핵에너지를 기반으로 핵발전소를 만듭니다. 사실 핵발전소와 핵무기를 이중용도 기술의 대표적인 예로 거론하는 것은 조금 어폐가 있긴 합니다. 핵발전 자체가 문제가 많은데다 현재의 추세가 점차 핵발전을 줄이거나 폐기하는 방향으로 가고 있기 때문입니다. 그 외 핵으로 운용하는 핵잠수함이나 핵항모의 경우도 평화적 운용과는 거리가 멀죠. 그리고 후쿠시마 핵발전소 사고의 경우처럼 좋은 목적이라 여겼던 것도, 사고에 의해 엄청난 참극으로 돌변할 수 있다는 점도 이중용도 기술이 거론되는 한 지점입니다. 사실 이중용도 기술의 시작은 이 책에서도 몇번 거론된 암모니아의 합성입니다. 암모니아의 합성은 그 시작 자체가 비료와 화약이란 두 가지 목적을 가지고 있었지요. 실제로 비료를 가지고 폭탄을 만들 수도 있습니다.

20세기 이후 새롭게 등장한 기술로 만들어낸 다양한 물건들도 이런 이중적 성격을 가지고 있습니다. 탄소섬유는 가볍고 튼튼합니다. 이는 비행기나 자동차의 동체를 만드는 데 사용하기도 하지만, 미사일의 동체를 만드는 데도 사용되지요. 동결건조기는 인스턴트 커피를 만드는 데 사용되지만, 한편으로 생물학무기를 만드는 데도 사용됩니다. 트리에탄올아민이라는 생소한 화학제품은 샴푸나 비누, 농약을 만드는 데 사용되지만, 또 한편으로 화학무기를 만드는 데 사용되기도 합니다. 이런 것들은 대량살상무기Weapons of Mass Destruction(WMD)를 만들 수 있는 전략물자로 분류되어 수출입에 규제가 있습니다. 우리나라에서도 이중용도 품목으로 국가에서 관리를 하고 있습니다.

하지만 기술이 발전하면서 이런 이중용도에 해당하는 제품이나 기술들은 점점 늘어만 가고, 이를 통제할 방법은 거의 사라지고 있습니다. 또한 냉전시대처럼 서로 적대적인 국가나 진영에만 신경을 쓰면 되는 것이 아니라 원리주의 테러집단이나 개인적인 공격에 대해서도 신경 쓸 수밖에 없습니다.

예를 들어 슈퍼컴퓨터는 대표적인 이중용도에 해당합니다. 그래서 수출입에 커다란 제약이 따릅니다. 그러나 현재 컴퓨터 기술의 발달은 초기 슈퍼컴퓨터가 수행했던 역할 정도는 개인용 컴퓨터 몇 대를 병렬 연결하면 가능할 정도로 발달하고 있습니다. 그렇다고 개인용 컴퓨터를 전략자산으로 묶어둘 순 없는 거지요.

크리스퍼의 등장

2011년 12월 H5N1 바이러스에 관한 논문 두 편이 투고되었습니다. H5N1 바이러스는 고병원성 조류인플루엔자 바이러스입니다. 21세기 들어 우리나라에서도 끊임없이 나타나며 커다란 손실을 불러일으키는 녀석이죠. 그나마 다행인 것은 조류에서 사람으로의 감염이 그리 쉽지 않다는 것입니다. 그런데 이들 두 논문은 이 바이러스를 사람에게 감염될 수 있도록 변형하여 제조하는 데에 성공했다는 내용이었습니다. 물론 어떻게 제조했는지의 방법도 논문에 다 기재되어 있었죠. 당시 미국의 '생물안보를 위한 국가과학자문위원회(NSABB)'는 이 두 논문의 내용 중 일부, 즉 제조 방법을 삭제하고 출간해줄 것을 논문이 투고된 『사이언스』지와 『네이처』지에 요청했습니다. 세계의 여러 과학자들이 이에 대해 논쟁을 벌였고, 결국 논의가 지지부진해지면서 논문은 출간되었습니다.

인간게놈프로젝트도 비슷한 경우입니다. 21세기 초에 인간게놈을 구성하는 모든 유전자 서열을 밝혀 유전자지도를 완성합니다. 수십억 달러가 소모되었고, 수천 명의 과학자가 동원된 일이었습니다. 그러나 이제 10년 조금 더 지난 지금, 이젠 누구나 몇 천 달러만 내면 직접 염기서열 분석 장비를 구매할 수 있게 되었습니다. 염기서열 분석 비용이 엄청나게 싸진 것이죠. 현재 이른바 선진국의 많은 연구실이 염기서열 분석을 직접 하지 않고 중국의 하청업체에 아웃소싱을 주고 있는 실정입니다.

여기에 유전자가위기술이 등장합니다. 특정 영역의 DNA를 잘라내고 삽입하는 신기술입니다. 크리스퍼CRISPR는 원래 1987년 일본에서 처음 발견된 유전자 서열인데, 이 유전자 서열을 이용하면 이전보다 DNA의 원하는 특정부위를 잘라내는 것이 아주 손쉬워집니다. 이를 본격적으로 활용할 수 있게 된 것은 2012년부터입니다. 생물학계, 특히 유전학계에서는 난리가 났습니다. 기존의 방식과는 비교할 수 없으리만큼 쉽고 정확하게 원하는 유전자만 잘라내고, 다시 붙일 수 있게 된 겁니다.

이에 기초하여 합성생물학이 장족의 발전을 합니다. 하버드대의 조지 처치 교수팀은 이를 이용하여 매머드의 유전적 특징을 현생 코끼리에 붙여 넣어 매머드를 복원하는 프로젝트를 추진하고 있습니다. 또한 유전자조작식품(GMO)을 만드는 과정에서도 이전보다 더 안전하게(과학자들이 생각하는 한에서는) 만들 수 있게 되는데, 이전에는 필요한 유전자만이 아니라 그 외 수백 수천 개의 다른 유전자도 삽입되어 문제가 생길 수 있었지만, 이젠 딱 필요한 부분만 넣을 수 있기 때문입니다. 우리나라 기초과학연구원의 김진수 유전체교정연구단이 이 방법으로 식물개량에 성공하기도 했습니다. 유전학 연구에 필요한 유전자 조작 생쥐를 만드는 것도 마찬가지였습니다. 이전에는 이런 쥐를 만들려면 1년 정도의 기간에 성공률도 낮았습니다만, 크리스퍼를 이용하면 기간도 절반 이하로 줄어드는

데다가 성공률도 배 이상 높아집니다. 각종 유전질환에 대해서도 이를 활용하면 엄청난 효과가 있을 것으로 보이기도 합니다.

하지만 한편으로 이런 것도 상상할 수 있습니다. 미국의 누군가가 앞서 말한 염기서열 분석 기기로 특정 병원체, 예를 들면 에볼라 바이러스의 염기서열을 분석합니다. 그리고 특정 질환을 일으키는 유전정보를 확보합니다. (현재 많은 연구소에서 실제로 하고 있는 일입니다.) 중국이나 러시아 혹은 동남아시아의 누군가에게 이 데이터를 인터넷으로 전송합니다. 전송받은 곳에서 크리스퍼를 이용해 기존의 바이러스에 이 유전자정보를 삽입합니다. 이제 에볼라 바이러스와 유사한 질병을 일으키는 병원체가 탄생합니다. 현재 크리스퍼 기술을 활용하는 곳은 몇몇 연구소뿐만이 아닙니다. GMO를 개발하는 몬산토 등의 곡물종자회사, 대규모 축산기업, 제약회사 등 생물학과 관련된 다양한 회사의 연구소들이 이를 활용하기 위해 열을 올리고 있습니다. 크리스퍼의 가능성을 처음 확인한 것도 네덜란드 요구르트 제조회사의 연구팀이니까요. 거기에 크리스퍼를 이용한 벤처 혹은 스타트업도 우후죽순으로 생겨나고 있습니다.

과연 이런 기술까지 국가적 통제가 가능할까요? 이제 유전자 조작은 대학 실험실에서도 가능한 수준으로 내려오고 있는데 말입니다. 흔히 말하길 대학교 물리학과만 졸업하면 누구나 핵폭탄을 만들 수 있다고 했습니다. 물론 정제된 우라늄이 있기만 하다면요. 또는 화학과만 졸업하면 누구나 폭탄을 만들 수 있다고 했습니다. 이제 누구나 생물학과만 졸업하면 전염병 바이러스를 만들 수 있다고 할 만한 시대가 되었습니다. 물론 DNA 합성 키트만 있다면 말이죠.

플랫폼을
일개 기업이 가지는 게
온당한가?

4차 산업혁명이라는 유행어와 함께 플랫폼 비즈니스platform business 라는 용어가 유행하고 있습니다. 요사이 잘나간다는 기업들은 모두 플랫폼 비즈니스를 하고 있거나 하려고 합니다. 애플은 애플 스토어로 구글은 구글 스토어로 플랫폼 비즈니스를 하고, 카카오톡은 그 자체가 플랫폼입니다. 다음이나 네이버 같은 포털도 플랫폼 사업의 일종이라 볼 수 있고, 공유경제를 주장하는 우버나 에어비앤비 등도 모두 일종의 플랫폼입니다. 직방이나 다방 같은 부동산 중개업체, 배달의 민족이나 요기요 같은 배달 중개업체, 야놀자 같은 숙박 중개업체 들은 모두 플랫폼 자체입니다. 옥션, 이베이 모두 그렇습니다. 여기에 인공지능 사업을 하는 기업들도 이를 기반으로 플랫폼 사업을 하려 하고, 하다못해 삼성전자와 같은 곳에서도 플랫폼 사업에 뛰어들려고 눈치를 봅니다. 가히 플랫폼 전성시대입니다.

그런데 이 플랫폼은 이들이 만든다기보다는 이들 회사에 가입한 회원들이 만든 것이 아닐까요? 물론 이들이 회원을 모으기 위해 엄청난 마케팅 비용을 들이고, 인터페이스를 개선하고, 서버를 증설하는 등 노력을 들인 걸 무시하는 건 아닙니다. 그렇다고 플랫폼의 이익을 기업이 전취하는 게 당연할까요? 그 플랫폼이 활성화되고 이익을 내게 된 건 결국 플랫폼에 가입한 사람들 때문이 아닌가요?

어떤 이가 혁신적인 아이디어를 내놓았다고 합시다. 그 멋진 아이디어를 그 혼자만의 힘으로 생각해낸 걸까요? 그가 그런 아이디어를 생각할 수 있도록 교육시키고, 훈련시켰으며, 또한 재정적·제도적 뒷받침을 한 사회가 있습니다. 최소한 우리나라라면 초등학교에서 고등학교까지 정부의 재정적 뒷받침 아래 교육을 받았죠. 그리고 여러 가지 정보를 습득하고 비교할 수 있도록 인터넷망이 제공되고 있습니다. 그중 일부는 그가 지불한 비용이지만 많은 부분이 정부 재원에서 나왔죠. 그리고 그의 아이디어는 그가 관계한 수많은 사람들과, 책과 TV와 인터넷을 통해서 얻어낸 것이기도 합니다.

그리고 그가 아이디어를 실현시켜나가는 과정 또한 마찬가지입니다. 그가 다른 동업자를 찾고, 펀딩을 받고, 직원을 채용하는 모든 과정에서 그는 도움을 받습니다. 또 그와 일하는 동업자와 직원, 투자자 또한 그와 마찬가지로 이 사회가 만들어놓은 여러 제도와 정책의 혜택을 입었을 것입니다.

개인의 노력을 폄하할 생각은 없습니다. 많은 사람이 비슷한 배경을 가지지만 그만이 그걸 만들어낸 데에는 그 자신의 노력과 재능도 필수적인 요소의 하나일 겁니다. 그러니 플랫폼을 만든 이가 성공의 대가를 받는 것은 어찌 보면 당연합니다. 하지만 그 플랫폼이 이루어낸 성과 전체가 그 개인이나 기업에 가서는 곤란하다고 생각합니다.

물론 이 주장에 동의하지 못할 분들이 꽤 있을 겁니다. 그러나 이런 플랫폼은 그 자체로 공공성을 가지고 있습니다. 인터넷망의 공공성을 이야기하고 교육의 공공성을 이야기하듯이, 이러한 플랫폼도 공공성이 있다는 것이죠. 특히나 해당 분야에서 독점적 지위를 가진 플랫폼은 더욱 그러합니다.

거버넌스, 시장의 공공성을 위하여

우버가 한국 시장에 들어오려다 실패한 사례를 한번 살펴봅시다. 우버는 많이들 알다시피 차량을 가지고 있는 이와 차가 필요한 사람을 연결시켜주는 플랫폼 비즈니스가 주된 영역입니다. 하지만 국내에서는 이와 관련된 제도로 택시서비스가 있습니다. 기존의 택시서비스는 길가에서 대기하는, 혹은 주행 중인 택시를 고객이 손을 들어 세워서 타고 가는 서비스였습니다. 일정한 노선을 가진 버스와는 달리 개인이 원하는 장소에서 타서 원하는 장소까지 이동하는 서비스죠. 하지만 이런 택시서비스는 공공적 성격이 강하고, 따라서 화물차 영업과 달리 정부의 개입이 강하게 작용합니다. 택시운전사는 개인택시 자격을 따거나 택시 회사에 입사를 해야 영업을 할 수 있습니다. 또 택시 회사는 정부로부터 면허를 취득해야 하며 운용할 수 있는 택시 대수에도 일정한 제한이 있고, 요금도 정부에서 정합니다.

그런데 우버의 영업 행위는 이렇게 법적으로 정해진 영역을 침범하는 행위였습니다. 따라서 정부는 이에 대해 금지 명령을 내렸고 위법하다고 판단했습니다. 우버는 기술적·사회적 혁신을 정부가 따라잡지 못한다고, 자신들의 서비스가 더 많은 고객에게 더 큰 만족을 줄 것이라고 주장했지만 받아들여지지 않았고, 결국 한국에서의 서비스를 포기했습니다.*

당시 어떤 이는 우버의 서비스를 이용해보니 기존 택시보다 훨씬 편하고 안전했으며, 계속 이용했으면 좋겠다고 했습니다. 하지만 또 다른 이는 우버의 공유경제가 기존 시장 질서를 혼란스럽게 만들며, 개별 기업이 할 수 있는 일의 영역을 넘어섰다고 주장했습니다.

오프라인이지만 또 다르게 이마트나 코스트코, 롯데마트, 홈플러스와 같은 대형 마트의 경우도 비슷합니다. 이들은 자신들의 커다란 매장에 다양한 물건을 들이고 판매합니다. 많은 기업들이 자신들이 만든 상품을 이들 대형 마트에 진열하고, 소비자들이 사주길 바랍니다. 이들 대형 마트가 하는 일은 온라인 쇼핑몰이나 우버가 하는 일과 별반 다르지 않습니다. 그리고 이들도 주변의 상점, 시장과 갈등관계를 가집니다. 1년 365일 매일 문을 열던 이들이 정기적으로 일요일에 문을 닫는 건 주변 상권에 숨 쉴 여지를 주기

---

* 물론 당시 우버와 갈등관계에 있었던 것은 중앙정부가 아니라 서울시 택시를 직접 관할하는 서울시 정부였습니다. 또한 2017년 8월에 우버는 한국에서 다시 카풀 시장을 통해 재진입을 시도하고 있습니다. 카풀 영업은 일정한 시간대에만 한정되어 진행되며, 법적으로 보장된 행위입니다.

위해 정부 혹은 지방자치단체가 개입한 결과죠. 그런데도 대형 마트가 들어서면 주변의 소매점들은 여지없이 매출이 줄어듭니다. 이들 대형 마트는 주변 상권하고만 문제를 만드는 것이 아닙니다. 대형 마트에 납품하는 회사들에 대한 이들의 '갑질'은 이미 여러 차례 언론을 통해서 알려졌습니다. 납품 단가 후려치기, 부당 반품, 납품업체 직원 부당 사용, 판촉비용 부담시키기 등이 그들이 저지르는 갑질의 다양한 내용이었습니다. 2016년에 공정거래위원회가 3개 대형 마트에 시정명령과 함께 내린 과징금만 238억 9000만 원일 정도입니다.[5]

소비자와 제조업체를 이어주는 일은 처음부터 공공적 성격을 띠고 있습니다. 그래서 정부에서도 이에 대해 감시하고, 규제를 합니다. 이를 흔히 말하는 '시장의 논리'에 맡겨둘 수 없다는 걸 잘 알고 있기 때문입니다. 이런 공공적 성격이 온라인이라고 다를 바 없습니다. 오히려 특정 부분에서는 네트워크 효과로 인한 독점과 과점이 일어나기 때문에 더 촘촘한 감시가 필요합니다. 온라인 광고 시장의 경우를 보면 전 세계적으로는 구글과 페이스북이, 국내에서는 네이버와 다음, 구글이 시장을 과점하고 있습니다. 음악과 동영상의 경우도 시장을 선점한 이들이 플랫폼을 독점하거나 과점하고 있습니다.

그들에게는 플랫폼이 비즈니스일지 모르나 우리 대부분에게 플랫폼은 삶의 현장입니다. 이 삶의 현장을 어떻게 개별 기업의 이윤의 논리에만 맡길 수 있겠습니까? 그렇다고 이를 법률이나 정부의 행정규제로만 풀 수 있는 것도 아닙니다. 플랫폼 비즈니스의 형식이 끊임없이 변하기도 하고, 각종 다양한 플랫폼 비즈니스가 만드는 문제들에 대해 선제적으로 대응하기도 어렵기 때문입니다.

여기에 대안으로 나오는 것이 거버넌스governance, 즉 협치協治입니다. 플랫폼에 이해관계가 있는 당사자들이 모여서 플랫폼의 정책을 공동으로 결정하는 것이죠. 플랫폼 비즈니스가 해당 분야에서 일정한 궤도에 오르면 이를 이용하는 당사자들의 조직이 참여하는 기구를 둬서 이를 통해 해당 사업자들에 대한 감시와 제도적 정비 등을 요구할 수 있어야 한다는 겁니다.

아니, 기업이 혁신적인 방법으로 사용자에게 더 멋진 경험을 선사하며 돈을 벌겠다는데 무슨 '딴지'를 이렇게 거냐고 생각하는 분도 있을 것입니다. 그러나 우리는 그러했습니다. 애초에 시장이라는 개념은 공공의 장소였습니다. 교통이 편리한 곳에 저마다 팔 물건을 가지고 와서 자리 잡으면, 소비자들은 그들로부터 물건을 사지요. 여기에 질서를 어지럽히는 행위를 규제하기 위해 상인회나 지방자치단체가 규칙을 정하고, 판매자들에게 일정한 수수료를 부과하기도 했습니다. 때로는 이런 규제가 지나치고, 수수료가 과다하여 문제가 발생하는 경우도 있었습니다. 대부분의 경우 상인회가 일부 소수에 의해 운영되면서 전횡을 부리거나, 지방자치단체가 주민의 요구를 무시하고 사리사욕을 채울 때 발생했지요. 그러다가 개인 혹은 기업이 이전의 시장보다 쾌적하고, 구매나 판매에 편리한 장소와 시설을 마련하여 판매자와 소비자를 불러들이기 시작했습니다. 쇼핑몰이나 백화점 등이 그러했지요. 그러면서 정부의 규제나 상인회의 의지 혹은 소비자의 판단보다는 운영주체의 입장이 가장 중요해졌지요. 운영주체의 입장에서야 가장 중요하게는 자신들이 얻을 수 있는 수익이 우선이었습니다. 물론 경쟁이 이들의 폭주를 막아주기도 했지만, 시장을 독점하게 되면 여지없이 고삐 풀린 망아지처럼 수익을 쫓아갔지요. 그래서 정부에서도 규제방안을 마련하고 각종 시민단체들이 간섭하기 시작했던 것입니다.

4차 산업혁명이라고, 혹은 온라인이라고 달라질 것이 있을까요? 그렇지 않습니다. '시장'으로서의 기능을 가지는 한, 아무리 개별 기업이 운영한다고 하더라도 공공성이 사라지지는 않습니다. 그 공공성이 바로 그들이 수익을 얻는 원천이기도 하고요. 그래서 이들 플랫폼 사업에 대해선 사용자와 이용자 그리고 시민단체와 정부 등이 참여하는 기구를 통한 거버넌스가 더욱 활발히 이루어져야 한다고 봅니다.

찍는 사람인가,
찍히는 사람인가

2017년 9월 미국 스탠퍼드대 미할 코신스키Michal Kosinski 교수 연구진은 사람들의 얼굴을 보고 성적 취향을 알아맞히는 AI 소프트웨어를 개발했습니다.[6] 남성의 얼굴 사진을 보고 동성애자를 구분하는 실험에서 AI는 81퍼센트의 정확도를 보였다고 합니다. 여성은 71퍼센트였습니다. 한 인물당 다섯 장의 사진을 보여주자 남성의 경우 정확도는 91퍼센트로 올라갔습니다. 여성은 83퍼센트였구요. 이 AI는 인터넷 데이트 사이트의 사진 3만 5000여 장과 이들이 직접 밝힌 성적 취향 정보로 학습을 했고, 이를 통해 외모에 나타난 동성애자의 특징을 파악했다고 합니다. 당연히 동성애자 단체로부터 항의가 있었습니다. AI에 의해 강제로 아웃팅을 당하게 될 수 있다는 거지요. 동성애자에 대한 차별과 혐오가 아직도 사회 곳곳에 뿌리 깊은데, 자신의 의지와 무관하게 동성애자로 밝혀지는 것에 대한 항의였습니다.

얼굴인식 기술은 이미 오래전부터 연구되고 실용화되어왔습니다. 애플과 삼성은 face ID로 스마트폰 잠금 해제를 할 수 있도록 개발 시판했고, 구글은 '구글 포토스' 사진 저장 서비스에서 사람·장소 별로 사진을 분류하고 있습니다. 물론 앞으로 맞춤형 광고에 써먹겠다는 생각이겠지요. 페이스북은 사진을 올리면 얼굴을 인식하고 자동 태그를 달기도 합니다. 네이버, 알리바바, 바이두 등 다른 인터넷 기업들도 마찬가지죠.

문제는 이 얼굴인식 기술이 개개인의 'No!'를 받아들이지 않는다는 것입니다. 지문은 우리가 손가락을 갖다 대야만 찍힙니다. 홍채나 정맥 같은 경우도 마찬가지입니다. 하지만 얼굴은 그렇지 않습니다. 매일 수억 명이 SNS에 올리는 사진만의 문제가 아닙니다. 아침에 집을 나서서 집에 들어올 때까지 우리는 자신도 모른 채 수많은 CCTV에 노출됩니다. 이 CCTV와 AI가 결합한다면? 상상만 해도 끔찍한 일입니다.

누구도 그런 생각을 하지 않을 거라는 순진한 생각은 마셔야 합니다. 미국의 코리 닥터로우가 쓴 『리틀 브라더』란 소설이 있습니다.[7] 끔찍한 테러가 일어나고, 그 후 (소설 속의 가상 조직인) 국토안보부는 테러로부터 국가와 국민을 보호한다는 미명 아래 헌법을 유린하고, SNS를 조작하며, 선거에까지 개입하려 합니다. 이에 맞서는 고등학생 해커 마커스 얄로우의 활약을 그린 소설인데, 국토안보부는 대중교통수단 및 자가용 모두를 추적하고, CCTV를 활용하여 모든 시민의 일거수일투족을 추적합니다.

4차 산업혁명이 막막한 당신에게

경찰이 범인 검거를 위해 범죄 현장 주변의 CCTV를 활용하는 것을 우리는 이미 숱하게 접하고 있습니다. 아니 오히려 CCTV가 없어서 범인을 추적하기가 힘들다는 경찰의 하소연이 뉴스에 나올 정도입니다. 2017년 6월에 발생한 연세대 폭발물 사건 당시 경찰 브리핑에 실제로 나온 말이죠.

9.11 테러와 같은 끔찍한 일이 일어나면 그 대책으로 테러리스트를 색출하기 위한 신기술 도입이 시급하다고 누군가가 주장합니다. (물론 대부분 안보를 담당하는 정부 부서죠.) 그리고 날로 심각해지는 테러와 사이코패스의 범죄에서 국민을 보호하기 위해 CCTV와 AI를 연계해야 한다고, 그를 통해 범죄 예방과 범인 추적을 훨씬 정확하고 효율적으로 할 수 있다고 주장합니다. 저와 같은 이들은 당연히 개인정보보호를 위해서 정부에 그런 통제장치를 허용해선 안 된다고 주장할 것입니다. 그러나 전 세계에는 이러한 주장을 귀 옆에서 앵앵거리는 모기 소리만큼도 신경 쓰지 않는 정부들이 꽤나 많습니다. 그리고 그들에게 그런 기술을 제공하고 이윤을 확보하려는 기업들로 넘칩니다. 기업들은 이미 사내에 숱한 CCTV를 설치하고 이를 이용해 직원들을 감시하기도 합니다.

정부의 문제만은 아닙니다. SNS 기업들이 회원들이 올린 사진을 학습한 인공지능으로 회원들의 성향을 분석하는 일 또한 문제입니다. 누가 그것을 허락했느냐고요? 아, 물론 페이스북 등의 회원으로 가입할 때는 그에 대한 약관이 있습니다. 아무도 읽어보지 않았겠지만 말이죠.

가령 이런 것입니다.

회원님은 Facebook에 게시하거나 이와 관련하여 게시하는 IP 콘텐츠를 사용할 수 있는 비독점, 양도성, 재면허 가능, 로열티 무료, 전 세계 라이선스(이하 "IP 라이선스"라 함)를 Facebook에 부여합니다. 본 IP 라이선스는 회원님 및 Facebook 서비스의 접속·이용자에게 제공되는 Facebook 서비스를 이용 가능하도록 하기 위한 목적이며, 회원님이 본인의 IP 콘텐츠나 계정을 삭제할 때 종료됩니다. 단, 회원님의 콘텐츠를 공유한 타인이 해당 콘텐츠를 삭제하지 않았을 경우는 예외로 합니다.

또한 페이스북의 데이터 정책에 보면 페이스북이 수집하는 정보의 종류를 알 수 있습니다.

회원님의 활동과 회원님이 제공한 정보, 다른 사람의 활동과 다른 사람이 제공한 정보, 네트워크 및 연결, 결제 관련 정보, 기기 정보, 서비스를 이용하는 웹사이트와 앱의 정보, 타사 파트너의 정보, 페이스북 계열사의 정보.

이런 내용이 우리가 페이스북에 제공하기로 동의한 내용입니다. 페이스북뿐만 아니죠. 구글이나 네이버, 다음카카오, 트위터 등 다양한 기업들이 회원들의 자료를 열심히 모으고, 이를 이용해 광고를 제공합니다. 이들은 보다 효과적인 광고를 위해 우리가 올린 글, 사진, 장소, 취미, 친구 등에 대한 광범위한 자료를 모아, 내가 살 것 같은 혹은 관심을 가질 것 같은 내용의 광고를 집행합니다. 광고 효율이 조금이라도 높으면 수익은 그에 따라 오릅니다.

인공지능도 두렵지만 이런 인공지능을 이용해 개개인에 대해 조목조목 파악하려는 기업이 사실 더 무섭습니다. 인공지능이 발달하고, 우리가 온라인으로 좀 더 많이 연결되면서, 우리는 스스로도 모른 채 데이터가 됩니다. 어떤 광고를 하면 피드백이 올 확률이 얼마인지를 알려주는 데이터 말이죠.

우리는 과연 이 시대에 우리 자신의 데이터에 대한 주인으로서의 권리를 정당하게 행사할 수 있을까요? 어쩌면 빅데이터의 일부가 되는 다수와, 그 데이터로 이윤을 확보하고 권력을 만드는 소수로 나뉘는 시대는 아닐까요?

누가 과학기술을
지배할 것인가

11세기 레온-카스티야 왕국(에스파냐 왕국의 전신 중 하나)의 왕 알폰소 6세는 톨레도를 함락시킵니다. 유럽에서 기독교세력이 이슬람을 몰아내는 결정적 순간 중 하나죠. 그리고 바로 그 톨레도에서 아랍세계로 넘어갔던 고대 그리스의 저작들이 다시 라틴어로 번역됩니다. 에우클레이데스의 『원론Elements』, 프톨레마이오스의 『알마게스트Almagest』, 아리스토텔레스의 『자연학』 등 수학과 과학 분야의 보석 같은 저작들이 비로소 유럽인들에게 소개되었습니다. 거의 1000년 만의 일이었죠. 이후 이탈리아의 피렌체나 베네치아, 시칠리아의 시라쿠사 등 지중해 연안의 도시들에서 고대 그리스의 저작들이 아랍어에서 라틴어로 번역되었습니다. 누구나 베낄 수 있었던 이런 번역본들은 필사에 필사가 더해져 이탈리아에서 프랑스, 독일과 북유럽, 영국에 이르기까지 유럽의 지식인들에게 전해졌습니다.

르네상스의 시작이었습니다. 이들 번역가들의 수고로움은 유럽 지식인들에게서 고대 그리스를 복권시키고 새로운 유럽을 출발시키는 계기가 되었습니다. 그들의 번역은 유럽 전역에 공유되었고, 그리스의 오래된 선진문물 또한 마찬가지였습니다.

구텐베르크는 동양의 인쇄 기술에 대해 전해 듣고 배웠습니다. 그는 유럽에서 최초로 인쇄기를 통해 다량의 인쇄물을 찍었습니다. 여전히 지식이 비전祕傳으로 이어지기를 선호하던 이들도 있었지만, 인쇄기술의 발달은 르네상스 시기 대중의 요구와 발맞추어 다양한 책을 더 싸고 광범위하게 공급하였습니다. 그리고 이 과정에서 많은 책들이 일부 지식인들만 쓰는 라틴어가 아닌 각각의 모국어로 인쇄되었습니다. 영어와 프랑스어, 독일어로 인쇄된 책을 통해 더 많은 사람들이 지식을 공유하게 되었죠.

그와 함께 교육기관이 늘어납니다. 수도원에서만 읽고 쓰기를 배우던 중세를 넘어 유럽의 도시마다 대학이 설립되고 교육기관들이 들어섭니다. 문맹률은 낮아지고, 일반 평민도 읽고 쓰기를 하는 세상이 되었습니다. 철학과 과학, 예술이 귀족의 손에서 해방되어 일부지만 민중에게 공유되었던 겁니다.

과학지식과 정보의 독점화

과학혁명 이후 눈부신 발전은 모두에게 열려 있었습니다. 의학적 발견, 생물학적 발견, 기계공학적 발명은 모두 공유되었고, 그 과정에서 발전의 속도는 더욱 빨라졌습니다. 그리고 혜택은 물론 빈부 격차나 지역에 따라 다르지만 골고루 누려졌습니다. 그러나 과학지식이 모두에게 열리고 누구나 접근 가능하던 시기는 이제 지났습니다. 20세기 후반부터 과학지식에 대한 자본의 독점 현상이 문제가 되고 있습니다. 몇 가지 예를 봅시다.

첫 번째로 논문이 있습니다. 과학계에서는 『네이처』나 『사이언스』처럼 논문을 게재 '해주는' 권위 있는 학술지에 대해 불만이 큽니다. 연구자들은 '돈을 내고' 그곳에 투고를 해야 합니다. 그리고 그 논문을 읽는 사람도 '돈을 내야' 합니다. 그 비용이 꽤나 비싸기 때문에 대학과 연구소는 그 논문을 읽을 권리를 돈을 주고 사서, 내부 구성원들이 이용할 수 있게 합니다. 왜 이런 바보 같은 짓이 일어나느냐고요? 논문은 어느 저널에서 출간되느냐에 따라 그 신뢰도와 명성이 달라집니다. 우리나라에서도 대학이 교수를 평가할 때 어느 학술지에 논문이 실렸는지를 파악해 점수를 매깁니다. 교수가 높은 점수를 얻으려면 유명한 학술지에 논문을 투고할 수밖에 없습니다. 그러니 자기 돈을 들여서라도 『사이언스』나 『네이처』 같은 유명한 학술지에 투고를 하는 것이지요. 그리고 논문을 쓰는 입장에서도 마찬가지입니다. 유사한 연구를 하는 논문이 어떤 것이 있는지를 파악해야 합니다. 그리고 이미 확인된 결과들을 리서치하기도 해야죠. 논문 한 편을 쓰기 위해선 최소한 30편, 많으면 50~100편 이상의 논문을 검토해야 합니다. 문제는 이렇게 논문을 검색하기 위해선 다운로드를 받아야 하는데 비용이 만만치 않습니다. 더욱이 제3세계의 가난한 대학과 연구소들이야 말할 것도 없지요.

그래서 이에 반하는 해적 사이트가 있습니다. 카자흐스탄 출신의 알렉산드라 엘바키얀은 뇌-컴퓨터 인터페이스를 연구하던 대학원 재학 시절, 앞서 말한 문제를 겪었습니다. 가난한 나라의 대학원생에게 해외 논문을 볼 돈이 없었던 거지요. 논문 한 건당 32달러. 최소한 30건 이상을 살펴봐야 하는데 비용은 무려 900달러, 우리 돈으로 100만 원 선입니다. 어느 정도 수준이 되는 우리나라에서도 100만 원은 가벼운 돈이 아닌데, 우리보다 소득이 10분의 1쯤 되는 대다수 나라에서 이 금액은 도저히 부담할 수 없는 돈입니다. 그래서 엘바키얀은 '사이허브'라는 사이트를 구축합니다. 물론 불법입니다. 그러나 법이 가진 자만을 보호할 때 불법이 오히려 정의가 되기도 합니다. 혹은 정의로우려면 불법이 될 수밖에 없기도 합니다. 지금도 엘바키얀은 수배자로 숨어삽니다. 유명 저널의 논문 검색 유료 계정을 가진 전 세계의 연구자들이 계정을 자발적으로 기부하여 그 계정으로 저널의 논문을 수집하고, 개별 연구자들이 논문을 제공하기도 합니다. 이렇게 모인 사이허브의 논문은 4700만 건이나 됩니다. 모두 무료입니다. 이를 운영하는 서버 비용은 연구자들의 기부로 충당합니다.

또 다른 예로 의약품을 들 수 있습니다. AIDS는 이제 죽음에 이르는 병이 아닙니다. 마치 당뇨병처럼 관리를 잘해주고, 정기적으로 약을 복용하면 충분히 일상생활을 영위할 수 있는 병이 되었습니다. 그러나 그런 일상생활을 영위하기 위해선 많은 비용을 약값으로 지불해야 합니다. 약값이 비싼 이유는 신약의 생산이 일부 특허를 가진 제약회사에 독점되었기 때문입니다.[8] 『프레시안』의 "왜 에이즈 환자들이 신약 '무상공급'을 반대하냐고?"란 기사를 보면 에이즈 환자가 치료제로 사용하는 약의 가격은 무려 한 달에 400만 원이 넘습니다. 물론 우리나라의 경우 이 약값은 건강보험료에서 지불이 되지만, 이 과정에서 다국적 제약기업과 정부가 약값을 사이에 두고 힘 대결이 펼쳐집니다. 한 달에 몇 십만 원의 약값을 개인으로부터든, 아니면 보험으로부터든 받아가는 것입니다. 혹자는 열심히 투자해서 연구개발을 했는데 제약회사의 이윤은 보장되어야 하는 게 아니냐고 주장합니다. 하지만 대부분의 제약회사는 대학의 연구팀이 개발한 신약의 독점 판매권을 사들였을 뿐입니다. 돈으로 독점 판매권을 사고, '독점'이니 혁할 만큼 비싼 돈을 받는 것이지요. 혹은 제약회사가 스스로 개발한 경우도 마찬가지입니다. 회사 기밀이라며 연구개발비가 얼마나 들었는지를 공개하지 않고, 자기 마음대로 약값을 정하지요.

이게 가당키나 한 걸까요? 물론 특허권이라는 것이 어렵게 연구개발을 한 이들에게 일정한 보상이 되도록 권리를 주는 제도라는 건 누구나 압니다. 하지만 그 특허권을 무기로 자기들 마음대로 약값을 받는 게 허용되어야 하는 걸까요? 연구개발비용을 공개하고, 그에 맞춰 다른 제품보다 조금 더 많은 이윤을 받을 수 있도록 책정하는 선에서 약값을 정하는 것은 불가능한 걸까요? 저는 자본주의 사회에서 이루어지는 '특허권'이라는 권리가 그 기술을 개발한 개인이나 기업, 혹은 그 권리를 산 기업에게 '무한한 이윤'을 보장하는 권리로 둔갑하는 걸 이해할 수 없습니다.

의약품뿐만 아닙니다. 마찬가지로 우리가 지불하는 휴대폰 비용에는 꽤 높은 비율의 특허료가 포함됩니다. 삼성과 애플이, 애플과 퀄컴이 미국의 법정에서 싸우는 게 바로 이 특허에 대한 것입니다. 유전자가위 '크리스퍼'의 특허와 관련된 법적 분쟁 또한 한창 진행 중입니다. 유전자가위는 생물학 연구, 특히 유전공학 분야에서 획기적인 기술로 자리하였지만 이 역시 누가 특허의 권리를 가지느냐를 놓고 싸움이 벌어지고 있는 것이죠. 심지어 인터넷 기업들은 플랫폼 자체에도 특허를 주장합니다. 어떤 연구자들은 새로 발견한 화합물에 특허를 주장하기도 하지요.

태양에도 특허를 낼 건가요?

조너스 에드워드 소크Jonas Edward Salk는 1955년 소아마비 백신을 최초로 개발한 사람입니다. 지금도 소아마비에 걸려 보행이 불편한 사람들이 가끔 눈에 띄는데, 당시에는 더 심했습니다. 그가 개발한 소아마비 백신은 어린아이를 둔 부모들에겐 아주 기쁜 소식이었고, 동시에 많은 이들은 그가 엄청난 부를 거머쥘 거라고 예상했습니다. 그에게 언론이 물었습니다. "백신의 특허는 누가 갖게 되는 건가요?" 이 물음의 진정한 의미는 '어느 기업에게 백신의 특허를 팔 건가요?'였습니다. 그의 대답은 간단했습니다. "글쎄요, 아마도 사람들이겠죠. 특허 같은 건 없습니다. 태양에도 특허를 낼 건가요?"

그러나 지식의 공유를 조너스 소크 같은 의인義人 개인에게 기대어 이루어낼 순 없습니다. 연구자가 그런 의지를 가지고 있더라도 이미 모든 연구에는 막대한 비용이 들고, 그 비용을 댄 이들이 권리를 주장하고 있기 때문입니다. 신기술에 대한 탐욕을 가진 대기업을 법과 규제로 강제할 수밖에 없습니다. 그리고 이는 연구자를 자본으로부터 해방시키는 일이기도 합니다.

자본주의가 발전할수록 과학지식에 대한 기업의 배타적 권리가 강화되고 있습니다. 우리는 교육이 개별 자본의 이익에 의해 좌우되지 않도록 국가가 책임을 지는 사회에 삽니다. 마찬가지로 의료 행위가 자본에 의해 좌우되지 않도록 국가가 의료보험을 실시하는 곳에 살지요. 한정된 땅이 일부 개인과 자본에 의해 과점되고, 그로 인해 고통 받지 않도록 다양한 부동산 정책이 아직 부족하지만 시행되고 있습니다. 지식에 남녀노소 빈부의 격차 없이 접근할 수 있도록 지역마다 도서관을 세우고 누구나 무료로 도서를 빌려볼 수 있도록 하고 있기도 합니다. 우리는 이런 정책이 혜택이 아니라 우리 모두의 당연한 권리라고 주장하는 사회에 살고 있습니다. 이제 인터넷에 대한 접근, 그리고 보다 높은 수준의 과학 및 기술 정보에 대해서도 누구나 접근하고 향유할 수 있어야 합니다. 이것은 시혜가 아니라 권리입니다. 자본으로부터 그 권리를 확보할 수 있어야 진정한 공유 사회가 될 것입니다.

적정기술

적정기술이란 인간이 살아가는 데 없어서는 안 될 물, 에너지, 먹거리, 집 등을 마련하는 데 지역의 재료와 기술을 활용해 지속가능하게 만드는 기술을 말합니다. 1960년대 경제학자 슈마허E. F. Schumacher가 제3세계의 가난에 대해 고민을 하던 중 중간 규모의 기술이 필요하다고 주장한 것이 그 시작입니다. 중간기술은 현지 재료와 적은 자본, 비교적 간단한 기술을 활용해 지역 사람들에 의해 이루어지는 소규모의 생산 활동을 지향하는 기술을 말합니다. 따라서 값싸고 제약이 적은 기술이며, 기술이 사용되는 과정에서 인간이 소외되지 않고 노동을 통해 기쁨과 보람을 느낄 수 있는 '인간의 얼굴을 한 기술'인 것이죠. 슈마허는 이러한 적정기술을 개발하는 것이 제3세계의 빈곤 문제는 물론, 자기파괴적인 거대 기술로부터 야기된 여러 문제들을 해결해줄 수 있다고 보았습니다.

적정기술과 관련하여 가장 대표적인 사람으로 미국 스탠퍼드 대학의 교수이자 생명공학자인 마누 프라카시Manu Prakash를 들 수 있습니다.[9] 그를 유명하게 한 것은 그의 전공분야인 생명공학이 아닙니다. '현미경'과 '원심분리기'가 그를 유명하게 만들었지요. 둘 다 초등학교나 중학교에서도 흔히 쓰는 도구죠. 그러나 프라카시가 만든 건 조금 특별했습니다.

아프리카 주민들에게 가장 무서운 적 중 하나가 말라리아와 같은 풍토병입니다. 이의 예방과 치료를 위해선 말라리아균을 확인하는 것이 필수적입니다. 그러나 기존의 현미경은 비싸고, 현지에선 구하기도 어렵습니다. 프라카시는 대신 종이로 접어서 만들 수 있는 현미경, 즉 폴드스코프를 만듭니다. 2012년의 일입니다. A4 크기의 종이 한 장, 스위치와 배터리, 렌즈와 LED로 구성됩니다. 다 합해서 재료비는 0.97달러, 우리 돈으로 1000원이 조금 넘는 정도입니다. 이 가격이 얼마나 대단한 건지 한번 비교해보죠. 유럽이나 미국에서 아프리카에 현미경 한 대를 기부하려면 최소한 1000달러에서 많게는 1만 달러가 듭니다. 즉 적게 잡아도 기존 현미경 한 대 보낼 가격으로 1000대의 폴드스코프를 마련할 수 있는 것이죠.

더구나 설계도는 인터넷에서 검색하면 누구나 볼 수 있고, 제작 과정도 유튜브에 올려놓았습니다. 초등학생 정도면 누구나 조립이 가능할 정도로 제작과정도 쉽습니다. 렌즈와 스위치 배터리 LED 등도 주변에서 쉽게 구할 수 있는 부품들이죠. 굳이 종이로 만든 또 다른 이유는 병원균을 검사하는 것이 주목적이므로 전염의 우려 때문에 1회용으로 사용하도록 권장하기 위해서입니다. 그럼에도 배율이 2000배 이상이라 실제 병원균을 관찰하는 데 아무 무리가 없습니다.

2014년부터는 '현미경 1만 개 가입Ten Thousand Microscopes sign up' 프로젝트도 시작했습니다. 폴드스코프를 테스트하고 성능을 함께 개선해나가는 프로젝트입니다. 또한 그가 속해 있는 스탠퍼드대학은 폴드스코프를 해마다 10억 개 이상 생산하겠다고 했습니다. 비용은 후원단체를 통해 마련하는데, 무어재단, 빌&멀린다 게이츠 재단 등이 후원하고 있습니다.

시작은 아프리카의 가난한 주민들이 스스로 현미경을 만들어 말라리아 병원균을 확인하게끔 하자는 것이었지만, 현재는 학생들의 과학 공부를 위해서도 널리 사용되고 있습니다. 그리고 이는 또 다른 의미에서 과학 교육의 불평등을 해소하는 것이기도 합니다. 잘사는 나라의 학교에선 초등학교에서부터 어디나 현미경을 볼 수 있습니다. 그러나 가난한 나라의 경우에는 학교에 하나 설치하기도 힘든 것이 비싼 과학 장비죠. 필자도 '국민'학교 다닐 때 과학실에 가면 학생은 70명이 넘는데 현미경은 딱 2개뿐이었던 기억이 납니다. 현미경 접안렌즈에 눈 한번 댔다가 떼면 수업이 끝나곤 했습니다. 이렇게 싸게 만들 수 있다면 가난한 나라의 아이들에겐 얼마나 좋은 일이겠습니까?

마누 프라카시의 두 번째 적정기술은 2013년 우간다 방문에서 시작됩니다. 우간다의 한 병원에 갔는데 문이 닫히지 않게 괴어놓은 것이 기가 막히게도 원심분리기였습니다. 원심분리기뿐만 아니라 곳곳에 값비싼—당연히 원조로 들어온—장비들이 고장 난 채

버려져 있었습니다. 마누 프라카시는 그중에서도 원심분리기에 도전하기로 했습니다. 이 또한 말라리아 병원균을 혈액에서 분리하는 데 꼭 필요한 장비였기 때문입니다. 원심분리기는 혈액을 빠른 속도로 원운동을 시켜, 원심력으로 해당 물질을 분리하는 기계입니다. 따라서 전기도 제대로 들어오지 않는 지역이 많은 아프리카를 생각해서, 사람의 힘으로 혈액을 원운동 시키는 기구를 만드는 데 연구를 집중했습니다.

처음에는 요요를 이용하려 했지만 진척이 되지 않았고 결국 돌파구는 실패이었습니다. 가운데 두 개의 구멍이 뚫린 동그란 물건에 실을 꿰고, 실 양쪽을 잡고 늦췄다 당겼다 하면 빠르게 돌아가는 장난감 팽이입니다. 어렸을 적에 단춧구멍 사이로 실을 꿰어 만들어 놀았던 저에게도 친숙한 장난감이죠. 이를 응용해서 만든 것이 '페이퍼퓨즈paperfuge'란 원심분리기입니다. 회전 속도는 분당 12만 5000회, 일반 원심분리기보다도 빨랐습니다. 혈액을 분리하는 데는 1분 30초, 말라리아 기생충을 찾는 데는 15분이 걸렸습니다. 제작비는 놀랍게도 단돈 2센트, 즉 200원이 약간 넘을 뿐입니다. 물론 이 페이퍼퓨즈도 의료용뿐만 아니라 아이들의 과학교재로 쓸 수 있을 것입니다.

이런 제품은 상용화되기가 힘듭니다. 이유는 너무 싸기 때문입니다. 페이퍼퓨즈의 비용은 상업용 원심분리기 구입비용의 1만 5000분의 1입니다. 즉 페이퍼퓨즈를 1만 5000개 팔아야 겨우 상업용 원심분리기 한 대를 판 것과 같은 매출을 올릴 수 있죠. 어떤 기업도 이런 돈 안 되는 일을 할 리가 없습니다. 또한 너무 쉽습니다.

누구나 주변에서 흔히 구할 수 있는 재료로 몇 분 혹은 몇 십 분이면 만들 수 있습니다. 돈 받고 팔기 힘든 제품입니다. 원심분리기와 현미경이 세상에 나온 지 몇 백 년이 되었지만 이제야 이렇게 쉽고 싼 장비가 나온 이유입니다. 결국 자본의 논리 혹은 시장의 논리에 맡겨서 될 일이 아니란 겁니다.

마누 프라카시는 말합니다. "세계엔 도로나 전기 없이 사는 사람들이 넘쳐난다. …… 그런 사람들을 위해 커피 한잔보다 싼 과학 기술이 필요하다."[10]

세상을 좀 더 행복하게 하는 기술

또 다른 예로 '랩온어칩Lab on a chip'이 있습니다. 랩온어칩이란 하나의 칩 위에 실험실을 올려놓았다는 뜻으로, 손톱 크기의 바이오 칩 하나로 연구실에서 일어나는 모든 실험과정을 수행할 수 있도록 만든 장치입니다. 이 칩을 이용하면 적혈구 및 백혈구의 세포 수 측정이 가능하기 때문에 피 한 방울로도 아주 쉽게 그리고 빠르게 암과 같은 난치병을 진단할 수 있습니다. 하지만 상당히 비쌉니다. 마이크로유치기술과 제어계측 기반의 전자기술이 집약되었고, 클린룸에서 정교한 장비와 인력이 참여하기 때문입니다. 더구나 질병의 특성에 맞게 주문형으로 제작하게 되면 가격은 더욱 올라갑니다. 즉 가난한 나라에선 그림의 떡인 셈이죠. 그런데 최근 미 스탠퍼드 대 연구진이 잉크젯 프린터 기술을 이용하여 단돈 1센트의 비용으로 20분 만에 조립 가능한 랩온어칩을 개발했습니다.[11] 연구 책임자

로널드 데이비스 박사에 따르면, 테스트 결과 기존 1억 원 이상의 고가 장비에서만 파악 가능하던 세포 수 계산 등을 실제로 할 수 있게 되었습니다. 물론 가격이 싸다고 아무나 만들 수 없다는 측면에선 앞서의 폴더스코프나 페이퍼퓨즈와는 다릅니다. 그러나 이 정도 가격이면 저개발국의 많은 의료시설들이 부담 없이 사용할 수 있다는 측면에서 진단의학의 획기적 성과라 볼 수 있습니다.

이와 함께 적정기술의 또 다른 예로 가장 많이 거론되는 제품 중 하나가 '큐-드럼Q-drum'입니다만 조금 문제가 있습니다. 남아프리카공화국의 건축가인 한스 핸드릭스가 디자인한 제품이죠. 물이 귀한 아프리카 지역에서 여자들과 아이들이 물을 얻기 위해 수 킬로미터씩 무거운 물통을 이거나 지고 다니는 것을 보고, 이를 해결하기 위해 고안한 것입니다. 그의 디자인 철학은 '간단하고simple 수리가 가능하며repairable 기존의 것들을 대체할 수 있는replaceable' 것입니다. 그 결과로 만들어진 것이 가운데 구멍이 뚫린 도넛 모양의 물통—큐-드럼입니다. 50리터의 물을 담을 수 있는데, 가볍고 강한 선형 저밀도 폴리에틸렌LLDPE 재질로 된 제품입니다.

문제는 개당 가격이 65달러인데, 현지인들의 한 달 평균 수입은 2달러밖에 되지 않는다는 점입니다. 즉 현지인들이 실 구매를 할 수 있는 가격이 아니라서 거의 대부분 기부를 통해서 제공되는 것이죠. 적정기술이 가지는 가장 중요한 부분이 '지역에서 수급할 수 있는 재료로 지역민들이 직접 만들고, 지불 가능한 제품일 것'인데 큐-드럼은 이 세 가지에 모두 미치지 못하는 제품입니다. 물론 큐-드럼이 나쁜 제품이란 뜻은 아닙니다. 기부를 통해서 전달된 큐-드럼은 현지인들에게 이전 힘든 노동의 많은 부분을 상쇄시켜준 좋은 제품이죠. 다만 '이른바 선진국 시민들의 착한 기부'에 의존하는 것이 장기적으로 보았을 때 더 큰 문제를 일으킬 수 있다는 고민에서 출발한 것이 적정기술인데, 이 경우는 적당한 예가 될 수 없을 뿐입니다.

큐-드럼과 비슷한 예로 '라이프 스트로Lifestraw'가 있습니다. 오염된 물밖에 없는 지역에서 간편하게 사용할 수 있는 휴대용 정수기입니다. 앞부분을 오염된 물에 대고, 뒷부분으로 빨아 마시면 내부 필터에 의해서 오염물질이 걸러지는 제품입니다. 물론 휴대용 정수기는 이전에 개발되었습니다. 오지 탐사나 군수용으로 이용되었지요. 그러나 기존 제품은 개당 가격이 100달러가 넘습니다. 이런 제품이 필요한 오지의 주민이나, 홍수 지진 등으로 상수원이 오염된 지역의 주민들에겐 그림의 떡이었지요. 그러나 라이프 스트로는 개당 가격이 3달러로 획기적으로 낮아졌습니다. 물론 제3세계의 많은 사람들에게 2000원 정도의 비용도 쉬운 건 아닙니다. 그러나 유니세프 등의 국제기구가 자연재해가 일어난 지역에 광범위하게 보급할 수 있을 정도의 가격은 되죠. 실제로 파키스탄 대지진 때 유니세프를 통해 6만 개가 지급되기도 했습니다. 자연재해 등으로 인한 일시적인 식수난이 닥쳤을 때 아주 유용한 물건입니다. 그러나 휴대용이기 때문에 이를 통해 마시는 용도 이외의 다른 용도의 물까지 공급하기는 어렵지요. 또 필터의 경우, 제3세계에서 자체적으로 생산할 수 없기에 지속적으로 공급되어야 하는 문제도 있습니다.

어찌되었건 이런 적정기술의 개발에는 두 가지 의미가 있습니

다. 하나는 시장을 뛰어넘어야 한다는 점입니다. 앞서 보았듯이 적
정기술의 핵심은 '구매력이 없는' 제3세계의 가난한 사람들이 무리
없이 사용할 수 있어야 한다는 것입니다. 즉 팔아서 이윤을 남기기
힘들지요. 사실 꼭 제3세계만이 아니기도 합니다. 어디에나 가난한
사람들은 있고, 이들은 생활에 꼭 필요하더라도 구매를 할 수 있는
여력이 없습니다. 이들을 위한 '싸고 지속적으로 공급 가능한' 물품
을 만들고 파는 것은 채산성이 맞지 않는 경우가 대부분입니다. 그
러나 이런 제품 혹은 기술은 가난한 사람들에게 정말 소중합니다.
따라서 시장의 논리에 맞춘다면 절대 나올 수 없는 이런 제품을 만
들기 위해선 기존 자본주의적 방법으로는 불가능합니다.

물론 이에 대한 반론도 있습니다. 적정기술을 시장주의적으
로 접근하는 이들입니다. 국제개발기업International Development
Enterprise의 설립자이자 『빈곤으로부터의 탈출Out of Poverty』의 저자
인 폴 폴락Paul Polak은 적정기술은 좋은 의도를 가진 서투른 수선
쟁이보다 냉정한 기업가에 의해 개발되어야 성공할 수 있다고 주장
합니다. 그에 따르면 소외된 90퍼센트의 빈곤 계층을 고객으로 바
라보고, 그들이 필요한 물건을 사기 위해 얼마를 지불할 수 있으며
어떤 의향이 있는지 배움으로써 적절한 가격의 디자인을 실현하는
것을 목표로 설정해야 한다는 거지요.

다른 하나는 애초에 접근방법이 달라야 한다는 것입니다. 기술
혹은 제품의 개발 목표가 첨단 기술을 상용화한다든가, 일반적인
사람의 필요에 부응한다든가 하는 것이 아닙니다. 가령 폐지를 줍
는 노인들을 위한 리어카를 개발한다고 생각해봅시다. 노인들은 근

력이 약하니 약한 근력을 보충할 수 있는 방법을 생각하게 됩니다. 그러려면 가장 쉬운 것이 전기로 움직이는 모터를 다는 방법입니다. 그리고 이 모터는 아주 고성능일 필요도 없습니다. 그저 경사를 올라갈 때 힘이 좀 덜 들면 되지요. 또한 배터리를 따로 분리해서 충전이 가능한 구조여야겠지요. 잔고장이 없도록 단순한 구조여야 할 거고요. 또 기존의 리어카에 달아서 사용할 수 있으면 더 좋겠지요. 그리고 노인들이 사용하기 쉬워야 합니다.

이렇게 누가 사용할 것인지를 먼저 생각하고, 그 쓰임새와 예산에 맞게 설계하는 것이 적정기술의 핵심입니다. 혹은 거동이 불편한 노인들이 자주 의지하고 다니는 노인용 유모차도 있습니다. 실버카 또는 보행보조차라고 불립니다. 처음엔 노인들이 유모차에 의지해서 다녔죠. 그런데 이런 노인들이 증가하자 자연스레 노인들이 짐을 넣고 밀며 다닐 수 있는 노인 전용 유모차가 나왔습니다. 현재 7만 원에서 10여만 원 정도의 가격에 구매가 가능합니다. 여기에 요양등급을 받으면 복지용구 항목을 적용해서 15퍼센트만 부담하면 살 수 있습니다. 나노공법이나 인공지능 같은 첨단 기술이 들어가진 않지만, 세상을 조금 더 행복하게 하는 기술이지요.

적정기술을 바라보는 우리의 관점

그럼에도 적정기술만으로는 풀지 못하는 부분도 있습니다. 적정기술이 필요한 환경 자체를 바꾸어야 한다는 측면입니다. 앞서 살펴봤듯이 적정기술은 '가난한 사람'들을 위한 기술입니다. '가난한 사람'이 있다는 것이 전제죠. 물론 역사 이래 가난한 사람들이 없었던 적은 없으니 적정기술은 그 자체로 자신의 몫을 하는 것입니다. 그러나 이 적정기술이 그 사회의 문제를 해결하기보다는 미봉책에 그칠 수도 있다는 점이 걸리는 겁니다. 앞서 어린이와 여자들이 물을 길러 수 킬로미터를 다녀야 하는 아프리카에 도입된 큐-드럼을 살펴봤습니다. 그런데 그곳의 사람들은 왜 그렇게 몇 킬로미터씩 물을 길러 다녀야 하는 걸까요? 그것도 가장 힘이 센 성인 남자가 아니라 여자와 아이들이 말입니다. 먼저는 성인 남자는 그 시간에 돈을 벌어야 하기 때문일 수도 있습니다. 하지만 더 근본적인 것은 사람이 살아가는 데 필수적인 상수도 시설이 없기 때문이지요. 상수도 시설이 없는 것은 여러 가지 이유가 있겠죠. 내란으로 무정부상태일 수도 있고, 정부가 있어도 재원이 없어서 투자를 못할 수도 있고, 또는 부패한 정부가 엄한 곳에 돈을 쓰기 때문일 수도 있습니다.

그리고 또 하나, 이렇게 물을 길러 몇 킬로미터씩 다녀야 하는 아이들이 제대로 된 교육을 받을 수 있을까요? 물 길러 다니는 것이 편해진다고, 이들에게 닥친 근본적인 문제가 해결될까요? 이들이 가난으로부터 벗어날 수 있을까요? 이런 문제들은 물론 적정기술이 떠안아야 할 문제는 아닙니다. 그러나 적정기술을 개발하고 이를 보급하는 이들에게 고마운 일이긴 하지만, 그와 별도로 이 깊고 해결하기 어려운 구조적 문제를 항상 같이 염두에 두어야 하는 것이 또한 우리가 적정기술을 바라보는 관점이 되어야 할 것입니다.

그럼에도 적정기술은 우리가 기술을 보는 시각을 달리 가지게 해줍니다. 과학의 관점에서는 아직 알지 못하는 미지의 영역, 아직 개발되지 못한 기술, 해결되지 못하는 문제를 극복하는 것이 가장 매력 있는 지점입니다. 상온핵융합이라든가 암흑물질, 인공지능, 노화방지, 수명 연장 등 각 분과학문별로 다들 주력하는 부분이지요. 하지만 사람을 행복하게 하는 기술은 어쩌면 이런 첨단에만 있는 것은 아닙니다. 그리고 자본의 논리만 쫓아서 그들이 원하는 기술을 개발하는 것에도 있지 않습니다. 우리 주변의 이웃과 전 세계의 가난한 사람들에게 정말 필요한 기술을 확보해가는 것은 과학기술인이 해야 할 또 하나의 의무이기도 할 것입니다. 국경없는 의사회가 하는 일을 과학기술계가 하지 못할 이유가 없습니다.

기본소득이
필요하다

일각의 이야기처럼 가난한 사람들이 국가의 지원에 의지해서 사는 것이, 재벌의 자손들이 아무 하는 일 없이 부모의 재산을 물려받는 것보다 더 도덕적으로 비난 받을 일일까요? 나는 그렇게 생각하지 않습니다. 반대로 가난한 이유를 개인의 무능력과 게으름으로 돌리는 것이야말로 가장 비난받아야 할 논리입니다. 개인이 가난한 이유는 여러 가지입니다. 흔히 많이들 인용하는 톨스토이의 『안나 카레니나』에 나오는 구절 "행복한 가족들은 서로 비슷하지만 모든 불행한 가족은 각자 저마다의 이유로 불행하다"처럼 말입니다. 이러한 우연은 개인의 책임일 수도 있고, 또는 다른 이의 책임일 수도 있으며, 더러는 누구의 책임도 아닐 수 있습니다. 그리고 개인의 삶은 이런 수많은 요소들에 의한 우연에 지배당합니다. 어느 날 갑자기 로토가 당첨될 수도 있고, 시험에서 잘 몰라 찍은 게 정답이 될

4차 산업혁명이 막막한 당신에게

수도 있습니다. 우연히 돌아간 길에서 일생의 인연을 만날 수도 있고, 불운하게 사고를 당하기도 합니다. 길 가는데 새똥이 떨어지기도 하고 말이죠.

그러나 이렇게 우연한 개인들이 만나서 함께 사는 사회는 통계적인 필연이 지배합니다. 개인은 우연히 행복하고 불행하지만, 사회 전체는 필연적으로 행복하거나 불행합니다. 장애인이 된 것은 우연에 의해서지만, 장애인으로서의 삶이 불행한 건 사회의 책임입니다. 노인이 되어서 가난한 것도 우연에 의한 일이지만, 가난한 노인이 비참한 것은 사회의 책임입니다. 가난한 부모의 자식으로 태어난 것은 우연에 의한 일이지만, 가난한 집에 태어난 것이 힘든 삶의 시작이 되는 건 사회의 책임입니다. 한국의 소득 하위 20퍼센트에 해당하는 사람들은 모두 저마다의 사정으로 가난해져 있지만, 20퍼센트의 살아가는 사정은 사회적으로 결정됩니다. 그 20퍼센트에 대한 사회의 대책이 어떠한 것인가에 따라 그들은 더 불행할 수도, 덜 불행할 수도 있습니다.

또한 개인에게 가난의 책임을 돌리는 어떠한 정책도 하위 20퍼센트의 삶을 개선시킨 적은 결코 없습니다. 오히려 하층계급의 범죄율을 높이고, 평균 수명을 낮추고, 삶의 질을 낮췄을 뿐입니다. 마치 치안을 강화하지 않고 대신 범죄에 대해 강력하게 처벌하는 것이 범죄율을 낮추지 못함과 마찬가지입니다. 거기다 개인이 가난한 가장 중요한 이유는 자본주의의 문제이기도 합니다. 승자가 독식하는 사회에서, 더구나 이전의 승자가 계속 유리한 사회에서 한 번의 패배는 계속되는, 대물림되는 패배가 됩니다. 20세기 말부터 시작된 신자유주의는 이런 승자독식의 사회를 마치 이상적 사회인양 찬양하지만 그 결과 세계는 더 불평등해졌습니다. 결국 개인의 소득이 이렇게 큰 격차가 난 것은 개인의 문제가 아니라 신자유주의의 문제입니다. 상위 1퍼센트가 하위 20퍼센트를 모두 합친 것보다 커다란 자산을 소유하고, 소득을 올리는 체제는 누가 뭐라 변명을 하든 잘못된 것입니다.

지금 현재 진행되고 있는 이른바 '4차 산업혁명'이란 변화는 이러한 불평등구조를 더 심화시키는 방향으로 가고 있는 모습입니다. 우리가 제어를 하지 않는다면 말이죠.

'창조적 파괴'는 누구를 파괴하는가

1만 년 전 어디쯤에선가 인류는 삶의 방향을 바꾸었습니다. 인구가 급증하면서 수렵과 채집으로 감당할 수 없게 되었습니다. 그래서 인류는 스스로 먹을 것을 생산하기로 결심하죠. 수렵 대신 유목을, 채집 대신 농경을 시작했습니다. 그중 농경을 선택한 집단은 재배한 곡식이 자신들과 가족을 먹이고도 남는 '여유'를 가지게 됩니다. 새로운 기술이 등장하여 땅을 갈고, 가축을 이용하고, 보관용 용기를 제작하면서, 풍요로움은 집단을 대규모로 키웠습니다. 그래서 모두 행복해졌을까요? 다들 아시다시피 잉여생산물은 집단의 지배자들이 독차지하고, 나머지 농민들은 이전의 수렵채집 시절과 별반 다를 바 없이 살았습니다. 연구에 따르면 평균수명이 늘어난 것도 아니고 영양상태가 좋아진 것도 아니었습니다. 늘어난 것은 오히려 농민들의 노동량이었습니다.

그 후로 1만 년 동안 기술은 단속적으로 혹은 꾸준히 발전했습니다. 그러나 그 결과, 대부분의 사람들이 여유와 풍요를 누리기보다는 더 많은 노동, 더 큰 위기와 맞닥뜨리게 되었습니다. 산업혁명 당시의 영국에서 일어난 러다이트 운동이 그러합니다. 증기기관과 방직기의 도입은 이전까지 길드를 통해 권리를 향유했던 섬유노동자를 실직에 빠트리고 대규모 저임금 노동자를 양산했습니다, 그 결과 러다이트 운동이 나타났습니다. 19세기 후반 자동차가 대량 공급되자 마차 인부들이 집단적으로 실업에 빠진 것도 그러한 예입니다.

그리고 이제 이른바 4차 산업혁명이 시작되고 있습니다. 이를 이끄는 기술 중에는 자율주행 자동차와 AI 그리고 로봇이 있습니다. 앞서 살펴본 것처럼 이런 기술 혁신은 새로운 일자리를 만들기도 하겠지만, 전체적으로 고용 없는 성장을 주도할 것으로 판단됩니다. 자율주행 자동차는 운수업의 수많은 노동자를 길거리로 내몰고, 인공지능은 사무직의 50퍼센트 이상을 사라지게 할 것입니다. 로봇은 로봇대로 공장에서, 서비스 현장에서 사람을 대체할 것입니다.

경제학자 조지프 슘페터는 이러한 현실을 '창조적 파괴'라 지칭했습니다. 기술 혁신으로 낡은 것을 파괴하고 새로운 것을 창조하는 행위야말로 기업 경제의 원동력이며, 이윤은 이 창조적 파괴를 이끈 기업가의 정당한 노력의 대가라는 것이죠. 그리고 그 과정에서 일어나는 '낡은 것의 파괴'는 어쩔 수 없는 일이라는 거죠. 과연

기업가들이 금과옥조처럼 받들 말입니다. 그러나 그때 파괴되는 것은 단순히 '이전의 낡은 기계'가 아니라 '사람'이라는 점을 외면해서는 안 됩니다. 마치 미국이 이라크전쟁에서 민간인 사망자를 '부수적 피해'라고 한 것처럼, '창조적 파괴'라는 수사는 파괴되는 것이 인간이고, 가정이고, 우리라는 사실을 숨기고 있지요.

또한 그 창조적 행위가 오로지 기업가만의 성취인가 아니면 사회 전체 구성원의 성취인가 또한 고민해봐야 할 문제이죠. 기본적인 교육시스템이 인재를 길러냈고, 그런 인재들에 의해서 기술은 개발됩니다. 사회의 제반 인프라가 이러한 혁신이 가능하게끔 시스템을 유지합니다. 창조는 기업가 개인이 한 것이 아니라, 그 기업의 노동자들이 한 것이고, 사회 전체가 이룬 것이며, 여기까지 역사를 끌고 온 인류 전체가 만든 것입니다.

그리고 기업은 창조를 위한 파괴에 대해 과연 책임이 없는가도 물어야 할 것입니다. 새 아파트를 지으려고 무허가 건물을 허물 때도 그 집에 살고 있는 이들이 살 곳을 마련해주고 철거를 시작해야 합니다. 노점상을 단속할 때도, 그 노점상들이 생계를 유지할 다른 방안을 마련하고 시작해야죠. 마찬가지로 누군가가 일자리를 잃게 되는 창조란 걸 하려면 그 책임을 져야 하는 건 당연합니다.

우리는 사회구성원들이 행복하기 위해서 혁신을 지지하는 것이지, 기업가들이 '자신의 이윤'을 독차지하는 것을 구경하기 위해서 혁신을 지지하지 않습니다. 기업가들은 돈을 많이 벌면 세금을 많이 내지 않느냐, 그만큼 고용이 늘지 않느냐고 하지만, 단순히 기업가들이 돈을 많이 벌면 번 만큼 더 많은 세금을 내는 것에 만족할 순 없습니다. 또한 혁신으로 일자리를 잃는 사람들이 최저임금 정도의 실업 수당을 받고, 직업 전환 훈련을 몇 개월 받는 정도로 만족할 수도 없습니다. 창조로 인한 과실은 기업이 가져가고, 파괴로 인한 대가는 사회가 지불하는 구조는 용납되어선 안 됩니다.

그 제어의 한 방안으로 기본소득이 있습니다. 기본소득이란 소득과 자산, 직업의 유무, 연령에 상관없이 전 국민에게 일정한 금액을 지급하는 정책입니다. 2017년 2월 테슬라의 CEO 일론 머스크가 기본소득을 언급하면서 꽤나 많은 사람들의 궁금증을 불러일으켰습니다. 물론 한국에서는 성남시의 청년배당 정책이 2015년에 시행되면서 이미 어느 정도 알려졌습니다. 그리고 지난 2017년 대선 때 이재명 성남시장이 대선 후보로 출마하면서 성남시의 청년 배당을 더욱 확대한 공약을 제시함으로써 이전보다 더 큰 관심사가 되었습니다. 이젠 기본소득이라는 말 자체가 낯선 시기는 아닙니다.

기본소득은 유토피아론인가

사실 기본소득에 대한 아이디어는 꽤 오래되었습니다. 16세기 토머스 모어는 자신의 책 『유토피아』에서 이렇게 말합니다.

나는 추기경과 저녁식사를 한 적이 있었는데, 그때 어떤 영국 법률가가 있었다. 어떻게 그것이 화제가 됐는지는 모르겠지만, 그는 도둑들을 막기 위해 당시에 적용되고 있었던 엄격한 법률들에 관해 매우 열정적으로 말하고 있었다. 그는 "우리는 도처에서 그들을 교수형에 처하고 있습니다"라고 말했다. "저는 어느 교수대에서 20명가량의 죄수들을 보았습니다. 그런데 매우 이상한 점이 있어요. 그들 중에서 교수형을 면하는 사람이 아주 적은데, 왜 우리는 여전히 그토록 많은 도둑들에게 시달리고 있을까요?" 나는 추기경 앞에서 자유롭게 말하는 것을 전혀 망설이지 않았기 때문에 "그게 뭐가 이상하죠?" 하고 물었다. "도둑들에 대처하는 이 같은 방법은 정당하지도 않고 바람직하지도 않습니다. 처벌이라고 하기엔 너무 가혹하고, 억제책으로서도 너무 비효율적입니다. 가벼운 절도죄가 죽음이란 형벌을 받을 만큼 나쁜 것은 아닙니다. 그리고 **음식을 구할 수 있는 단하나의 방법이 훔치는 것밖에 없다면, 이를 막을 수 있는 형벌이란 세상에 없을 겁니다.** 그런 점에서 영국인들은, 대부분의 다른 민족들과 마찬가지로, 학생들을 가르치는 것보다 체벌하는 것을 더 좋아하는 무능한 교사들을 제 머릿속에 떠오르게 합니다. 이러한 끔찍한 처벌을 가하는 대신에, **모든 사람에게 약간의 생계수단을 제공하는 것이 훨씬 더 적절합니다.** 처음엔 도둑이 되고 나중엔 시체가 되게 만드는 무시무시한 궁핍으로 고통 받는 사람이 아무도 없게 하려면 말이죠(강조는 필자)."[12]

토머스 모어의 절친 요하네스 루도비쿠스 비베스는 이렇게 제안합니다. "궁핍이 어떤 미친 혹은 사악한 행동을 불러오기 전에, 궁핍해 보이는 얼굴이 수치심으로 빨개지기 전에 …… 괴로워서 고마워하기도 어려운 요청을 하기 전에 기부하는 것이 훨씬 더 기분 좋고 더욱 고마워할 가치가 있는 것"이라고요. 몽테스키외도 말합니다. "국가는 모든 시민에게 안전한 생활수단, 음식, 적당한 옷과 건강을 해치지 않는 생활방식을 제공할 책임이 있다."

기본소득이 필요한 이유는 바로 이 지점입니다. 물론 기본소득으로 인해 저소득층을 중심으로 소비가 늘고, 이렇게 늘어나는 소비가 생산을 촉진하는 선순환구조가 자리 잡을 수도 있습니다. 그런 논리에서 기본소득을 주장하는 이들도 있습니다. 흔히 '분배에 의한 성장'이라고들 합니다. 하지만 그 이전에 기본소득은 그 사회에 사는 모든 시민들의 기본적인 권리입니다. 그리고 지금 세계를 지배하는 자본주의의 잘못을 일부라도 수정할 수 있는 방법이기도 합니다. 중요한 것은 기술 발달의 혜택을 사회가 공유해야 한다는 원칙입니다. 그리고 기본소득은 그 유력한 대안이지요. 즉 정부가 모든 국민에게 매달 일정한 기본소득을 제공한다면 앞서 제기한 여러 문제가 모두는 아닐지라도 많은 부분 해결될 수 있지 않겠냐는 것이죠.

4차 산업혁명이 진짜 '혁명'이 되려면

기존의 복지제도로 소득이 일정한 수준 이하인 경우에 고등학교 등록금을 면제한다든가, 대학 등록금의 일부를 제공하는 장학금제도가 있습니다. 그리고 저소득층에게 주는 다양한 복지혜택도 있습니다. 이렇게 가난한 이들에게만 혜택을 주는 것이 더 낫지 않느냐고 하지만 이는 몇 가지 문제가 있습니다.

먼저 '가난을 증명'해야 하는 문제입니다. 학교에서도, 주민센터에서도 누군가에게 내가, 우리 가족이 가난하다는 걸 증명해야 받을 수 있는 혜택입니다. 이런 경우 이를 권리로 당당하게 요구하기 힘들다는 걸 우린 잘 압니다. 그리고 이를 증명하는 과정에서 모멸감이 드는 것도 있지만, 이를 확인하는 비용이 듭니다. 주민센터나 학교나 모든 곳에서 '과연 이 사람이 가난한지'를 확인하는 과정을 거쳐야 하는데 이 자체가 비용입니다. 그리고 이는 필연적으로 '가난하지 않은데 가난한 척'하는 이들을 적발하는 시스템이 됩니다. 이런 문제만 있는 것이 아닙니다. 복지 혜택을 받을 수 있느냐 없느냐의 경계선에 선 이에게 '복지혜택과 자기가 버는 소득' 중 하나를 선택하게 합니다. 일례로 장애인을 둔 가족 중 누군가가 일정한 수입이 있으면 장애인에게는 복지수당 지급이 거절되는 사례가 있습니다. 물론 설계를 잘하면 이런 일을 줄일 순 있겠지만, 이처럼 소득에 따라 차별화된 복지 자체가 문제가 되는 것입니다. 그리고 실업자가 더 광범위해지면 이런 복지 자체도 어차피 예산이 증가합니다.

묻지도 따지지도 않고 연령·성별·소득에 관계없이 모든 시민들에게 제공하는 기본소득은, 일정한 소득 이하를 버는 이들에게만 제공되는 이런 복지와는 차원이 다릅니다. 만약 기본소득이 본격적으로 도입되어 최소한의 생활 유지가 가능해진다면, 우리는 이제 노동자의 1인당 노동시간을 줄일 수 있습니다. 노동시간이 감소함으로써 줄어든 임금과 기본소득으로 채워지는 부분이 거의 같다면, 노동자들 대부분은 노동시간 감소에 동의할 수 있을 것입니다. 주당 노동시간을 평균 20퍼센트만 줄여도 새로운 일자리가 그만큼 생깁니다. 이런 경우 재정이 열악한 중소기업에서도 고용 창출을 견딜 만한 구조가 됩니다. 더 많은 사람이 더 적은 시간 일하면 되는 것이지요.

물론 제가 생각하는 기본소득은 최저생계만 겨우 가능한 정도의 돈이 아닙니다. 전혀 돈을 벌지 않아도 품위 있는 삶이 유지되는 상황이 되어야 합니다. 쉽게 말해서 매일 라면에 김치만 먹고 반지하나 고시원에서 겨우 사는 삶이 아니라 원룸에서 일식 삼찬하고, 평균적인 소비는 할 수 있을 정도라야 한다는 거지요.

그러면 세상이 바뀔 것입니다. 일주일에 30시간 정도의 노동으로 품위 있는 생활이 가능하다면, 그 나머지 시간에는 자기가 하고 싶은 일을 할 수 있게 됩니다. 누군가는 그림을 그리고, 누군가는 밴드를 만들고, 또 다른 이는 연극을 할 수도 있습니다. 시를 쓰고 소설을 쓸 수도 있겠지요. 물론 그림을 그리는 이들 모두가 고흐가 될 순 없겠지만, 고흐가 아닌들 어떻습니까?

어떤 이는 이미 돈을 벌고 있는 이들에게도 기본소득을 줄 필요가 무엇이냐고 비판합니다. 나는 두 가지 측면에서 필요하다고 생각합니다. 먼저 안정된 직장에서 돈을 벌고 있는 이가 기본소득을 받는다면, 그 남는 돈으로 무엇을 할까요? 만약 미래가 불안하다면 당연히 저축을 할 것입니다. 하지만 기본소득이 죽을 때까지 지급될 것이 확실하다면, 굳이 미래를 위해 저축을 할 필요가 없습니다. 이제 그는 두 가지 선택을 할 수 있습니다. 하나는 현재의 직장이 별로 마음에 들지 않지만 돈을 위해 억지로 다니고 있었다면, 때려치겠지요. 기본소득이 있으니까요. 얼마나 멋집니까? 그는 기본소득으로 자신이 진짜 원하는 일을 할 수 있게 되었습니다. 그리고 그가 다니던 안정된 직장은 그걸 원하는 이의 것이 되니 이 또한 좋습니다. 그럼 힘든 일을 누가 할 거냐고 되묻습니다. 아마 아무도 안할 겁니다. 그래서 힘든 일은 고용조건이 좋아지거나 로봇이 합니다. 이 또한 멋지지요.

어떤 이는 막대한 재원이 들어가는 것에 반감을 품습니다. 몇 십조에 달하는 그 비용을 어떻게 감당하려는 것이냐고요. 방법은 많습니다. 문제는 접근 방법입니다. 기본소득이 있어야 한다는 전제 아래 나머지 예산을 책정하고, 세금을 거둘 방법을 고민해야 합니다. 언제부터 도입할 것인지, 어떤 규모로 시작할 것인지를 같이 고민하면 되는 것이지요. 이러한 사회를 위해서 세금을 소득의 50퍼센트쯤 내야 한다면, 나는 당연히 내는 편을 선택하겠습니다. 그리고 소득에 대한 누진율을 더욱 높여야겠지요. 1년에 1000만 원 버는 사람에게서 10퍼센트의 세금을 떼면 900만 원이 되지만, 1년에 10억 버는 이는 그 소득의 8할을 세금으로 내도 2억이라는 돈이 남습니다. 만약 1년에 100억을 번다면 9할을 세금으로 내도 10억이 남습니다. 기본소득이 보장된 사회라면, 돈의 의미가 달라집니다. 저축할 돈을 세금으로 내고, 국가가 기본소득으로 노후를 보장해주는 것입니다. 대신 많이 버는 사람은 더 많이 내야겠지요.

또 여기에 기본소득의 재원으로 새로운 기술로 발생하는 이익의 일정한 비율을 기업으로부터 추징하는 것도 필요하다고 생각합니다.

물론 기본소득은 아직 제안일 뿐입니다. 그러나 이에 대한 논의는 세계의 여러 곳에서 심심찮게, 그리고 진지하게 논의되고 있고, 한국에서도 예외는 아닙니다. 물론 기본소득이 모든 것을 해결해주진 않을 것입니다. 그리고 기본소득 말고도 다양한 방식이 제안될 수 있습니다. 그러나 만약 4차 산업혁명이 진정으로 '혁명'이 되려면, 그로 인해 얻게 될 이익의 가장 큰 부분은 우리 모두가 행복해지는 데에 놓여야 한다는 것입니다. 이는 경제 논리가 아니라 당위입니다.

직접민주주의에
대하여

고대 그리스는 직접민주주의로 유명합니다. 중요한 안건이 있을 때는 시민들이 모두 아고라에 모여 토론을 하고, 투표로 결정을 했습니다. 물론 노예나 외국 출신, 그리고 여자들은 제외였으니 완전한 의미는 아니었지만 당시로서는 나름 진일보한 정치체제였습니다. 현대에도 직접민주주의를 시행하는 경우로 자주 거론되는 나라가 스위스입니다. 스위스의 경우 웬만한 안건은 국민투표에 부쳐지고, 그 결과대로 시행됩니다. 동네의 일은 동네 주민들끼리, 칸톤(주州) 내의 일은 칸톤 주민들끼리, 그리고 국가적 일은 국민 전체가 투표를 합니다. 스위스는 18개월 동안 10만 명의 서명을 받으면 누구나 자신의 법안을 국민투표에 부칠 수 있습니다. 또 100일 동안 5만 명의 서명을 모으면 국회에서 만든 법도 국민투표를 통해 무효로 돌릴 수 있습니다. 인구가 적은가 하면 그렇지도 않습니다. 대

4차 산업혁명이 막막한 당신에게

략 800만 명이 넘는데 이 정도면 전 세계에서 98위 정도 됩니다. 고대 그리스에 비하면 많아도 한참 많지요.

물론 직접민주주의라고 모든 일을 시민들의 투표로 해결하진 않습니다. 국회도 있고, 행정부도 있으니 소소한 일들은 거기서 알아서 하겠지요. 하지만 시민단체나 정당이 국민들에게 필요하다고 느끼는 정책을 법안으로 만들어 시민들에게 홍보하면, 국회 내의 의석수가 적어도 국민투표를 통해 관철할 수 있다는 점은 시사하는 바가 큽니다. 2016년에는 앞서 나온 기본소득에 대한 국민투표가 있었습니다. 기존 복지제도를 없애는 대신 한 명당 약 300만 원을 지급한다는 거였지요. 투표 결과 부결되었지만 전 세계적으로 기본소득에 대한 관심을 불러일으키기도 했습니다.

직접민주주의란 주권을 가진 시민이 직접 정치활동에 참여하는 형태를 말합니다. 물론 현재의 우리나라는 흔히 말하는 대의제 민주주의입니다. 선거를 통해 자신이 지지하는 후보를 공직에 뽑고, 그들이 대신 국가의 일을 보도록 하는 것이지요. 국민이 볼 때 맘에 들지 않는 사람은 다음 투표 때 낙선할 테니, 정치인들은 되도록 국민의 뜻에 따라 정치를 하게 될 거란 기대를 가지고 하는 일입니다. 또 정부가 하는 일이 워낙 많고 복잡하다보니, 일반 시민들이 그 일들을 모두 검토할 수 없어 믿고 맡기는 것이기도 하지요. 하지만 이런 간접민주주의가 작동하는 과정을 보면 일반 시민의 입장에선 여러 가지 불만이 쌓일 수밖에 없습니다.

일단 내가 선택하는 것이 최선이 아니라 차선이거나 차악인 경우가 많지요. 내가 투표할 대통령과 국회의원, 시장과 구청장, 시의 원과 구의원, 거기에 교육감까지 면면을 살펴보면, 딱 마음에 들지 않고 공약도 불만인 지점들이 있습니다. 그런데 우리의 선택지는 맘에 들지 않아도 누군가에게 투표를 하거나, 아니면 아예 기권을 하는 방법밖에는 없습니다.

그래서 우리나라를 비롯해 많은 나라들이 직접민주주의적 방법을 혼용하고 있습니다. 대표적인 것이 국민투표지요. 국가적으로 아주 중요한 사안에 대해 정부나 국회가 결정하지 않고, 국민에게 맡기는 것입니다. 대표적인 것이 개헌입니다. 그리고 두 번째로 국민발안이 있습니다. 필요하다고 생각되는 법률의 개정이나 헌법 개정안을 일정한 수 이상의 국민이 모여 제출하는 것입니다. 세 번째로는 국민소환이 있습니다. 선거로 뽑힌 국회의원이나 대통령 혹은 지방자치단체장 등이 심각한 문제가 있다고 생각이 들 때 임기가 끝나기 전이라도 파면시키는 제도지요.

우리나라의 경우, 국민투표는 헌법에 명시되어 있지만 국민발안이나 국민소환제도는 없습니다. 다만 지방자치단체의 경우에는 주민 조례제정 개폐청구권(주민발안제)과 지방자치단체장 및 지방의회의원에 대한 주민소환제가 있습니다. 사실 정치인들은 국민들의 권리를 위임받아 행사하는 것이니, 국민이 직접 자기의 권리를 행사하겠다는데 그에 대한 제도가 제대로 갖추어지지 않았다는 것이 오히려 문제라고 여겨질 정도입니다. 어찌되었건, 우리는 이런 직접민주주의라는 것이 있다는 걸 잊고 살아왔습니다. 국민투표라고 해본 것은 1987년 6월 항쟁 이후 헌법 개정한 것이 가장 가까운 예입니다. 30년 전 이야기입니다. 지금 나이 오십이 안 된 분들은 한

번도 국민투표란 걸 해본 적이 없는 거지요. 그전에도 다섯 번의 국민투표가 있었는데 그중 네 번은 헌법 개정이었고, 한 번은 유신 선포와 관련한 것이었지요. 쉽게 말해서 헌법 개정 아니면 국민투표는 안 했다는 말입니다.

왜 그럴까요? 국민투표나 국민발의 혹은 국민소환 같은 걸 하면 국민들이 귀찮을까봐 그럴까요? 아님 예산이 너무 많이 들어서 돈이 아까워서일까요? 사실은 모두 알고 있지요. 우리가 위임한 권한을 자기들끼리만 계속 쓰고 싶은 거지요. 물론 그렇지 않은 정치인들도 많다는 걸 압니다. 이전에도 꾸준히 국민소환제에 대한 제기가 있었고, 2017년 2월엔 더불어민주당 박주민 의원 등이 '국민소환에 관한 법률안' 등을 발의하기도 했습니다. 2017년 초 대선 때는 모든 대선 후보들이 국민소환제가 필요하다고 했지요. 그런데 이 글을 쓰는 10월이 되어서도 여전히 그저 계류 중입니다. 국회의원들이 묵히고 있는 것이죠.

물론 국민투표나 국민소환제도가 항상 좋기만 한 건 아닐 겁니다. 히틀러도 국민투표를 했고, 박정희도 국민투표로 유신을 공고히 했습니다. 흔히 말하는 포퓰리즘populism에 악용되기도 하는 것이지요. 하지만 이건 국민의 당연한 권리입니다. 어떤 일을 하기로 계약을 한 이가 원래 계약과 전혀 딴판으로 일을 하면 당연히 거기에 대한 책임을 묻고 계약을 파기할 수 있듯이, 유권자에게 한 약속-공약과 전혀 딴 정책을 집행하고 사욕을 채우는 데 혈안이 된 정치인을 계약 해지시키는 것은 당연한 권리인 것이지요.

시민의 정치 참여, 날개를 달다

이제 이 직접민주주의를 조금 더 편하고 쉽게 할 수 있는 방안들이 마련되고 있습니다. 인터넷 및 모바일과 관련된 여러 가지 기술 덕분이지요. 특히나 우리나라처럼 휴대폰 보급률이 높은 나라에서는 더합니다. 일단 국민발의나 국민소환 혹은 투표 같은 걸 하려면 사람들이 서명을 해야 합니다. 물론 자신인 걸 증빙하면서요. 전국적으로 이걸 하려면 꽤나 많은 사람들이 동원되어서 혹은 자원봉사를 통해서 각 요지마다 일정한 절차에 따라 장소를 정하고 서명을 받아야 합니다. 또 이런 일이 있다는 걸 알리려면, 사람들이 많은 곳을 찾아다니며 홍보도 해야겠지요. 보통 일이 아닙니다. 그러나 이제 모바일이란 것이 있고, 이를 통해 인증을 할 수도 있습니다. 그리고 인터넷을 통해 홍보를 할 수도 있지요. 페이스북이며 트위터, 카카오톡 등 좀 많은 방법이 있습니까? 서명할 수 있는 인터넷 사이트 좌표만 찍어주고 공유하면, 가서 본인 인증하고 서명하면 끝입니다. 국민투표든 발의든 소환이든 이전보다 훨씬 쉽고 편해집니다. 예산 타령 하고, 낭비니 뭐니 할 이유가 없습니다.

물론 인터넷과 모바일에 익숙하지 못하고, 사용할 수 없는 분들도 계시니 그에 대한 대책도 세워야겠지요. 하지만 그런 분들은 이미 전체 인원에서 소수이니 자원봉사자나 공무원들이 직접 찾아가거나 동네 주민센터 등에서 할 수 있도록 조치를 취하면 될 것입니다. 그리고 이런 직접민주주의를 활성화시키기 위해서라도 노인이나 장애인들이 쓸 수 있는 스마트폰도 만들고, 가난한 이들에게 공

4차 산업혁명이 막막한 당신에게

공통신 서비스가 활성화되기도 해야 하고요.

외국의 경우도 정보통신기술을 이용한 다양한 직접민주주의의 시도들이 있습니다.[13] '디사이드 마드리드decide.madrid.es'는 2015년에 개설된 에스파냐 마드리드 시의 직접민주주의 플랫폼입니다. 이 사이트를 통해 마드리드 시는 예산 지출 내역과 회의 기록을 모두 공개하고, 시민으로부터 직접 정책 제안을 받고 있습니다. 마드리드 시 인구의 2퍼센트(약 5만 명) 이상의 지지를 받으면 제안은 공식 정책으로 채택됩니다. 핀란드의 '오픈 미니스트리open ministry'는 국민발의 제도 웹사이트입니다. 누구나 법안을 제의하고 토론할 수 있습니다. 5만 명 이상의 지지를 받으면 법안이 국회로 자동 회부되죠. 법안 작성은 시민과 전문가가 함께합니다. 아르헨티나의 '데모크라시OS'는 신생 정당인 인터넷파티의 활동가, 기업가, 학생, 해커 등이 개발했습니다. 정책 제안과 투표까지 누구나 들어와 이슈별 플랫폼을 만들어 활동할 수 있는 온라인 공간입니다. 아시아에선 대만의 '거브제로g0v.tw'가 있습니다. 공공데이터 포털로 국회의 입법 일정·법안·예산 등 각종 자료를 알기 쉽게 가공해 제공하고, 정치인의 정치기부금 내역을 공개합니다. 이 거브제로 출신의 해커인 오드리 탕(唐鳳)이 최근 장관이 되어 화제가 되었습니다.

이렇듯 직접민주주의라는 것이 꼭 이 세 가지만 있는 것도 아닙니다. 2017년 중반에 '신고리 원자력 발전소 5, 6호기 건설' 문제에 대한 공론화조사가 약 3개월간에 걸쳐 이루어졌습니다. 공론화위원회와 시민참여단이 3개월에 걸친 토론과 몇 차례의 여론 조사를 통해 '이미 건설 중인 5, 6호기는 건설하되 앞으로 원자력 발전은 축소하는 방향으로 정책 결정을 하라'는 결론을 내렸고, 대통령은 자신의 공약과 배치되는 이 권고를 받아들입니다. 중요한 것은 결론이 아니라 과정입니다. 공론조사는 사안에 대해 잘 모르는 일반인들의 여론조사로는 한계가 있는 사안에 대해 보완하기 위해 마련된 것입니다. 확률 추출을 통해 선정된 대표성 있는 시민들이 전문가가 제공하는 정보를 바탕으로 학습하고 토론하며, 숙의의 과정을 거쳐 결론을 내리는 방식입니다. 물론 이 방식도 한계가 있고, 약점이 있겠지요. 하지만 중요한 것은 정치가 '국회'나 '청와대'에서만 일어나는 것이 아니라, 여러 가지 형태의 국민 참여가 가능하도록 만들어져야 하고, 실제 가능하다는 것입니다. 이런 공론화 방식 말고도, 법안을 만들기 전에 여론조사를 하고, 토론회를 하며, 공청회도 여는 등 다양한 방식으로 국민이 참여하게 하는 것이 중요합니다. 그리고 이 과정을 인터넷과 모바일을 활용해서 할 수 있으면 더 편리하겠지요.

정보 공개 또한 중요한 지점이지요. 21세기 들어 우리나라는 정보공개법에 의해 정부의 행정과 관련된 사안뿐 아니라 다양한 정보를 문서로 열람하거나 인터넷으로 확인할 수 있게 되었습니다. 아직 많이 부족하지만 이를 통해 일반 시민은 정부의 여러 정책이 어떻게 이루어지고 있는지, 문제는 없는지 살필 수 있습니다. 이 책에 포함된 통계자료들도 통계청과 기타 다양한 정부의 정보공개 사이트에서 얻을 수 있었습니다.

물론 현재의 조건에서 우리는 대의제 민주주의라는 기본적 틀을 허물고 전면적인 직접민주주의를 실행할 순 없습니다. 하지만

4차 산업혁명이 막막한 당신에게

대의제가 가지는 여러 가지 문제점을 정보통신기술을 활용한 직접민주주의 등의 다양한 방법으로 보완하고 개선해나가는 노력을 게을리 해선 안 될 것입니다. 정보통신이란 도구를 가장 멋지게 사용할 수 있는 곳이 바로 시민이 정치에 참여하는 것입니다. 그리고 또한 정보통신기술의 발달은 정당의 조직방식과 문화도 바꿀 수 있을 것입니다. 당장 현재만 보더라도 보수정당의 인터넷 사이트와 더불어민주당이나 국민의당 사이트, 그리고 정의당과 노동당 등의 사이트를 비교하면 많은 시사점을 얻을 수 있습니다. 진보적 성향을 가질수록 인터넷 사이트를 통한 소통과 의사결집에 더 많은 신경을 쓰고 있다는 걸 금세 알 수 있습니다. 아직 더 많은 부분에서 혁신이 있어야겠지만, 정당의 변화를 이끌어내는 동력의 하나로 정보통신기술의 활용은 대단히 유용합니다. 물론 이명박 정권 당시 국정원의 '댓글 알바 30개 팀 운영'이라든가 군 기무사의 '댓글 부대'와 같은 말도 되지 않는 일들 역시 정보통신기술을 이용한 것이긴 합니다만.

하지만 하나 더 우리가 생각해야 할 것이 있습니다. 1960년대의 4·19혁명, 1970년대의 한일회담 반대 시위, 1980년 광주민주화운동, 1987년 6월 항쟁 그리고 촛불집회에 이르기까지 이 모든 일들이 바로 직접민주주의라는 사실입니다. 현재 우리나라 헌법 제1조는 '대한민국은 민주공화국이다. 대한민국의 주권은 국민에게 있다'라고 선언합니다. 어떤 정부든 그는 국민의 위임에 의해 권한을 가집니다. 우리 시민이 주인인 거죠. 그래서 도저히 봐줄 수 없는데 개선의 기미도 없고, 제도적 방법으로 해결이 불가능하면 들고 일어서는 건 시민의 당연한 권리인 것입니다.

우리가 페이스북이나 트위터 혹은 포털 게시판에서 'pray for Korea'라고 올리고, 촛불 이미지를 올리기만 했다면 과연 이전의 역사에서 이루어냈던 승리가 가능했을까요? 온라인상의 여러 활동이 많은 도움이 되었지만, 결국 2016년의 탄핵은 매일같이 거리로 나와서 촛불을 든 직접민주주의의 결과입니다. 그래서 집회와 시위의 자유는 현재보다 좀 더 폭넓게 보장되어야 하는 것이기도 하고요. 온라인과 오프라인에서의 다양한 직접민주주의가 더 많이 꽃피길 바랍니다.

누군가는 자신의 시대가 거대한 변화가 이루어지고 있는 현장이란 데에 동의하지 않고, 다른 이는 현재의 변화가 삶의 태도를 바꿀 중요한 이유가 되지 않는다고 생각할 수도 있습니다. 또 다른 이는 현재 인간 자체를 바꾸는 근본적 변화가 일어나고 있다고 여깁니다.

먼저 저는 현재의 변화가 대단히 중요하다는 것에 동의합니다. 그러나 저는 이 변화가 21세기 들어 시작된 이전과는 다른 새로운 시작이 아니라, 멀리 산업혁명에서 가까이는 19세기 말 20세기 초에 시작된 자본주의적 대량생산이란 시대적 모습을 바꾸는 더 근본적인 변화의 일부라고 생각합니다.

그래서 20세기 후반부터 시작되어 지금껏 계속되고 있는 이런 변화를 정보통신기술(ICT)을 중심으로 하는 '4차 산업혁명'으로 부르는 것은 온당치 않다고 생각합니다. 지금의 변화는 컴퓨터와 인터넷으로 시작되어 인공지능과 여타 기술들이 만들어가는 것이기도 하지만, 또 한편 우리가 자본주의라는 틀을 어떻게 획기적으로 바꿀 것인가 혹은 극복할 것인가에 대한 진지한 물음과 답변이 빠진다면, 단지 자본주의의 폐해가 극단적으로 더 커지는 모습이 될 뿐입니다. 흔히 2차 3차라 불리는 '산업혁명'들이 만든 것은 대기업집단과 전 세계의 부를 움켜쥔 1퍼센트, 그리고 가난한 다수로의 양극화입니다. 지금 이 변화 또한 마찬가지입니다. 대량생산과 매스미디어, 일관 조립라인이 20세기에 부를 만들던 방식이라면, 이제 인공지능과 인터넷을 통한 연결이, 그리고 우리 모두가 조금씩 만들어내는 데이터를 확보하는 것이 새로운 부를 만드는 방식이 된 것일 뿐입니다.

여전히 세상은 그 '부'를 확보하기 위한 전쟁터입니다. 그래서 이 변화를 바라보는 기업의 입장에선 자신이 살아남느냐 아니면 도태되느냐에 대한 절박함이 있습니다. 따라서 사력을 다해 살아남기 위해, 이 변화를 자신이 전취하기 위해 발버둥 칩니다. 그러나 우리는 자본이 아닙니다. 자본에게 이 변화의 방향을 맡겨서는 18세기 산업혁명 이래 이어진 탐욕의 모습이 되풀이될 뿐입니다. 자본가 혹은 기업인이 특별히 악하거나 못돼먹어서가 아니라, 자본의 논리가 그리 인도하게 됩니다. 그래서 가장 중요한 것은 시민사회와 노동조합, 사회단체, 그리고 건강한 정치인들이 자본에 맞서 이 흐름을 우리의 행복을 위한 방향으로 되돌리는 것입니다.

시민들이 직접 참여하는 새로운 민주주의 체제를 만들고, 인터넷을 통한 연결이 시민의 연대가 되고, 노동을 줄이고 기본소득을 확보함으로써 우리가 행복한 변화를 이루어내야 합니다. 물론 어렵고 힘든 일입니다. 나 스스로도 그럴 수 있을지에 대한 회의가 먼저 듭니다. 그러나 어찌되었건 우린 이 변화의 소용돌이 한복판에 놓여 있습니다. 우리가 해내지 못하면 이 불평등은 더 심화되어 대물림될 것입니다. 조금이라도 그 방향을 틀기 위한 노력이 필요한 시

4차 산업혁명이 막막한 당신에게

점입니다.

누군가의 피눈물 위에 건설될 4차 산업혁명이라면 그걸 누릴 권리를 가진 자는 아무도 없습니다.

들어가는 글

1   제116차 한림원원탁토론회 '4차 산업혁명을 다시 생각한다'(2017년 8월 22일) 주
    제발표 1 '4차 산업혁명론에 대한 비판', 홍성욱 한림원 정책학부 정회원(서울대학
    교)에서 재인용. 원문은 다음과 같다. "With the coming of intra-atomic energy
    and supersonic stratosphere aviation we face an even more staggering fourth
    Industrial Revolution."

2   원문은 다음과 같다. "……modern communications, merely as an additional
    manifestation of the industrial revolution-as the beginnings of a new phase, a
    'fourth industrial revolution'."

3   로스토는 한국에서 이와 관련한 강의를 했고, 그 내용은 한국경제연구원에서 『한국
    과 제4차 산업혁명: 1960~2000』(1994)이란 책으로 출판했다. 홍성욱 교수의 주제
    발표 자료에서 재인용.

02 지난 백년

1   국가주요지표 전력소비량(1인당), http://index.go.kr/potal/main/EachDtlPage-
    Detail.do?idx_cd=4102.

2   2013년 기준, 환경부.

3   『한겨레신문』, 2013년 10월 7일자, "농민, 30년 만에 전체인구 28.9%에서 6.4%로
    뚝", http://www.hani.co.kr/arti/society/society_general/606043.html.

4   『레디앙』, 2013년 1월 21일자, "인도 농민들의 '빈곤 자살', 그 이유?", http://www.
    redian.org/archive/49167.

5   『아프리카를 말한다』, 류광철 지음, 세창미디어(2014).

6   『레디앙』, 2011년 6월 2일자, "'정규직 제로 공장'이 늘고 있다", http://www.re-
    dian.org/archive/36854.

7   『머니투데이』, 2016년 7월 12일자, "GS25-CU '1만 점포'시대……일상을 파고든 '편

의점 열풍'", http://news.mt.co.kr/mtview.php?no=2016071115380025026&ou-
tlink=1&ref=https%3A%2F%2Fko.wikipedia.org.

8   『식품외식경제』, 2017년 2월 24일자, "브레이크 없는 편의점업계의 성장", http://
www.foodbank.co.kr/news/articleView.html?idxno=51048.

03   인공지능과 그 친구들

1   『뉴욕 타임스』, 2017년 6월 24일자, "The Real Threat of Artificial Intelligence",
https://www.nytimes.com/2017/06/24/opinion/sunday/artificial-intelli-
gence-economic-inequality.html.

2   『파이낸셜 타임스』, 2017년 4월 21일자, "The mind in the machine", https://
www.ft.com/content/048f418c-2487-11e7-a34a-538b4cb30025.

3   『한겨레신문』, 2017년 10월 12일자, "AI가 2020년까지 일자리 180만 개 없애고 230
만 개 창출", http://www.hani.co.kr/arti/economy/it/814244.html.

04   에너지

1   『뉴스1』, 2017년 9월 11일자, "中 정부도 '석유차 생산·판매 중단 데드라인 짜는
중'", http://v.media.daum.net/v/20170911071036880.

2   『텔레그래프』, 2011년 7월 13일자, "Electric shock: the true cost of electric mo-
toring", http://www.telegraph.co.uk/motoring/green-motoring/8601087/Elec-
tric-shock-the-true-cost-of-electric-motoring.html.

3   『미디어오늘』, 2013년 7월 14일자, "상수도를 팔아치우고 있다, 그것도 아주 은밀
하게", http://www.mediatoday.co.kr/?mod=news&act=articleView&idxno=110743.

4   『연합뉴스』, 2017년 6월 15일자, "'농사짓고 전기도 생산'…… 일거양득 태양광 발
전 국내 첫 성공", http://www.yonhapnews.co.kr/bulletin/2017/06/15/0200000
000AKR20170615179300003.HTML.

5   『경향신문』, 2016년 2월 13일자, "신재생에너지도 호락치 않네…… 자원빈국의 딜
레마", http://biz.khan.co.kr/khan_art_view.html?artid=201602131507091.

6   『프레시안』, 2015년 4월 9일자, "풍력발전, 왜 한국에서만 말썽?", http://www.
pressian.com/news/article.html?no=125484.

7   『연합뉴스』, 2017년 9월 11일자, "英, 원전보다 훨씬 저렴한 해상풍력발전 승인……

'획기적 순간'", http://www.yonhapnews.co.kr/bulletin/2017/09/11/020000000
0AKR20170911190500085.HTML.

8 『한겨레신문』, 2010년 10월 20일자, "꿈의 에너지 핵융합도 한계…… 인간탐욕 줄
여야", http://www.hani.co.kr/arti/science/science_general/444675.html.

05 4차 산업혁명과 노동하는 당신

1 『한국일보』, 2016년 8월 15일자, "한국 노동시간 OECD 2위, 임금은 중하위권",
http://www.hankookilbo.com/v/da31417fc91941afb78d82181f76ff3d.

2 『레디앙』, 2016년 10월 4일자, "통신·에어컨 설치 노동자, 사망 산재사고 90% 추
락사", http://www.redian.org/archive/103092.

3 『중앙일보』, 2017년 6월 22일자, "아이폰의 성공 뒤엔 '자살 공장' 있었다", http://
news.joins.com/article/21688726.

4 통계청 소득 10분위별 가구당 가계수지(자료 갱신일 2017-08-24), http://kosis.kr/
statHtml/statHtml.do?orgId=101&tblId=DT_1L9H008.

5 한국보건사회연구원 2013년 서울복지실태조사(서울 거주 3,798가구 대상), https://
www.si.re.kr/node/51411.

6 『한겨레신문』, 2015년 8월 18일자, "부모 경제력 따라 청년들 '취업·결혼 자신감' 달
라진다", http://www.hani.co.kr/arti/society/society_general/705040.html.

7 『한겨레신문』, 2015년 3월 2일자, "빈곤층 80%는 붙박이…… '계층상승 사다리' 끊
겼다", http://www.hani.co.kr/arti/economy/economy_general/680469.html.

06 행복할 수 있을까요

1 http://www.handsfreehectare.com/press-releases.

2 https://www.deepfield-connect.com/en/BoniRob.html.

3 농림축산식품부 '농업기계 보유현황', http://www.index.go.kr/potal/main/Each-
DtlPageDetail.do?idx_cd=1288.

4 「식물공장의 국내외 추진 동향」, 전황수 한국전자통신연구원 책임연구원.

5 『한국일보』, 2016년 5월 18일자, "대형 마트 3사 '갑질'에 역대 최대 240억 과징금",
http://www.hankookilbo.com/v/4349f3d576f342ee983ced8cd14fa5df.

6 『가디언』, 2017년 9월 8일자, "New AI can guess whether you're gay or straight from a photograph", https://www.theguardian.com/technology/2017/sep/07/new-artificial-intelligence-can-tell-whether-youre-gay-or-straight-from-a-photograph.

7 한국에서도 번역 출판되었다. 『리틀 브라더』, 코리 닥터로우 지음·최세진 옮김, 아작출판(2015년 10월 20일).

8 『프레시안』, 2010년 12월 17일자, "왜 에이즈 환자들이 신약 '무상공급'을 반대하냐고?", http://www.pressian.com/news/article.html?no=35455.

9 『한겨레21』, 1148호, 이희욱의 휴머놀로지, "따뜻한 혁신의 탄생", http://h21.hani.co.kr/arti/culture/science/43064.html.

10 『동아일보』, 2017년 2월 24일자, "10원짜리 세포 분리칩…… 200원짜리 원심분리기……", http://news.donga.com/List/ItMedi/3/080134/20170224/83040599/1.

11 The Science Times, 2017년 9월 21일자, "단돈 1센트로 암 조기진단?", http://www.sciencetimes.co.kr/?news=%EB%8B%A8%EB%8F%88-1%EC%84%-BC%ED%8A%B8%EB%A1%9C-%EC%95%94-%EC%A1%B0%EA%B8%B0%EC%A7%84%EB%8B%A8.

12 기본소득한국네트워크(BIKN)의 『기본소득의 역사』에서 재인용.

13 『한국일보』, 2016년 12월 14일자, "세계의 직접민주주의 실험은 현재진행형", http://www.hankookilbo.com/v/34b1107bf9e24789a9720f43be7cc892.

강양구, 『세바퀴로 가는 과학자전거』, 뿌리와이파리, 2006.

강윤재, 『세상을 바꾼 과학논쟁』, 궁리, 2011.

강웅천 · 정인경, 『보스포루스 과학사』, 다산에듀, 2014.

곽영직, 『과학기술의 역사』, 북스힐, 2009.

김성동, 『기술 열두 이야기』, 철학과현실사, 2005.

노영우 · 임성현 · 김정욱 · 박병권, 『2016 다보스 리포트』, 매일경제신문사, 2016.

로버트 B. 마르크스, 윤영호 역, 『어떻게 세계는 서양이 주도하게 되었는가』, 사이 , 2014.

리처드 서스킨드 · 대니얼 서스킨드, 위대선 역, 『4차 산업혁명 시대, 전문직의 미래』,
    와이즈베리, 2016.

미야자키 마사카츠, 이영주 역, 『하룻밤에 읽는 세계사』, 중앙 M&B, 2017.

박영숙 외, 『유엔미래보고서 2040』, 교보문고, 2013.

앤드루 샤오 · 오드리아 림 엮음, 『저항자들의 책』, 쌤앤파커스 , 2012.

이승원, 『사라진 직업의 역사』, 자음과모음, 2011.

이영준 · 임태훈 · 홍성욱, 『시민을 위한 테크놀로지 가이드』, 반비, 2017.

제러미 러프킨, 안진환 역, 『3차 산업혁명』, 민음사, 2012.

클라우스 슈밥 외, 김진희 · 손용수 · 최시영 역, 『4차 산업혁명의 충격』, 흐름출판 , 2016.

클리퍼드 코너, 김명진 · 안성우 · 최형섭 역, 『과학의 민중사』, 사이언스북스, 2014.

한국경제TV산업팀, 『세상을 바꾸는 14가지 미래기술』, 지식노마드, 2016.

헬 헬먼, 이충호 역, 『과학사 속의 대논쟁 10』, 가람기획, 2010.

홍성욱, 『홍성욱의 과학에세이』, 동아시아, 2008.

휴 앨더시 윌리엄스, 김정혜 역, 『원소의 세계사』, RHK, 2013.

4차 산업혁명이 막막한 당신에게

4차 산업혁명이 막막한 당신에게
여전히 불행할 99%를 위한 실전 교양

2017년 12월 28일 초판 1쇄 찍음
2018년 1월 8일 초판 1쇄 펴냄

지은이 박재용

펴낸이 정종주
편집주간 박윤선
편집 성기병
마케팅 김창덕

펴낸곳 도서출판 뿌리와이파리
등록번호 제10-2201호(2001년 8월 21일)
주소 서울시 마포구 월드컵로 128-4 2층
전화 02)324-2142~3
전송 02)324-2150
전자우편 puripari@hanmail.net

디자인 가필드

종이 화인페이퍼
인쇄 및 제본 영신사
라미네이팅 금성산업

ⓒ 박재용, 2018

값 16,000원
ISBN 978-89-6462-093-9 (03300)

이 도서의 국립중앙도서관 출판예정도서목록(CIP)은 서지정보유통지원시스템 홈페이지
(http://seoji.nl.go.kr)와 국가자료공동목록시스템(http://www.nl.go.kr/kolisnet)에서
이용하실 수 있습니다.(CIP 제어번호: CIP2017035286)